河 流 伦 理 丛 书

黄河水利委员会组织编写　侯全亮　主编

论河流健康生命

侯全亮　李肖强　著

U0790600

黄河水利出版社

内 容 提 要

本书是一本理论著作，它以科学发展观为理论指导，以生态伦理为哲学基础，以河流生命为研究对象，以谋求人与河流和谐相处为价值取向编写而成。是水利部黄河水利委员会“维持黄河健康生命”系列研究课题之一。内容包括：河流生命的内涵、河流的功能、河流生命的空前危机、河流健康生命评价、维持河流健康生命的人文基础等。既可作为理论工作者的参考读物，也可作为水务工作的一般读物，还可作为高校相关专业的教学参考书。

图书在版编目（CIP）数据

论河流健康生命/侯全亮，李肖强著. —郑州：黄河水利出版社，2007.9

(河流伦理丛书/侯全亮主编)

ISBN 978-7-80734-292-2

Ⅰ. 论…　Ⅱ. ①侯…②李…　Ⅲ.河流-生态伦理学-研究　Ⅳ. P343.1

中国版本图书馆 CIP数据核字(2007) 第 150067 号

出 版 社:黄河水利出版社

地址:河南省郑州市金水路 11 号　　邮政编码:450003

发行单位:黄河水利出版社

发行部电话:0371-66026940　　传真:0371-66022620

E-mail:hhslcbs@126.com

承印单位:河南第二新华印刷厂

开本:890 mm ×1 240 mm　1/32

印张:9.5

字数:274 千字　　印数:1—5 000

版次:2007 年9 月第 1 版　　印次:2007 年 9 月第 1 次印刷

书号:ISBN 978-7-80734-292-2/P · 76　　定价: 28.00 元

序一

河流是人类及众多生物赖以生存的基础，也是哺育人类历史文明的摇篮。然而，由于长期以来人类对河流无节制地开发利用，加之自然因素的影响，致使当今全世界范围内许多河流都面临生存危机。作为世界上最为复杂难治的河流，黄河的生存危机尤为突出。流域经济社会日益增长的用水需求一再突破黄河生命的底线，人与河争水、与水争地的局面越来越严峻，由此带来的水资源紧缺、河槽萎缩、河道断流、生态恶化、水污染加剧等一系列问题，又反过来严重制约着流域经济社会的可持续发展。

新时期如何重新审视人类与河流的关系，怎样才能实现人与自然的和谐相处？2004 年新年伊始，黄河水利委员会正式提出了“维持黄河健康生命”的治河新理念，并开始着手研究构建相应的治河体系。这不仅是自然科学的一个重大命题，而且也是社会科学和人文科学的一个重大命题。历史和现实的经验告诉我们，人类在开发利用河流的同时，只有顺应自然规律，关爱河流，尊重河流，保护河流，流域经济社会才能持续发展，民族文化才能永续延伸。因此，黄河水利委员会决定，把重塑人与河流关系的问题上升到伦理的层面来认识，并将其作为“维持黄河健康生命”理论框架的重要组成部分进行研究，通过河流伦理的构建，让全社会从伦理道德上认识到人与河流和谐相处的重大意义，并将其渗透到人类繁衍和成长的过程中，从而唤起更多的人自觉和积极地投身到“维持黄河健康生命”的行动之中。

河流伦理是一个包容性很强的概念，涉及面广、跨度大，具有学科边缘性和交叉性的特点。无论是对水利界，还是对人文、社科界来讲，它都是一门全新的课题。为此，黄河水利委员会联合清华大学、北京大学、复旦大学、南开大学、武汉大学和哈尔滨工业大学等高校从事人文及社会科学研究的专家学者对这一全新的课题展开了研究。为了夯实理论基础，该课题又分为7个子课题，从不同的方面来论证人与河流的伦理关系。经过专家学者们两年多艰辛的探索，形成了这套《河流伦理》丛书。它以辩证唯物主义哲学和科学发展观为指导，通过揭示当前中外河流暴发的空前危机，将人及其他有机体的生命概念引入河流，从人文科学、社会科学的多维视角，研究河流生命的内涵、权利、价值、河流伦理原则、河流立法依据、河流健康生命的维持等，从而把人与人之间的伦理关系拓展到人与河流的关系中，为实现人与河流和谐相处提供有力的理论支撑。

实践证明，在学科的接壤处，恰恰是新学科的生长点。我相信，通过对河流伦理体系的研究和构建，一是可以提高人们对于河流生命的科学认识水准，把握人与河流和谐相处的规律，规范人类自身的社会行为；二是在特定的时代背景下，可以对河流生命理念进行培育和弘扬，从而在治河实践中真正落实科学发展观；三是能够改善调控管理，将人与河流的关系，从以往改造、征服的关系转为和谐相处、共存共生的关系。

当然，我们还应该清醒地认识到，对河流伦理的研究非常具有挑战性。到目前为止，把道德关怀的对象扩展到河流（山川）等自然存在，中西方无论在理论界，还是在社会公众的心目中，都还存在很大争议，并且常常受到来自传统意识形态的质疑。对于这门全新的边缘学科，我们的研究工作才刚刚开始，要形成一套系统的理论还需要不断地去探索、去实践。

黄河水利委员会主任 

2007年8月

序二

不管人们愿意，还是不愿意，也不管人类觉得幸运，还是感到悲哀，至少在如今的地球上，没有人力干预的、纯粹自然的领域再也找不到了；从大气到地心，从高山峻岭到汪洋大海，一切都刻上了人类的痕迹，打上了社会的烙印。人与河流的关系也是这样的，我们之间的命运早已紧紧地联系在了一起：你中有我，我中有你；人的生命离不开河流，而河流不但有自然生命，还有社会生命，甚至文化生命。研究和对待河流，不但要研究其自然层面，还要研究其人文层面，更必须研究二者之间交叉的层面。

面对着自然河流与社会文化河流之间如此错综复杂的关系，特别是人类对于自然总是处在积极主动的一方、影响力越来越强的这种形势，我们发现，有什么样的人，就有什么样的河流；甚至可以说，人们用什么思想和态度来对待河流，河流就会出现什么样子：

蛮荒时代的人，毫无力量，只能迷信天神和命运，匍匐在自然的威力下，于是出现了“夏日消融，江河横溢，人或为鱼鳖”的景象，这是狂放恣肆、任意纵横的河流。

进入文明社会以后，特别是近代以来，人的力量强大了，开始利用和改造河流，但是，人们也往往为了自己的眼前和局部利益，一刻不停地干扰她，甚至有意无意地破坏她，特别是由于私有制度和私有观念的束缚，河流往往被某些人当成私人的财产，随意利用和挥霍，甚至被毁坏和戕害。这些毁坏和戕害，有些是间接的，例如通过砍伐森林、排污升温、影响气候以破坏河流等；有些干脆就是直接地伤害和摧残河流，使之遭受种种创伤。包括我们的母亲河——黄河，早已不复往日的面貌，如今已是伤痕累累，水资源紧缺，河槽萎缩，河道断流，生态恶化，水污染加剧……她再也经受不住折腾了。

实践一再证明，只有能够掌握和控制自己的命运而又有科学头脑的人，只有能够以正确的世界观、价值观为指导善待河流的人，才能使人和河流真正融洽地结合成一个亲密的共同体，才能维持河流的健康生命。

新中国成立后，中国人民掌握了自己的历史命运，为黄河的治理创造了基本条件，但是，正确处理人与河流的关系，以科学的态度治理好黄河，却又是一个更困难、更艰巨的工作。进入新世纪以来，水利部黄河水利委员会以科学发展观为指导，立足于黄河的实践，吸取世界先进的科学文化，超脱以往“就黄河论黄河”和“就水利论水利”的狭隘眼界，以更加全面系统的观点来对待黄河。在他们眼里，黄河不但是自然的，而且是社会的历史的，是文化的，是一条系统完整的生命。他们深刻地提出，要以维持黄河的健康生命为己任，当好河流的代言人。为此，不但要从自然科学和技术方面研究黄河，还要从哲学社会科学方面研究黄河，把重塑人与河流关系的问题上升到伦理的层面来认识，以唤起人们自我警醒意识，珍惜河流、善待河流，自觉维护人水和谐，从而为“维持黄河健康生命”的治河理念奠定坚实的人文和社会基础。这一思路和做法，赢得了全国有关专家的高度重视和赞赏，他们纷纷参加进来，从各个角度开展对于河流伦理的深入研究，不但包括地质地理、天文水利，而且将历史学、社会学、哲学、文化学、法学、艺术学等等学科也吸纳进来，形成了以马克思主义哲学为指导的，多学科相结合的，纵横穿错、立体交叉的宏阔研究局面。

应该说，是日益严重的河流生命危机催生了“维持黄河健康生命”新理念，进而又进一步催生了河流伦理。这是黄河治理开发与管理现代化进程中一场观念上的革命。

正当以黄河水利委员会为核心的一批专家学者们思索研究维持河流的健康生命时，党中央提出了科学发展观，这不啻是一场及时的春雨，一轮清晨的红日。这一理论，说出了大家想说却又说不出来的话，而且更加深刻全面，“坚持以人为本，树立全面、协调、可持续的发展观，促进经济社会和人的全面发展”。这里的每句话、每个字，对于维持河流的健康生命来说，都是多么重要啊！我们这些关心和研究河流伦理的实际工作者和专家学者们，在继续认真地学习了科学发展观之后，指导方向更加明确，信心和勇气更加充足。我们更加自觉地认识到，维持河流的健康生命将是我们的终身使命，河流伦理将是我们的长远研究课题，而科学发展观更是维持河流健康生命的根本、河流伦理的支柱，是我们从事河流实践和理论研究工作的一面永恒旗帜。这里收集的，就是大家在学习和运用科学发展观的基础上，进行研究的一些成果和体会。我相信，这不过是一个开始，也可能还有许多不足之处。今后大家还会做下去，而且越做越好。

水是生命之源，每当我们唱起“一条大河波浪宽”的时候，立即就会想起我们的长江、黄河，想起许许多多生育养育我们的河流，她们是我们人类的母亲，至今还在用自己的乳汁哺育着我们成长。然而，她们如今的身体还好吗，还在健康地生存发展吗？这是我们每个河流的儿女们经常魂牵梦萦的事。以科学发展观作指导，研究河流伦理，尊重自然规律，善待每一条母亲河，让她永远健康地生活下去，这是我们的神圣义务。

中国伦理学会会长 陈瑛

2007年8月

前言

河流是流域内各种生命形式的发源地和载体，它为人类以及各种动植物等生命体提供了栖息与繁衍的场所和基本的物质保障。而河流同样具有生命的特征，其生命的形成、发展与演变是一个自然过程，有其自身的发展规律，并对外界行为有着巨大的反作用力。因此，一旦河流自身生命系统发生危机，以河流为依托的其他生态系统也就失去了存在的基础。每一条河流对于自然和经济社会系统的承载力都是有限的，河流生命的负荷只有在其承载力的范围内，才是合理和可行的。因此，经济社会系统的发展必须把河流的承载能力放在重要位置，以水资源供需平衡为基本条件，建立人与河流和谐相处的可以量化的指标体系，为盲目扩张的人类活动划定一个不可逾越的"底线",以水资源的可持续利用支撑流域经济社会的可持续发展。

大量严峻的事实警示人们,在开发利用河流的同时,只有承认并关注河流自身的生命存在,关爱河流,与河流共存共生,谋求人与河流和谐相处,才能适应经济社会发展和文明进步的要求。新时期实现人与河流和谐相处的首要任务是维持河流健康生命，这是人类经过深入思考而形成的理性选择。

正是基于这一思考和选择，本书理论研究的基点定位在:一是反对唯发展主义,主张恢复和重建河流生态系统,实现人类与河流和谐相处。二是不赞成"荒野论"。认为绝对禁止河流的开发利用,倡导极端生态,其实质也是一种人与自然相对立的意识形态。三是主张将河流生命纳入道德关怀的范畴中来,整合历史、科学、文化和当代社会实践中的合理要素,构建人与河流的新型伦理关系。

本书是以科学发展观为理论指导，以生态伦理为哲学基础,以河流生命为研究对象,以谋求人与河流和谐相处为价值取向而编写的一本理论著作，是黄河水利委员会发起创建并组织研究的河流伦理学的重要组成部分。

全书共分十章。通过将人类及其他有机体的生命概念引入河流，探讨构成河流自然生命的基本要素及其健康生命的内涵所在,分析河流生存发展的内部机理,建立河流健康生命的评价体系，并针对不同自然条件、不同类型的河流,提出了科学安排河流治理开发与管理的对策措施。其目的在于唤起人们进一步强化保护河流的责任意识，统筹考虑经济社会发展与河流自身生存的要求，重建人与河流和谐相处的关系。

参与本书编写的有侯全亮、李肖强、柴建国、张光义、梁海燕、于迎涛、田依林、于海泓、杨建顺、陈晓磊、吴强、张焯文。全书由侯全亮、李肖强统稿。编写过程中,参考吸收了国内外有关方面专家、学者的一些新的观点与研究成果，在此一并致谢。

由于本书面对的是一个全新的研究课题，难度大、时间紧，因而书中观点的把握、材料的运用难免有不当或疏漏之处，恳望广大读者和有关专家、学者不吝赐教，批评指正，以便今后进一步修改完善。

作者

2007年8月

目　录

第二章 河流的功能

第三章 河流生命的空前危机

第四章 河流健康生命评价

第五章 维持河流健康生命的人文基础

第六章 维持河流健康生命的基本途径

第七章 构建城市与河流的和谐

第八章　河流与湖泊

第九章 维持河流健康生命——以黄河为例

第十章 走进人与河流和谐相处的新时代

绪 论

一、河流健康生命与河流伦理

(一)研究河流健康生命的缘由

河流健康生命研究是近年来经济社会发展进程中出现的一个新的重大课题。

众所周知，地球上奔腾不息的河流是人类及众多生物赖以生存的生态链条,也是哺育人类历史文明的伟大摇篮。但是,由于长期以来人们的过度开发利用，致使当今全球范围内的河流几乎都出现了严重的生态问题。河道断流,河床萎缩,湖泊干枯,尾闾消失,水质污染加剧,生物多样性减少。这些问题直接导致了河流的空前危机。

以中国黄河为例,多年来,黄河以其仅占全国水资源总量2%的水资源支撑着占全国15%的耕地、11%的人口和沿河50多座大中城市,以及众多工矿企业的运转。随着经济社会的迅速发展,流域水资源供需矛盾日益尖锐,导致河道频繁出现断流。20世纪90年代,黄河年年断流，而且每年断流的天数与断流河段越来越长，对沿河两岸人民的饮水和经济社会发展带来了严重危害。由于大量挤占了河流生态用水，大大加剧了下游主河槽的萎缩，给黄河防洪安全带来了新的威胁。同时，由于沿河废污水排放量剧增，黄河水质也在持续恶化，重大水污染事件时有发生。

严峻的现实引起了人们对于人与河流关系的重新审视。在新的历史时期，如何正确定位人与河流的关系，怎样实现以水资源的可持续利用支撑国家经济社会的可持续发展？正是基于这种深刻乃至痛苦的思考，2004年以来，黄河水利委员会从反思黄河治理开发与管理的终极目标入手，提出了“维持黄河健康生命”的治河新理念，并研究确立了包括治河理论体系、生产实践体系和河流伦理体系三个组成部分的治河体系框架。从而，首次确立了研究构建河流伦理体系在新时期治理黄河战略中的地位、作用和任务。在“维持黄河健康生命”治河新理念的促动下，近年来我们组织北京大学、清华大学、复旦大学、武汉大学、哈尔滨工业大学、南开大学等国内著名大学相关学科的教授、学者，由黄河拓展到国内外其他重要河流，对构建河流伦理体系、创建河流伦理学进行了深入探讨。而探究河流本质属性，阐释河流健康生命，则是其研究任务之一。

因此可以说，河流健康生命的研究直接促成了河流伦理学的产生，同时，反过来又成为河流伦理学的一个重要组成部分。

（二）河流伦理学概述

河流伦理学的创建，是新形势下河流治理开发与管理实践发展的需要，是在自然科学和社会科学两大门类之间由相关领域内不同学科相互交叉和渗透产生的一门新兴边缘学科。根据目前的初步研究成果，这一学科主要包括以下内容。

1.河流生命论

在综合各个学科对生命不同定义的基础上，阐释河流生命的概念、内涵及其所产生的时代背景和意义。结合水力学、水文学、地质学等关于河流的论述，提出河流自然生命的概念，论述河流自然生命与河流生物圈的共存关系，以及河流自然生命在健康状态下应具有的能力等；从哲学的角度，论述河流自然生命与文化生命的辩证关系。

2.河流的文化生命

论述河流文化生命的定义和内涵;河流文化生命的起源、本质、价值、进化历程,以及对人类精神文化发展的重要影响;作为与生物生命相异的生命形态,河流文化生命所应具备的独特元素;河流文化生命的传承功能,研究在全球化的潮流面前,河流文化生命对于传承民族文化特性、保留文化核心价值认同、维护文化的多元性所具有的重要作用。

3.人与河流关系史论

从河流伦理的视角重新审视人类与河流的关系,深刻揭示人与河流在不同历史时期复杂的关系。河流与人类在“双向创造”的过程中,人类活动对河流生命形态可逆与不可逆过程的深刻影响,不同地域、不同类型河流对人类历史进程以及生产生活方式的塑造所产生的巨人作用。

4.河流伦理的发端

对中国古代儒家、道家哲学思想,以及佛教、基督教、伊斯兰教中的生态伦理思想进行整合和现代解读;探讨生态伦理和河流伦理的相互关系,研究在不同历史文化基础上提出的各种生态哲学体系。

5.河流伦理的哲学基础

论述河流伦理的哲学合法性基础;河流伦理的价值论基础,所展示的新的价值观、方法论;从生态世界观的角度审视人与自然的关系,探讨如何将河流伦理学纳入以哲学为灵魂的社会工程,以及河流伦理对现行哲学体系的反思意义。

6.河流伦理与河流立法

探讨论证河流立法,调整人与自然关系的必要性和可能性,伦理与法律的调整范围的异同及交叉点,把倡导河流伦理和流域法制建设结合起来研究河流伦理对河流立法的借鉴和指导意义,阐明河流伦理原则在河流立法中如何得到体现,以及河流立法对河流伦理的提升和维护作用。

7.经济社会发展中的河流健康生命

阐述河流对人类的作用决不仅仅只是资源,而是融入到人类社会政治经济文化中的一个关键要素,“河流-流域经济-社会”已经构成了一个完整的复合生态系统,当人们在处理经济发展与河流健康关系时,必须以系统整体的利益作为出发点,所有的决策管理和经济活动,都应当围绕着系统整体利益这一最高目标来进行。

8.河流健康生命初探

作为河流伦理学的重要组成部分，本书将对此进行专题研究。重点探讨河流的生命特征、河流健康生命的指标体系、维持河流健康生命的主要对策等。

二、河流健康生命的研究内容

（一）河流的生命特征

一般来说，一条河流的形成，大都经历过板块构造运动、沟谷侵蚀、水系发育、河床调整等历史时期。尽管每条河流的地质条件和地理形态各不相同，但都拥有以下共同的生命特征：

（1）河流具有完整的生命形态。它们是由源头、干支流、湿地、连通湖泊、河口尾闾等组成的水循环系统，经过漫长的水流作用，形成了稳定的地貌形态和贯通的水文通道，从而使水体在大气、陆地和海洋之间不断循环。

（2）河流是一种开放的动态系统。其流域各水系之间，以流动为主要运动特征，不仅创造了壮丽的自然景观，而且不断进行着大量而丰富的物质生产和能量交换，连接起各有关生命系统。

（3）河流是一个有机的生态整体。河流与其间的生物多样性共存共生，构成了一种互相耦合的生态环境与生命系统。

（4）在构成河流生命的基本要素中，河流的流量与流速代表了河流生命力的强度，洪水与洪峰标志着河流生命力的能量，水质标志着河流生命的内在品质，湿地则体现了河流生命的多样性。

正是由于这些特征，无数的河川溪流才显示了旺盛的生命活力。它们昼夜不停地腾挪搬运，以一种巨大的力量维持着生态环境和能量交换的总体平衡。所经之处，生灵跳跃，万物丰茂，呈现出一片生机。

（二）河流健康生命的指标体系

连续的河川径流、安全通畅的水沙通道、满足人类和其他生物需要的水资源供给能力及水质、良性循环的河流生态系统，是一条健康河流的基本要素。

(1)径流和河床是构成河流生命形态的主要标志,也是河流生命存在的最重要的构件。这也正像人的身躯与血液一样,是支撑生命正常循环的基本载体和能量。由于每条河流的情况互有差异,径流条件也不尽相同。对于水资源丰沛的河流来说,维持其健康生命的径流条件,一般注重考虑的是生态系统的需求。而对于水资源匮乏的河流而言,维持其健康生命的径流条件,则要综合考虑经济社会发展、水循环系统以及维持河流生态基本功能等多方面的需求。

连续的河川径流,是指一条河流不仅干流从河源到尾闾应具有一定量级的连续水流,而且其主要支流也应维持一定量级的水流,以保持整个流域的水文联系。否则,如果其重要支流没有河水进入干流,大河就不能保持足够的能量,流域地下水与地表水也将失去有机联系,那样必将导致大河肢体的分割和生命的衰竭。

(2)通畅安全的水沙通道,包括河道排洪能力和输沙能力。前者是指河道通过排泄和调蓄等方式能够安全处理最大洪水,后者则对河道减少泥沙淤积、控制主流游荡范围的来水来沙条件和河床边界条件提出要求。

(3)满足人类和其他生物需要的水资源供给能力及水质。其包括:一是人类和其他生物的健康要求,即河流水体功能定位;二是污染治理的可能水平。制定切合实际的水质改善目标,在很大程度上取决于人们的价值取向。

(4)良性循环的河流生态系统,体现了河流生态系统以及人类对自然环境的需求。生态系统是由生物与环境相互作用构成的整体。保护河流的水生生态,就是恢复其固有的生物多样性和丰富性。

由于健康河流指标的确定,需要正确处理和人类经济社会发展之间的关系,需要处理好河流的社会功能与自然功能的相对平衡,因此它涉及到不同社会背景下人们的价值取向。

(三)维持河流健康生命的主要对策

维持河流健康生命,是一项事关全局的千秋伟业与系统工程,需要从理念、道德、法律、管理、工程、科技等方面,多管齐下,综合治理。就河流自身的实现目标而言,主要体现在保持河道水沙通道通畅,河川流量不低于干支流生命流量，河流保持良好的水质和水生态环境良性发展等方面。

(1)对于洪水问题突出的河流，一方面要致力于提高控制能力，通过防洪工程体系，依据水文预报、防洪决策支持系统，制定科学的洪水处理方案，控制大洪水和特大洪水时流量不超过其设防流量，确保防洪安全。另一方面，要尊重洪水的自然特性，合理规划洪水出路，因势利导。

(2)对于资源性缺水的河流，解决水少的主要途径，一是加强水资源的优化配置和有效管理，抑制用水需求的过快增长，提高水资源的利用效率；二是建立节水型社会，挖掘现有水资源的潜力；三是完善和加强法律手段，以保障水资源统一管理与调度的实施；四是通过实施外流域调水，从总量上弥补水资源的不足。

(3)对于水质污染严重的河流，要通过划定水功能区，核定水域纳污能力，实施入河污染物总量限排，实现水功能区划要求的水质目标；严格限制入河废、污水排放量，避免和减少因水质污染造成水体功能质量的降低或丧失，保障河流供水水质安全。

(4)对于多泥沙河流，要着力解决水沙关系不协调，保持河道畅通的水沙通道，使水资源能够持续支撑经济社会的可持续发展。以黄河为例，泥沙问题是其复杂难治的症结所在。因此，处理黄河泥沙应该采用“拦、排、放、调、挖”等综合措施，建设完善的水沙调控体系，塑造协调的水沙关系，以减少下游河床淤积，最大限度地保持和延长现行河道的生命力，谋求黄河长治久安。

(5)加强河道尾闾治理，科学安排河口流路，维持一定的排洪输沙能力。对于淤积型河口，应加强工程建设，采取综合措施，延缓河口淤积延伸速率，尽量减少河口淤积延伸对下游河道不利的反馈影响，并维持河口地区经济社会和生态系统的可持续发展。

(6)作为维持河流健康生命的重要标志之一，维持河流生态系统的良性维持尤为关键。应该根据河流生态系统的组成和结构，分析各组成部分对河流生态系统良性维持的作用，区别层次确定每个组成部分在河流生态系统良性维持中的权重及其主要影响因子。针对河流生态系统存在的问题和发展趋势，重点抓住关键因子，制定出河流生态系统良性维持的关键措施。如实施湿地生态系统功能保护和生态修复工程,维持生物多样性等。

三、研究河流健康生命的目的

(一)引领河流开发利用的价值导向

通过对河流健康生命的研究，建构一种具有时代特征的新的价值判断与标准,在管理与决策方面,发挥积极的理论指导作用和实践参与作用。以此去观察、分析、解释、反思和预测河流的发展演变走向,把握人与河流和谐相处的规律性。规范人类的自身行为，将人与河流的关系,从以往改造、对立、征服的关系转向和谐相处的关系,从而科学制定开发、利用、管理与保护河流的战略规划,并坚持不懈地予以实施。

(二)提高人们对河流的认识能力

万事万物都有自身特有的内质，河流的演变进程有其自身的特点与规律,并非人类所能创造和规定。人类开发利用河流的活动,必须尊重和顺应河流自身规律。河流健康生命的研究,通过对河流本质属性的研究,有利于提高人们的科学认识水平,有利于培育和弘扬人们尊重自然的意识,在道德领域召唤关爱河流生命的良知,在文明领域召唤河流文化的永续,为维持河流健康生命奠定人文基础。

(三)支撑河流伦理学

河流伦理是一种新的伦理观，是从道德和意识范畴调整人与河流的关系的认识论。综观人类文明史,各个时期经济社会发展水平不同,人们对河流的认识与关系处理也采取了不同的观念和标准。原始文明时期,人类依附并崇拜河流,人与河流处于一种原始的、不自觉的和谐状态。农耕文明时期,人类初步开发利用河流,但由于社会生产力发展水平很低,人类改造河流的能力十分有限,因此仍认为河流对人的主宰作用,在相当程度上保持了河流的生态平衡。进入工业文明时期,随着生产力的迅速提高,人类对河流的开发利用程度达到了空前的规模。人类在从中得到巨大财富和进步的同时，也对河流的自身规律产生了巨大的影响,直接导致了河道断流、河床萎缩、湖泊干枯、尾闾消失、水质污染加剧、生物多样性减少等严重危及河流生命的全球性生态问题的生态危机，也直接威胁着人类文明的发展和延续。

大量严峻的事实警示人们，人类只有在开发利用河流的同时，承认并关注河流自身的生命存在，关爱河流，与河流共存共生，谋求人与河流和谐相处，才能适应经济社会发展和文明进步的要求。

研究河流健康生命的目的之一，在于从自然科学的角度，探讨构成河流自然生命的基本要素，揭示河流的自然属性，为河流伦理研究提供科学支持。

四、研究河流健康生命的理论基础

（一）贯彻科学发展观

以人为本、全面协调、可持续发展的科学发展观，是中共中央从新时期党和国家事业发展全局出发提出的重大战略思想。它深刻反映了党对国家经济社会发展的新认识、新要求，反映了当今世界经济政治文化发展的新情况。所谓可持续发展，就是要促进人与自然的和谐，实现经济发展和人口、资源、环境相协调，其理论内涵是，努力把握人与自然之间关系的平衡，实现人与自然之间关系的调控和协同进化。

人与河流的关系是人与自然各种关系中最密切、最直接的关系之一，新时期实现人与河流和谐相处，首要的任务是维持河流健康生命。本书以科学发展观为指导，通过研究分析河流生存发展的内部机理，树立了防止人类对河流过度干预、强化保护河流责任的理念，体现了科学安排河流治理开发与管理总体布局，利用约束性指标强化对河流施行管理的思想，提出了统筹考虑经济社会发展与河流自身生存的要求、做到以水资源的可持续利用支撑经济社会可持续发展的思路。

（二）运用自然辩证法

自然辩证法是马克思主义的自然观和自然科学观，是研究自然科学的方法论。其中关于自然界物质的存在方式、自然界物质系统的存在与演化以及人类与自然界的关系等问题的阐释，对于河流健康生命的研究具有重要的理论指导作用。

本书运用自然辩证法的物质观、运动观、信息观、系统观、规律观等基本原理，探讨了河流生命形态及其发展变化，在对河流发展的研究中，全新地解读了人、自然和社会的关系，使人们对河流演变规律进一步清晰化。

另一方面，运用自然辩证法的认识论和方法论，通过总结人们对于河流治理开发与管理的认识活动和实践活动，形成了一种新的河流治理观。为人们认识治河理论嬗变的规律，认识科技创新对河流管理与保护的意义，认识治河科学和社会文明进步的关系，认识治河理论作为知识形态的生产力向物质生产力的转化等，提供了新的范本。

（三）拓展传统伦理学

按照传统伦理学的定义，伦理就是指人与人之间的道德行为规范，道德主体只限于人类，而其他生物族群和自然存在，都不拥有道德关怀的资格。

河流健康生命的研究，在继承传统伦理方法的基础上，突破了传统伦理学限于人际伦理的樊篱，把河流作为生命体进行了专门研究。提出河流除了作为人类可以利用的对象和资源，支撑人类生存与发展的外在价值之外，还应具有其存在、健康的内在价值，相应的也应具有其完整性、连续性、清洁性以及造物等权利，因此应该给河流以道德关怀主体地位。阐述了河流生命的表现特征、内在结构，定性分析了维持河流健康生命的指标体系，提出了建立在尊重性、整体性、不损害、评价性与补偿性原则基础上的河流治理、开发、管理与保护原则及其对策措施。从而，拓展和丰富了伦理学的范畴与内涵。

河流健康生命研究的意义，在于强调重建人与河流和谐相处的关系，以水资源可持续利用支撑经济社会的可持续发展。因此，就伦理角度而言，其主要创新意义体现在：

一是反对唯发展主义。认为唯发展主义主张“征服河流、开发河流、改变河流”，其结果不仅严重损害了河流的健康生命，也给人类带了新的危机。因此，主张恢复和重建河流生态系统，实现人类与河流和谐相处。

二是不赞成“荒野论”。认为绝对禁止河流的开发利用，倡导极端生态，其实质也是一种人与自然相对立的意识形态，违反了事物发展的客观规律，实践中也是行不通的。

三是认为关爱河流归根结底就是关爱人类自己，因而主张重新整合历史、科学、文化和当代社会实践中的合理要素，将河流生命纳入道德关怀的范畴中来，建立起一种人与河流的新型伦理关系。

五、河流健康生命的研究方法

河流健康生命的研究是以河流为交叉点，以河流生命形态为研究对象，集经济学、生态学、水利学、水文学以及社会科学等于一体的河流管理科学。其主要研究方法如下：

（1）矛盾分析法。维持河流健康生命的研究，立足于对河流与自然界生态系统，河流与人类经济社会发展关系的深刻认识，通过总结剖析世界上诸多河流产生生命危机的不同表现、严重后果及其原因，给人们以深刻警示。强调从根本上改变以水资源的高消耗和河流生存危机为代价的传统经济增长模式，在观念上，实现由人类对河流索取无度向适度开发、趋利避害、维持河流健康生命转变。

（2）辩证联系法。经济社会发展与生态环境保护是对立统一的两个方面，如何正确处理二者的辩证关系，实现经济社会的可持续发展，保持生态系统的相对平衡，始终是人类面临的重大课题。本书通过不同时期、不同国家和地区人们对于河流开发利用价值取向的变化，揭示了人类对于地球生态系统和世界文明发展应该承担的历史责任。

（3）归纳演绎法。河流健康生命的研究，采取以指标体系法为主的方法，以黄河、淮河、海河、科罗拉多河、莱茵河等为典型河流，对能够表征河流生命系统的主要特征指标进行分类归纳，分析各个特征对河流健康生命的意义，在度量特征因子的基础上，框架性地构建了反映河流健康生命的指标体系，从而对于河流治理开发与管理，提出了具有一定可操作性的努力方向和遵循原则。

（4）交叉研究法。当代边缘学科的不断产生，大大扩展了科学研究的对象，揭示了自然界新的奥秘，成为孕育原始创新的摇篮，代表了当代科学技术与知识体系的发展趋势。本书运用边缘学科的研究方法，运用各有关学科的概念和方法，通过对河流生命结构、演变规律、人文因素等层面的研究，揭示了河流运动形式的实质，以及河流在人类社会影响下的复合动态过程。

第一章

河流生命的内涵

第一节　河流生命的自然属性

生命是宇宙间最伟大,也是最生动复杂的存在形式。在现代生命科学的研究中,人们从生态学的角度对生命本质进行了归纳,即生命的运动过程具有能量流动、物质循环和信息传递三大基础功能。其中能量流动和物质循环是其最主要的功能,也是生命运动的两个重要规律。

河流是落在或涌出地表的水，在重力作用下逐渐汇集而成的流动水体,是地球表面极具活动性的巨大物质系统。在自然情况下,这些不同量级的运动水体演进在不同流域及其河段形成了具有完整功能的生命形态。以河流为中枢的水文循环过程同样具有能量流动、物质循环和信息传递的基础功能。

一、河流生命的本质是水循环

(一)水循环

地球上的水在太阳辐射和重力作用下,以蒸发、降水和径流等方式进行的周而复始的运动过程,称为水循环或水文循环。水循环是地球上最重要、最活跃的物质循环之一。它直接涉及到自然界中一系列物理的、化学的和生物的过程,对地球环境的形成、演化和人类生存都具有重大作用,它实现了地球水圈中各水体的水分交换和更新;直接影响着一个地区的气候特征,使水成为重要的地质运力,实现地球化学物质的迁移。

1.水循环过程

地球上的水以液态、固态和气态的形式分布于海洋、陆地、大气和生物机体中,这些水体构成了地球的水圈。水圈处于连续的运动状态。通过水循环,水圈各水体中的水互相交换,不断更新。水循环的范围贯穿整个水圈,向上延伸到10公里左右,下至地表以下平均1公里深处。水圈处于永不停息的运动状态,水圈中各种水体通过蒸发、水汽输送、降水、地面径流和地下径流等水文过程紧密联系,相互转化,不断更新,形成一个庞大的动态系统(见图1-1)。

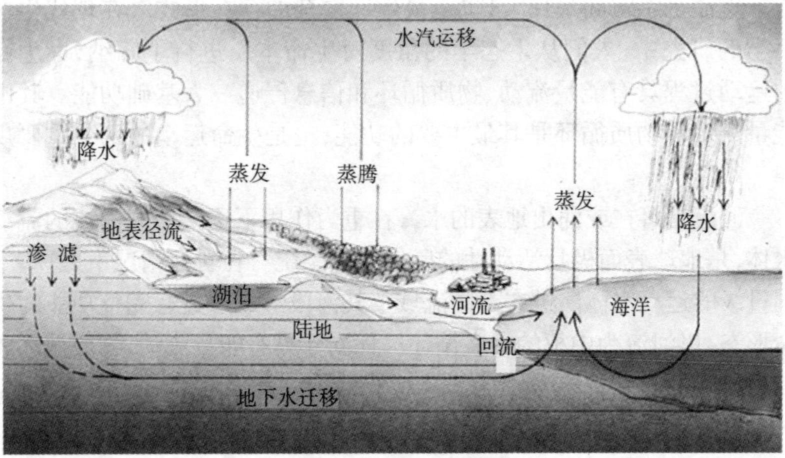

图1-1 水循环示意图

水的三态(固态、液态、气态)转化特性是产生水循环的内因,太阳辐射和地心引力作用是这一过程的外因或动力。太阳向宇宙空间辐射大量热能,到达地球的总热量约有23%消耗于海洋和陆地表面的水分蒸发,平均每年有5000立方公里的水通过蒸发进入大气,通过降水又返回海洋和陆地。水循环过程通常由4个环节组成:①蒸发,指太阳辐射使水分从海洋和陆地表面蒸发,从植物表面散发变成水汽,成为大气组成的一部分,由蒸发产生的水汽进入大气并随大气活动而运动;②水汽输送,指水汽随着气流从一个地区被输送到另一地区,或由低空被输送到高空;③凝结降水,指进入大气中的水汽在适当条件下凝结,并在重力作用下以雨、雪和雹等形态降落;④径流,指降水在下落过程中,除一部分蒸发返回大气外,另一部分经植物截留、下渗、填洼及地面滞留水,并通过不同途径形成地面径流、表层流和地下径流,汇入江河,流入湖海。

按系统分析,水循环的每一环节都是系统的组成成分,也是一个亚系统。各个亚系统之间又是以一定的关系互相联系的,这种联系是通过一系列的输入与输出实现的。比如:陆地上(或一个流域内)的大气降水、地表径流及地下径流之间的交换又称三水转化,其运动是多维的。大气降水通过入渗向下运动可补给地下水;地下水的运动通过土壤和植被的蒸发、蒸腾向上运动成为大气水分;通过水平方向运动又可成为河湖水的一部分。地下水和地表水的相互转换是形成河川径流的主要形式之一。

2.水循环类型

按水循环的规模与过程,可分为大循环和小循环。从海洋蒸发的水汽,被气流输送到大陆形成降水,其中一部分以地面和地下径流的形式从河流回归大海,另一部分重新蒸发返回大气。这种海陆间的水分交换过程,称为大循环或外循环。海洋上蒸发的水汽在海洋上空凝结后,以降水的形式落到海洋里,或陆地上的水经蒸发凝结又落到陆地上,这种局部的水文循环称为小循环或内循环。前者称为海洋小循环,后者称为内陆小循环。

在大循环运动中,水一方面在地面和上空通过降水和蒸发进行纵向交换,另一方面通过河流在海洋和陆地之间进行横向交换。海洋从空中向大陆输送大量水汽，陆地则通过河流把水输送到大海里。所以，海洋是陆地降水的主要水汽来源。

内陆小循环对内陆地区降水有着重要的作用。因为内陆地区距离海洋很远，从海洋直接输送到内陆的水汽不多，通过内陆局部地区的水文循环，使水汽逐步向内陆输送，这是内陆地区主要的水汽来源。由于水汽在向内陆输送的过程中，沿途会逐渐损耗，故内陆距海洋越远，输送水汽量就越少，降水量就越少。

水的大循环运动，是由许多小循环运动组成的。内陆水小循环运动越活跃，从海洋输送到大陆上同样的水汽，就会产生较多的降水。而且通过若干个小循环运动，就可使海洋水汽步步深入内陆。对改善干旱地区的气候和生产条件，起到有利的影响。

3.水循环速度

地球上每年参加水循环的总水量约5000立方公里（折合水深1130毫米）。大气对流层中的水分总量约12.9万立方公里（折合水深25毫米）。这些水分通过蒸发和降水每年平均更换约45次，即更新期约8天。河川径流的更新期约16天。沼泽和湖泊的循环更新期较长，分别为5年和17年。其他水体更新期更长，深层地下水为1400年、海洋为25年、极地冰川可达9700年。可见，不同水体的循环速度差异很大。

4.水循环的作用

水循环对地球生态与环境的形成、演化和人类生存都有重大的影响和效应：①它实现了地球水圈中各水体的水分交换和更新；②直接影响一个地区的气候；③使水成为重要的地质营力，实现地球化学物质的迁移，塑造地貌；④为人类提供可再生的淡水资源。

由于大气环流机制和海陆分布决定了地球上水汽的运动规律，加之不同的地区地质构造、地貌、岩石土壤性质、植物覆盖、湖泊、沼泽等条件不同，水在自然界循环的路径和过程极其复杂且多变。有的地区湿润多雨，水量丰沛，有的则干旱少雨，河湖干涸。同一地区，有时大雨滂沱，江河横溢，有时却久旱不雨，江河枯竭。正是由于自然界的水文循环，才形成这种永无终止千变万化的水文现象。

在水循环过程中，水的物理状态、水质、水量等都在不断地变化，水通过蒸发、水汽输送、降水和径流四个环节进行着交换,使大气圈、水圈、岩石圈和生物圈相互联系起来,并在它们之间进行能量交换。同时,因为水在运动中挟带溶解物质和泥沙等而使物质发生迁移。再者,由于水循环运动把水圈中的所有水体都联系在一起,使大气降水、地表水、地下水、土壤水之间相互转化,使水体形成不断更新的统一系统,为人类及众多的生物种群带来了取之不尽、用之不竭的水资源。

水循环是一切水文现象的根源。没有水循环,就不会有降水、蒸发、径流的产生和运动。水循环的生态意义在于通过它的循环为陆地生物、淡水生物和人类提供淡水来源。水还是很好的溶剂,绝大多数物质都是先溶于水才能迁移并被生物利用,因此其他物质的循环都是与水循环结合在一起进行的。可以说,水循环是地球上太阳能所推动的各种循环中的一个中心循环。没有水循环,生命就不能维持,生态系统也无法开动起来。

(二)河流水循环

在地球水循环过程中,河流处于中枢地位。河流是大气环流和地球下垫面共同作用的产物。一方面它作为大气降水的下垫面直接承纳大气降水,另一方面作为承泄区接纳地下水和潜流的汇聚,同时作为通道将上述大气降水和潜流输送至尾闾的海洋或者湖泊。

河流水循环可以描述为如下的图式:地球上的水以液、固和汽等形态分布于海洋、陆地、大气和生物体中,构成了地球的水圈。水圈中的水蒸发成水汽并随气流运动输送至各地形成降水,一部分降水蒸发、一部分降水形成地表径流,一部分降水下渗形成地下径流,并最终回归大海(或湖泊),然后,继续蒸发、水汽输送、凝结降水、不断汇集或下渗、形成地面和地下径流,这样一个循环往复的过程,构成了河流的基本水循环(见图1-2)。

在地球表面的总水量中,河流水量的比重很小,但循环速度快,是水的重要输送环节,也是促使自然环境中各类物质相互转换、代谢的动力之一。河流的生命本质就在于河水在水循环系统中周而复始的流动。这个系统包括海洋—大气水—河川—海洋之间的平面循环系统,也包括大气水—地表水—土壤水—地下水之间的立体循环系统。一条河流

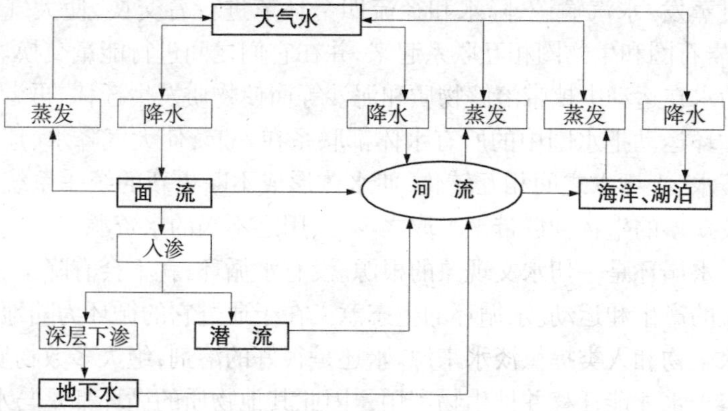

图1–2　以河流为中枢的能量流动及水文循环过程

绝非一朝一夕形成的，而是由点点滴滴的水汇聚形成。

河流是地球上水文循环的重要路径，也是其所在流域维持联系海洋的通道，承担着调节降水和排水，以及输送泥沙、盐类和化学元素等的重要功能。河流处于不断的水循环过程之中，在水循环运动与变化过程中扮演着极其重要的角色，该过程实现了地球水圈中各水体的水分交换和更新，对地球环境的形成、演化，特别是对人类的生活和生产活动，有着重要的作用和意义。如果地球上陆地地面都变成平坦的，没有了河流的通道，水量足以淹没整个世界。

二、河流水循环中的能量流动

在地球生态系统的生命世界里，能量的根本来源是太阳，太阳辐射通过绿色植物（生产者）光合作用转变为化学能储存在体内后，便进入生态系统的营养结构中流动，成为地球上一切生活有机体进行生命活动的能量来源。能量的流动是生态系统存在与发展的动力，一切生命活动都依赖生物与环境之间的能量流通和转换。

太阳辐射同样也赋予了河流水文循环系统运动的能量。陆地或海洋中的水，吸收太阳辐射转化成水汽，水蒸气凝结成雨水降落到地面从而形成径流。大气降水为河流提供了水量，而太阳辐射能的一部分则转化为水流具有的能量。当降水降落到地面后，在地球重力作用下，顺着地壳运动造成高低不平的条状槽形河道，从高处往低处流动，由坡地汇集到河床。河水又不断挟泥带沙克服阻力，由高到低冲刷河床，并把河流上游的物质不断挟带到下游，在川流不息的下泄过程中，河水的能量逐渐被消耗，最终河流汇聚到海洋或湖泊之中。与生物生命中能量流动过程一样，河流的能量流动也是按照递减的规律单向流动的。

天然水体的势能是所有河流具有的基本动能，在河床与水流相互作用下，它具有侵蚀、搬运和沉积三种作用。河流的生产力、健康性，河流的自我保持，以及流域内的自然特征，诸如湍流、河口、三角洲都与水体的自然能量直接相关。河流水流的重力势能不断雕刻着流域的形态。河流流动时，侵蚀产生的物质（含流域坡面上侵蚀的物质）被水流沿河搬运，在中、下游堆积；当侵蚀与搬运达到平衡状态时，河床出现一条平衡的纵剖面。随着时间的流逝，物质不断被侵蚀，使原有地表逐渐降低，直至地面达到准平原阶段。一旦这种平衡条件受到破坏，河流又向新的平衡剖面发展。在不断冲刷、侵蚀、搬运等过程中，水流产生的能量逐渐消耗殆尽。

河道以多种形式成为能量流动的通道。水体的能量可以将上游的沉积物和营养物质冲击并且挟带到下游，水体在下游变缓，沉积物沉淀形成淤泥，营养物质被带到冲积平原的每一个角落，同时地表径流补给地下水位增强土壤肥力和生产力。正是由于河流能量流动的单向不循环性，才使得河流下游地区泥沙不断堆积，形成目前河流下游肥沃的土地。例如：在我国华北平原的塑造过程中，黄河就扮演了重要的角色。黄河从黄土高原带下的泥沙，经过数以万年的淤积，形成了华北平原。河流冲刷也把土壤中的营养物质随同泥沙一起带到了下游，使得这里成为全国重要的粮食基地。河流能量流动的单向不循环性在形成华北平原的过程中起着重要作用。

河流可以充分调节太阳光照的能量和热量，使水面下藻类和水草等生产者更有效地通过光合作用制造有机物，成为鱼类、底栖动物和浮游动物的食物，而在水底的土壤中有数量巨大的微生物在从事有机物质的分解工作，正是经过河流能量通道的有机串联，从而形成了生机勃勃的生态链条。在河岸两边以及河道内的湿地,由于处于陆地与水域的交错带,水陆之间进行着更加复杂的能量流动,因此生物群落更为丰富。

人们虽然不能改变能量流动的客观规律,但可以设法调整能量流动的方向和方式,使能量流向对人类最有益的部分。正像在森林中,最好使能量更多储存在木材中,在草原牧场上,最好使能量多流向到牛、羊等牲畜体内,获得更多的毛、肉、皮、奶等畜产品一样。在河流中,人们虽然不能改变河流向下游输送水沙的客观规律,但是可以设法调整水沙的流动节奏、数量和规模。例如在河流上修建水库,由于抬高了水位,聚集了能量,就能充分用来调蓄水资源的配置利用和发出强大的电能。

三、河流水循环中的物质循环

生态系统的物质循环是指组成生物体的氮、氢、氧、碳等基本元素在生态系统的生物群落与无机环境之间反复循环运动(见图1–3)。

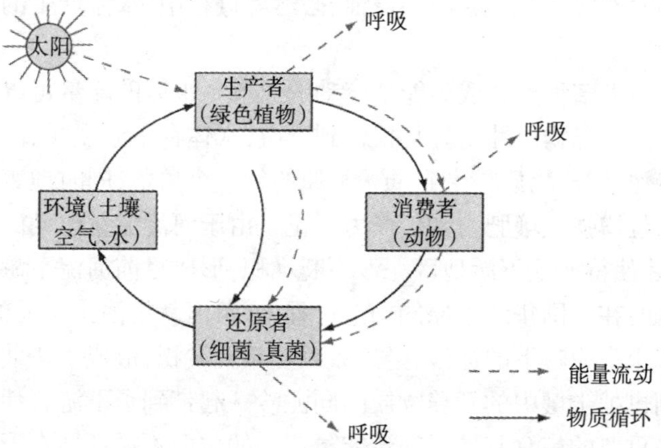

图1–3　宏观尺度生命运动的能量流动及物质循环过程

水,作为地球生命世界里最重要的物质,其水循环不仅发生在大气圈、水圈,也发生在生物圈、岩石圈中,充分体现了地理环境的整体性。水循环不是一个简单的链环,而是一组路径,水通过这些路径在自然界中循环并从一种状态转变为另一种状态,这就形成了水文现象的千变万化。水循环也是地球环境中最重要、最活跃的物质循环之一，它成云致雨，影响着一个地区的气候和生态，塑造地貌和实现地球化学物质的迁移，像链条一样连结着全球的生命，为人类提供不断再生的淡水资源和水能资源。

河流是地球上水循环的重要路径。河水在流动中既为陆地上一切生物提供不可缺少的水分，又可对生物的循环产生积极的促进作用。由于大多数营养物质多溶于水或随水移动，其主要的循环储存库为水体或土壤水分库。大气降水可以把天空中游离的氮素带到地面，供植物吸收；地面径流又可以把地面上大量的有机物质带入海洋，为海洋生物的繁殖提供养料；而海洋生物又是供给人类食用和制造肥料的重要资源。所以，流域内一切生物不但是河流水循环运动的组成部分，而且也依赖河流水循环运动得到繁殖和发展。

比如，在河流湿地的物质流动过程中，太阳能通过光合作用进入绿色植物形成生物能，继而沿着食物链转移到昆虫、软体动物和小鱼小虾等食植动物，再流动到水禽、涉禽、两栖动物和哺乳动物，最后微生物将残枝和残体分解、还原成为无机物质。这样的物质循环过程周而复始地进行。

河流水循环不仅影响着地球上的生物，也被地球上的生物所影响，对生命的产生、进化及生存至关重要。氢、碳、氧、氮、磷和硫等6种元素被称为常量营养元素，活着的有机体的95%以上是由这些元素构成的。要维持各种生命形式，就需要这6种元素之间保持合适的时、空和量的平衡。为了使生命得以不断再生，需要这些元素进行反复的循环。这6种元素的含量分布与河流的水循环相互交织在一起，随着河水的运动发生迁移。

组成河流的基本元素主要是水体，如果河流没有水，就谈不上一条完整的河流。河流不仅将水带回其从之而来的海洋，也带着从河床侵蚀而来的大量沉积物，最终将它们沉积在河水泛滥的平原，或河口附近的三角洲上。河流是形成冲积性平原的重要介质，其最重要作用之一是对土壤（岩石等）的侵蚀、运送与沉积。沉积作用控制了河流系统的形成与发展。

大气降水降落到地面以后，除了蒸发、渗漏外，便形成径流。由于地面径流长期冲刷和侵蚀地面，在大陆上造成了大大小小的沟、溪和河流，同时由于径流长期冲刷地面，侵蚀岩石和土壤，并将这些侵蚀冲刷下来的泥沙等物质大量推送到最低的地方去。在某些地方由于泥沙的输移和堆积而形成巨大的冲击平原。部分低洼的地方，由于地面水的蓄积而形成湖泊。在某些地面径流流动缓慢的地区，因积水过多而形成沼泽。

在河流水循环中，部分水分渗入地下，形成土壤水和地下水。地下水和土壤水同地壳中各种不同的物质长期接触，这些物质不断被水溶解，大量溶解物随着地下水通过河流输送到海洋中去，最后以盐的形式聚集于海洋中。溶解物质中的部分盐类渐渐沉积下来，逐步形成沉积岩。某些地区由于地层系由易溶解的岩石(石灰岩等)所组成，这些岩石在水循环过程中，受到侵蚀和溶解，形成岩溶地区(喀斯特地区)。

连续的河川径流是河流生命维持的关键，它使陆地上的水不断得以补充、水资源得以再生。如果没有河流水循环过程，没有反复循环的水资源补给的运动过程，河流将失去水源补给而逐渐消失，其所维系的生态系统之间的物质循环也就无法进行，最终带来灾难性的后果。

四、河流水循环中的信息传递

生态系统中的信息，指引起生物行为和生理变化的“信号”。动植物都有各自特殊的方式来感知外界的变化，以此来调节自己的行为。这些信息的相互传递，维系着生态系统的有效运转。

河流同样具有信息传递的特征。作为联系陆地与海洋的水文通道和最长的生态链条，河流本身在接受外部自然环境变化的信息而作出自我调整的同时，又把这些信息传递给其所维系的生态系统。由于水面、陆地和植物表面的蒸发等，使大气层经常含有一定水量的水汽。大气中的水汽虽然很少，而且主要集中在距离地面2~3公里以下的大气层底部，但却是天气变化的主要角色，是产生云、雨、雷、闪电等现象的主要物质基础。空中的水汽多少，又直接影响着气候的特点。水汽多了气候湿润，少了气候干燥。水汽通过蒸发和凝结，可以大量吸收或放出潜热，强烈地吸收和放出长波辐射，对地面气候起到一定的调节作用。

河流通过气候的改变来调节自己，每当气候干燥降水稀少时，河流就会出现低水位、断流干涸等危机；当气候变得湿润，降水丰沛，河流就可能出现洪水，以至于河水横溢对河道堤防和人们的生产生活构成威胁；当气候寒冷，河流就会结冰，过流能力降低等等。例如：黄河一年就有四个汛期，凌汛、桃汛、伏汛、秋汛，每个汛期都受到天气气候的影响。水利部门正是掌握了河流的这种信息，采取多种手段防止河流出现危机。因此，及时收集、分析、提炼河流信息资源，乃至模拟这些信息系统，对于维持河流健康生命，实现全球水资源健康可持续发展目标，有着极其重要的意义。

太阳活动（如太阳黑子等）、地球的公转和自转以及地球和月球的相对运动，都具有周期性变化的特点。它们导致太阳辐射的变化和季节的交替，使水文现象也出现相应的周期变化。这些信息经过河流的传递，从而影响着河湾湿地也呈周期变化。在洪水季节水生植物种群占优势。水位下降后，水生植物让位给湿生植物种群，是一种脉冲式的生物群落变化模式。而在河流深潭里，太阳光辐射作用随水深加大而减弱。红外线在水体表面几厘米即被吸收，紫外线穿透能力也仅在几米范围。水温随深度变化，深水层水温变化迟缓，与表层变化相比存在滞后现象。由于水温、阳光辐射、食物和含氧量沿水深变化，在水中生存的生物群落也随之出现分层现象。

总之，能量流动和物质循环是生态系统的基本功能，信息传递在能量转化和物质循环中起调节作用；能量和信息依附于一定的物质形态，推动或调节物质运动，三者互为交织，不可分割。以水文循环为中枢的物质循环为河流带来了丰沛的水资源，河流的能量流动通过水体完成，两者也是互相依存的。但是，能量流动和物质循环又有本质上的区别：能量流经生态系统各个营养级时是逐级递减，而且运动是单向的、不是循环的，最终在环境中消失。物质循环是带有全球性的，在生物群落与无机环境间物质可以反复出现，反复利用，循环运动，不会消失。能量流动与物质循环既有联系，又有区别，是相辅相成，密不可分的统一整体。

综上所述，河流具备了生命的三大基本属性，据此可以认为河流也是有生命的。实际上，在河流之源你可以清晰地看到涓涓溪流，那就如同生命之初的样子。河流从潺潺溪流到融汇百川，穿越峡谷，逐步壮大，浩浩荡荡，奔流入海；然后通过蒸发、降水、形成径流，开始新一轮的水文循环，这是一个波澜壮阔的生命历程。在这个川流不息、循环往复的生命系统中，河流的能量通过多次交换被转移和更新，更多的物种被构建和孕育出来，形成瑰丽壮观、丰富多彩的地球图景；以河流水文循环为主的河流物质循环为河流水体更新、物质交换起到了中枢作用；河流的信息传递作用又为人们感知水循环的变化，从而预防灾害发生起到了不可低估的作用。

第二节　河流生命的特征及标志

地球上每一种生命形式，每个生命个体或生物种群，都有其发生、进化、发展和最终衰亡的生命过程。河流也有成长发育史，从青年到老年，有着基本的生命规律与节律。

从形成过程来看，河流依赖于山河湖海互动形成的地形、地貌及地质条件；从水文循环来看，它依赖于大气水、地表水、地下水和生物水之间的“四水”转换；从时空分布来看，它依赖于年复一年的丰枯变化、水系的树状分布和河道的弯曲特征；从物理化学过程看，它依赖于水量、水位、水质和物质流（泥沙、营养物和污染物）的输移和转换，形成水流的动力条件和特定的水质状况。

一、河流生命的特征

河流生命的形成、发展与演变是一个自然过程，有其自身的发展规律，并对外界行为有着巨大的反作用力和规范性。由于地质构造运动的差异，尽管各条河流形成的形态各不相同。但其自然生命的基本特征是一致的。

（一）一条发育成熟的河流必定有一个连续、贯通的水系，具有完整的生命形态

河流是陆地表面上由一定区域内地表水和地下水补给，经常或间

歇有水流动的线形天然水道。每条河流都是由源头、干支流、河口尾闾与湖泊、湿地或地下河等彼此连通组成的容纳水流的通道。根据水文和河谷地形特征，河流又分上、中、下游三段。一般来讲，上游比降大，流速大，冲刷占优势；中游比降和流速减小，流量加大，冲刷、淤积都不严重，但河流侧蚀有所发展；下游比降平缓，流速较小，但流量大，淤积占优势，多浅滩或沙洲。通常大江大河在入海处都会分多条入海，形成河口三角洲。

河流水系是指集水河道的结构而言的，它包括源地、注入、流程、流域、干支流及分布，以及落差等要素。一条发育成熟的河流必定有一个连续、贯通的水系，具有完整的生命形态。它聚集了全流域的地表水和地下水，一路接溪纳流，奔腾跌宕，最终或融身海洋、湖泊，或潜入内陆，经过漫长的地质构造和水流作用而形成稳定的地貌形态和贯通的水文通道，从而使水体在大气、陆地和海洋之间不断循环。河流的生命历程就是河流水系按一定方向和路径进行的水循环过程。

河流水系的名称通常以它的干流或以注入的湖泊、海洋命名，如长江水系、黄河水系、太湖水系、太平洋水系等。河流由干流和一系列支流组成。支流的级别有两种划分方法：一种是把流入干流的支流叫一级支流，二级支流流入一级支流，依此类推；另一种划分方法是，把没有分汊的最小的河流称为一级支流，一级支流汇合成二级支流，二级支流汇合成三级支流，依此类推。干流汇集流域全部面积上的来水。

水系内干支流总长度与流域面积的比值称河网密度，即单位面积上的河流长度。它说明水系发育和河流分布疏密的程度。非洲南北纬10度之间地区雨量丰沛，河网密度最大，北半球干旱地区河网密度很小。中国秦岭—桐柏山—大别山以南，武陵山—雪峰山以东河网密度多在每平方公里0.5公里以上，其中，长江三角洲达每平方公里6.4~6.7公里，杭嘉湖平原达每平方公里12.7公里，而广阔的内流区河网密度几乎都小于每平方公里0.1公里。

水系形式是一定的岩层构造、沉积物性质和新构造应力场的反映。据此，水系形式通常分为树枝状、格状和平行状三类（见图1–4）。树枝状水系一般发育在抗侵蚀能力比较一致的沉积岩或变质岩区；格状水系

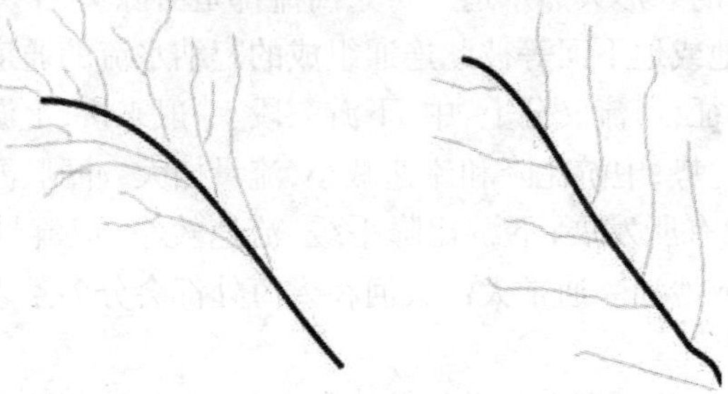

(a)平行状水系

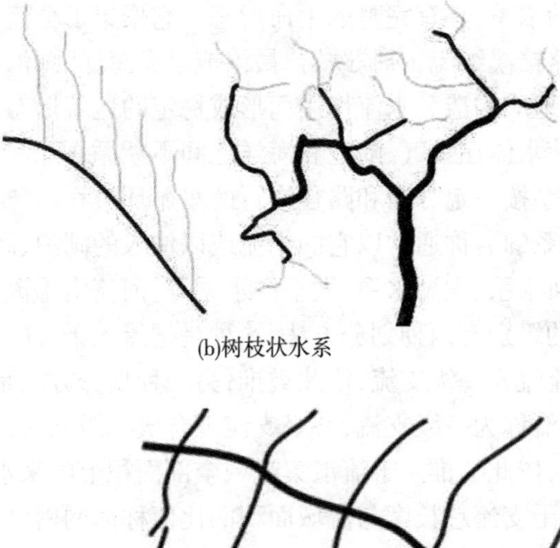

(b)树枝状水系

(c)格状水系

图1–4　水系形式

经常出现在岩层软硬相间、地下水源比较丰富的平行褶皱构造区；平行状水系则往往和巨大的断裂构造相联系。

水系形式也可按干支流相互关系、几何形态或水系流向划分为扇状水系、羽状水系、梳状水系、平行水系、向心水系、辐散状水系，等等。

河流水系通过水系分汊、河流分级、河网密度、河流频度、河流数目以及河流长度等自然因素，影响着河流形态、水系结构、调蓄能力、水循环过程以及区域景观特征，具有鲜明的地域特点。

河流是一个完整的连续体，上下游、左右岸构成一个完整的体系，连通性是评判河道空间连续性的依据。高度连通性的河流对物质和能量的循环流动以及动物和植物的运动等非常重要。如同人的血脉，不仅有动脉、静脉，还要有毛细血管，才能保障身体各个部位的养分输送一样。河流的生命力来自干流与支流和湖泊、湿地的"血脉"沟通、自由流淌形成的完整的系统，从而形成稳定的汇水区域和水流通道，使地表径流能够在不改变水循环路径情况下完成从溪流到支流、干流和大海的循环过程，使依赖于河流的生态系统得以维持。河流水系的形态及结构已经成为河流管理和健康评价的重要内容。

（二）源源不断的径流沿河流水系持续运动是河流生命的主要表现方式

如果说地质构造塑造了河流基本的躯干，那么，大气降水则赋予了河流生命的源泉。

大气降水经过陆地各种因素作用以后能够流出的部分通过不同路径向河道汇集，从而形成河川径流。源源不断的径流沿河流水系的持续运动是河流生命的主要表现方式。正是有了水体在河川、海洋和大气间的持续循环或流动，有了地表水、地下水、土壤水和降水之间的持续转换和密切联系，才有了河道和河流水系的产生，以及河流生态系统的发育和繁衍。

从降水到达地面至水流汇集、流经流域出口断面的整个过程，称为径流形成过程。径流是水循环的主要环节，它使陆地上的水不断得以补充、水资源得以再生。径流的形成可概化为产流和汇流两个阶段。

（1）产流阶段。当降雨满足了植物截留、洼地蓄水和表层土壤储存后，后续降雨强度又超过下渗强度，其超过下渗强度的雨量，降到地面以后，开始沿地表坡面流动，称为坡面漫流，是产流的开始。如果雨量继续增大，漫流的范围也就增大，形成全面漫流，这种超渗雨沿坡面流动注入河槽，称为坡面径流。地面漫流的过程，即为产流阶段。

(2)汇流阶段。降雨产生的径流，汇集到附近河网后，又从上游流向下游，最后全部流经流域出口断面，叫做河网汇流，这种河网汇流过程，即为汇流阶段。

实际上，由于每次降水的强度和持续时间不同，各流域自然条件也不一样，无论是不同流域，或是同一流域在不同降水过程中的径流形成，都可能有差别。

在空间分布上，雨水是热带、亚热带和温带地区河流主要补给源，北温带和寒带地区的河流主要靠冰雪融水补给。我国雨水对河流的补给量一般由东南向西北减少。西北内陆地区的河流以高山冰雪融水为主要补给，雨水补给居次要地位。地下水在枯季是河流的主要补给。

在时间分布上，由于河川径流是流域气候因素和自然地理因素共同作用的结果，而气候因素又具有明显的年内、年际变化特征，因此，受其影响的河川径流量也具有明显的年内、年际变化。

径流的年内变化：随着气候的周期性变化，一年中河流补给状况、水位、流量等也相应发生变化。根据一年内河流水情的变化，可以分为若干个水情特征时期，如汛期、平水期或冰冻期。

径流的年际变化：所谓年际变化就是径流量每年都不相同，有些年份大，有些年份小。每一条河川年径流的变化，都具有本流域自然地理条件所赋予的特点，这些特点主要是反映在径流年变化的幅度上。在雨量丰沛的地区年降水量变化小，因而年径流变化也小；而在雨量相对较少而且在时间分配上相当集中的地区，降雨量的年际变化大，径流量的年际变化也大。

形成这种周期变化的基本原因，是地球的公转和自转、地球和月球的相对运动，还包括太阳活动，如太阳黑子的周期性运动的影响。它们导致太阳辐射的变化和季节的交替，使水文现象也出现相应的周期变化，从而引起河流的径流变化。

总之，持续而适量的河川径流是河流系统的活力和自我调节能力的主要体现，它使“海洋—大气—河川—海洋”之间的平面水循环和“大气水—地表水—土壤水—地下水—大气水”之间的垂直水循环得以保持连续，使陆地和海洋之间的物质和能量交换得以完成。

（三）河流与其维系的生物多样性共生共存，构成了一种互相耦合的生态系统

河流是人类以及许许多多生命伙伴赖以生存的生态环境的重要链条。作为一种自然本体的存在，奔腾不息的河流以它无与伦比的活力吐故纳新，拾遗补阙，保障了大地整体的水分平衡，滋养众生，为人类以及各种动植物等生命体提供了进化成长的场所和基本的物质保障。

河流本身是一个有机的生态系统整体，同时也是形成和支持地球上许多生态系统的重要因素。而生态系统是由生物和生境两大部分有机组成，生命部分是生态系统的主体，生境是生命支持系统。河流在输送淡水和泥沙的同时，也运送由于雨水冲刷而带入河中的各种生物质和矿物盐类，为河流内以至流域内和近海地区的生物种群提供营养物，为它们运送种子，排走和分解废弃物，并以各种形态为它们创造生境。

河流是一个开放的自然系统。河流与周围的陆地有更多的联系，水—陆两相、水—气两相关系紧密，形成了较为开放的生境条件。水域与陆地间过渡带是两种生境交汇的地方，由于异质性高，使得生物群落多样性的水平高，适于多种生物生长，优于陆地或单纯水域。在水陆联结处的湿地，聚集着水禽、鱼类、两栖动物和鸟类等大量动物。而植物就有沉水植物、挺水植物和陆生植物以层状结构分布。另外，河流又是联结陆地与海洋的纽带，河口三角洲是滨海盐生沼泽湿地，热带及亚热带的河口三角洲常造就红树林生态系统。

河流中的水体是在不停流动着的，水深又往往比湖水浅，与大气接触面积大，所以河流水体含有较丰富的氧气，是一种联系紧密的水—气两相结构，对各种动植物的生长极为有利。

河流上、中、下游由多种异质性很强的生态因子，构成了极为丰富的流域生境多样化条件，这种条件对于生物群落的性质、优势种群和种群密度以及微生物的作用都产生重大影响，在生态系统长期的发展过程中,逐步演化成为河流沿线各具特色的生物群落。

在地质构造和水流侵蚀的双重影响下，自然界的河流都是蜿蜒曲折的,横断面也多有变化,形成了从干流到支流、从河湾到沼泽、从深潭到浅滩等多种多样的河流形态。河流形态的多样性又加剧了河流在流速、流量、水深、水温、水质、水文周期变化、河床材料构成等多种生态因子的异质性,比如:河流中的水流速率决定了水中浮游生物是否能够生长并且维持它们自身的发展。河流中水流速越慢,其中生长在岸边和底部的生物群落结构和外形就会越接近静水中的模式。丰水期高流量对很多物种迁徙时间和许多鱼类产卵会起到提示作用。这些因素同时造就了河流生境的多样性,从而形成了河流生物群落的多样性。

河流与数以万计的物种共生共存,通过食物链、养分循环、能量交换、水文循环以及气候不系统,相互交织在一起。从河流生物群落与河流生境之间的关系看,整体性是其重要特征。一旦形成系统,生态系统的各要素不可分割而孤立存在。如果硬性分开,那么分解的要素就不具备整体性的特点和功能。在以河流为载体的流域内的各种生命体互为依存、互相制约、互相作用,形成了耦合的生态系统。它包括陆地河岸生态系统、水生态系统、相关湿地及沼泽生态系统在内的一系列子系统,并具有栖息地功能、过滤作用、屏蔽作用、通道作用、源汇功能等多种功能。

河流生态系统还具有自我调控和自我修复功能。在长期的进化过程中,形成了同种生物种群间、异种生物种群间在数量上的调控,保持着一种协调关系。在生物群落与生境之间是一种物质、能量的供需关系,在长期的进化过程中也形成了相互间的适应能力。比如河流周边的湿地生物群落,需要适应干旱与洪涝两种生境的交替变化,形成了湿地植物既耐旱又耐涝的特征。水体自我修复能力,也是淡水生态系统自我调控能力的一种。通过自我修复,在外界干扰条件下,保持水体的洁净。由于具有这种自我调控和自我修复能力，才使河流生态系统具有相对的稳定性。所谓稳定性具有两层含义,一是指对于外界干扰的适应力或称为弹性，二是在受到干扰后回到原平衡态的恢复能力。需要指出的是,生态系统的稳定性是相对的,其适应性也是有限的。所谓弹性限度也就是淡水生态系统对外界干扰的承载力。当超过某一个弹性限度,生态系统将出现一种不断远离平衡点的正反馈，加快系统失稳，常以爆发的方式导致系统的全面恶化。

一个稳定的河流生态系统，是一个生物群落多样性丰富的系统，是一个具有合理组织结构和良好运转功能的系统，是一个物质循环、能量流动及物种流动通畅的系统。对长期或突发的自然及人为扰动能保持弹性和稳定性，并表现出一定的恢复能力，整体功能表现出多样性、复杂性；能够满足所有受益者的合理目标要求，具体表现为根据区域发展需求，合理利用分配水资源，保证不同区域利益的均衡，同时改善生态环境。其内涵是动态变化的，在不同时间尺度和不同空间尺度具有不同涵义。

正是由于以上这些特征，无数的河川溪流才显示了它旺盛的生命活力。它们昼夜不停地腾挪搬运，以一种巨大的力量维持了生态环境和能量交换的总体平衡。河流所经之处，生灵跳跃，万物丰茂，呈现出一片生机。

二、河流生命的标志

在构成河流生命的基本要素中，流量代表了河流生命的规模，洪水是河流生命的高潮与能量顶峰，水质标志着河流生命的内在品质，湿地则体现了河流生命的多样性。

（一）流量代表规模

河水是以不同形态和经过不同转化途径的降水为补给来源的。显然，只有进入河道的水量足以保持经常流动，即在足以补偿蒸发和渗漏所造成的损耗时，才能够形成河流。河流的输水作用能把地面短期积水及时排掉，并在不降水时汇集源头和两岸的地下水等水源，使河道中保持一定的径流量。在地球表面的总水量中，河流水量的比重很小，但循环速度快，是水的重要输送环节，也是促使自然环境中各类物质相互转换、代谢的动力之一。

每条河都有大小不同的径流量，每条河的径流量在不同季节产生不同的变化，在上下游又有不同的空间分配。自然情况下，这些不同量级的运动水体演进在不同流域及其河段都形成了具有完整功能的生态体系,其流域内的多年平均径流量应该是一个相对稳定的数值。只是由于人类社会经济发展对水的需求日益增长，使水资源的时空分配发生了剧烈的变化,河川径流量不断减少,以至于造成入海流量的锐减甚至消失。

径流量是陆地上最重要的水文要素之一,是水量平衡的基本条件,也是河流生命存在的前提。这就如同一个人身上的血液量,有足够的血量才能维持身体健康状态。一条河流只有保持一定的径流量才能保持源源不断的生机,如果水枯竭了,或流量太小失去了水循环和能量输送的基本功能,无法维持生态系统的良性运转,实际上也就意味着河流生命的衰亡。

人类文明的发源地,无一不与河流联系在一起。一些大河的冲积平原、三角洲地区是人类社会经济、文化等的发达地区,是人类赖以生存的重要淡水区。随着人口增长及经济发展的需要,对淡水的需求急剧增加,因此,合理开发利用和治理保护河流是全人类共同的使命。

事实证明,合理遏制人类的开发冲动,千方百计防断流,保证足够充沛的入海流量,是河流存活的首要因素。当今许多国家正在开展对于水库下泄流量和河道生态用水的研究，以确保维持河流生命的最小流量和基本流量。而在关于水量分配的流域规划中,则把河道用水作为基本用水户加以充分保证。

(二)流动代表活力

河流生命的核心是水,命脉是流动。与流量相关的流动状态,是河流生命的又一个要素。一条河流只有奔腾不息、不舍昼夜的流动,才能显现生命的活力。

没有流动,河流就丧失了在全球范围内进行水文循环的功能,没有流动,河床缺少冲刷,河流挟沙入海的能力就会削弱;没有流动,水质就要退化,成为死水一潭,洄游鱼类等其他水生物种就会灭绝;没有流动,湿地得不到水体和营养物质补充,依赖于湿地的生物群落就失去家园。总之,没有流动,河流也就不再是河流,而退缩为古地质时期一连串各自独立封闭的内陆湖泊。

流动需要动能,这种动能一是来自地貌高差形成的势能,二是源于水流本体的质量，前者是产生水流动能的外在因素，后者是内在因素。水流本体质量最主要的指标是流量。流量标志着河流水量空间和时间空间分布规模，如快与慢，深与浅，急流与平缓，以及洪峰与低峰流量等，如果河流流量减少，水流的速度就会减缓，大量泥沙落淤，河槽隆凸，加剧河床抬高的速率，降低了河道纵比降，从而形成恶性循环，缩短河床生命周期。

河水的流动状态是影响水生物多样性的关键过程，其主要体现在：①水流是河流生境的主要决定因素，同时也是生物组成的决定性因素，水流动态的改变在不同空间尺度上改变了栖息地，而且影响了物种的分布、丰度以及水生群落的组成和多样性。河流的流动影响着河道的形状、大小、复杂性和三角洲的形成，浅滩、激流、深潭和净水区域的分布等。对于已经适应了这种河流复杂生境格局的生物而言，生境的变化常常对生物多样性有重大影响。②水生物的完成生长史直接响应与天然水流动态，流动特征对塑造生长史产生主要的影响，同时水流动态的改变会导致土著物种多样性的丧失。③维持河流纵向和横向连通性对于许多河流物种种群的生命力是非常必要的，纵向和横向连通性的丧失会导致种群的隔离以及鱼类和其他生物的局部灭绝。④水流动态的改变为外来物种的入侵提供了条件。

流动的河水也是地球表面陆地上最经常、最普遍活跃的地貌营力。一条河流的诞生，是从地球内力把地表变得高低不平开始的，而流水的力量则是一种非常重要的外力，径流和落差组成水动力，切割地表岩石层，搬移风化物，通过河水的冲刷、侵蚀、挟带和沉积作用，形成并不断扩大流域内的沟壑水系和支干河道，同时也在不断改变与河流有关的自然环境。

在河流发育的幼年期，地表刚被抬升，地貌景观如同一些有轻度河流作用的高原一样，只有很稀疏的短小河流，河谷不深、谷底狭窄，河流之间有开阔平坦的高地，地面常有沼泽湖泊。这之后，随着河流对地表侵蚀一步步加深，支流水系渐渐增多，河流对地表的切割程度越来越强烈，形成了如同一些大型山脉内部的高山深谷的地貌景观。这时河谷的横剖面成V形，谷底狭窄，谷坡陡峭，有瀑布或急流，原先河谷间的开阔地被分割成起伏很大的山岭。这一阶段是河流发育的青年期。

河流对地面的侵蚀继续进行，与此同时，各种各样的外力(化学溶解、生物拱撬、风吹、日晒)也在对地表产生破坏和瓦解的作用，河流持续不断地把地表的碎屑冲刷带走。在这个过程中，河谷逐渐展宽，谷底开始发育由泥沙沉积而成的河漫滩，山脊的高度逐渐降低，地形起伏趋于和缓，形成了低丘宽谷的地貌景观。这一阶段是河流发育的壮年期。

由于山地不断被河流侵蚀变低，所以河流对地表的冲刷能力也逐渐减弱，在把山上的物质搬运到低处的同时，也相应形成各种规模的冲积平原，并填海成陆，蜿蜒游荡于冲积平原上的河流，不断变换流路，相邻河流时分时合，形成冲积平原上的特殊地貌。这一阶段的河流步入老年期。

如果地球的内力作用在河流发育的漫长过程中一直比较缓和，那么，这条河最终会把地表夷平，河水因没有落差而渐渐停止流动。这时的地貌与河流发育幼年期的的地貌十分相似。一旦地球内力再次爆发，地表再次抬升，河流的生命循环就会重新开始，恰似生命的“轮回”。因此，奔流不息的河流，既是壮美多姿的地球形态的主要部分，也是推动和影响大地景观发生变化的不可或缺的力量。

(三)洪水代表高潮

洪水是河流动力的高峰体现。连续的强烈降水是造成洪水的主要原因，积雪融化也可以造成洪水。流域内的降水分布、强度、降水中心移动路线，以及支流排列方式，对洪水性质有直接影响。

洪水按来源可分为上游演进洪水和当地洪水两类。上游径流量显著增加，洪水自上而下沿河推进，就形成上游演进洪水。当地洪水则是由所处河段的地面径流直接形成的。由于洪水形成条件不同，洪水过程线也有单峰、双峰、肥瘦等差别。实际观测发现，同一河流的上游洪峰比较尖锐，变幅大，而下游则渐趋平缓，变幅也逐渐减小。洪水传播速度还与河道形状有关，河道整齐的传播快，不规则的传播慢。若河流流经湖泊或泛出河道，则洪水传播速度更慢。

在一般情况下，河流决定着洪水的行进方向，而洪水有时又要冲刷或淤积河床，甚至让河流改道。正是在河流与洪水的相互影响、相互作用之下，地球生态系统才得以逐渐进化，生物多样性才得以不断丰富，生态环境也才不断朝着有利于人类生存与发展的方向演替。

应该说，洪水过程是河流生命规律的一部分。这也正像人的脉搏一样，每次剧烈活动后都会跳动加快。对于一条河流而言，该来洪水时就应来洪水，长期不来洪水，泥沙淤积、河床抬高、河道萎缩等许多问题就会随之而来。没有洪峰的河流，充其量只是一条排水沟，而不是活力澎湃、具有多样化生命内涵的河流。

事实上，洪水是一把具有双刃剑特征的自然现象，它虽然可以危及人类的生命和财产，但河流生命的许多功能却又是通过洪水来实现的，它是自然界自我调整的一种重要的内在机制。洪水可以向湖泊湿地、向地下、向土壤补充水源和水分，对土地和耕地补给养料，给物种提供生境，为海洋输送营养物质等。因此，善待洪水、保护天然河流，对于保护地球生态系统具有非常重要的意义。从非洲、中东到南亚次大陆，几个大体平行的人类古老文明，恰恰正是源于大河系的泛滥农业。

洪水是一种客观存在，是不以人的意志为转移的。人类对水的约束越大，洪水对人类的破坏越强。在江河中下游洪涝灾害高风险区，往往是人口密集、生产力发达的地区，不可能作很大调整。随着人口增加，人水争地的矛盾还会更加尖锐，而洪涝灾害具有自然和社会的双重属性。因此，人类只有适应洪水的规律，规范自身的经济社会活动，因势利导，给洪水以出路，科学合理地分蓄洪水，才能趋利避害，最大限度地实现洪水的资源化。

（四）湿地代表多样性

在河流生命体系中，湿地是一个不可分割的重要成员，是陆地与水域之间的过渡地带，是水陆相互作用形成的独特生态系统，具有“天然水库”和“天然物种库”的美称。湿地也是河流生命的一个重要标志。河流湿地的变化过程往往伴随着以流水作用为主的侵蚀、搬运和沉积过程。在河流系统中，水沙流与河床边界相互作用产生了形形色色的河流湿地。

湿地在蓄水、调节河川径流、补给地下水和维持区域水平衡中发挥着重要作用。每当暴雨和河流涨水期，湿地就会储存过量的降水，均匀地把径流放出，减弱危害下游的洪水，是蓄水防洪的天然“海绵”。湿地还可以为地下蓄水层补充水源。从湿地到蓄水层的水可以成为地下水系统的一部分，又能够为周围地区的工农业生产提供水源。如果湿地受到破坏或消失，就无法为地下蓄水层供水，地下水资源就会减少。因此，保护湿地就是保护天然储水系统。

湿地可以影响小气候。湿地水分通过蒸发成为水蒸气，然后又以降水的形式降到周围地区，保持当地的湿度和降雨量，促进当地动植物生长。在湿地这一自然界极其富于生物多样性和遗传多样性的生态环境中，保存着大量已知未知的生命基因。流水流经湿地时，其中所含的营养成分被湿地植被吸收，或者积累在湿地泥层之中，不仅净化了下游水源，而且为鸟类、鱼类、两栖动物提供了繁殖、栖息、迁徙、越冬的场所，其中有许多是珍稀、濒危物种。

湿地具有减轻环境污染的功效。它有助于减缓水流的速度，当含有毒物和杂质（农药、生活污水和工业排放物）的流水经过湿地时，流速减慢，有利于毒物和杂质的沉淀和排除。此外，一些湿地植物像芦苇、水湖莲能有效地吸收有毒物质。在现实生活中，不少湿地可以用做小型生活污水处理地，这一过程能够提高水的质量，有益于人们的生活和生产。

湿地向外流出的淡水限制了海水的回灌，沿岸植被也有助于防止潮水流入河流。但是如果过多抽取或排干湿地，破坏植被，淡水流量就会减少，海水可大量入侵河流，减少了人们生活、工农业生产及生态系统的淡水供应。

湿地中生长着多种多样的植物，这些湿地植被可以抵御风浪的冲击力，防止风浪对堤岸和海岸的侵蚀。

需要指出的是，在天然湿地之外，人类大规模拦河筑坝所修建的水库，形成了事实上的大型人工湿地。除不可避免地对环境造成的负面影响以外，现存水库作为人工湿地系统所发挥的积极作用同样应该得到科学关注和适当评价。

（五）水质代表品质

河流是流域生态系统的轴心，而良好的河流水质是流域生态系统健康的基础和前提。河水是一种良好的溶剂，在河水的自然循环过程中可溶解与其接触的一切可溶性物质，因此河水中含有多种物理的、化学的以及生物的成分。天然水中各种成分的组成和含量是不同的，从而导致了水的感观性状、物理化学性质、化学成分、微型生物组成的状况也各不相同。这些性质的综合，称为水质。

河流天然水体的水质受到种种因素的制约。这些因素既有自然过程（如水文、气候、地址条件的变化）的影响，也有人为因素的影响。与其他水体相比，河流的特点是水处在不停的流动之中，决定了河流水质在时间上的变异性。河流水质与水流的运动状态（流速、流量等）密切相关。流速大的河流对污染物的净化能力强，流量大的河流对污染物的稀释能力强。

河流遍布在地球上的每一片区域，是离人们居住点和工作点最近的水体，是最易为人们获取的资源，因而也最易受到人类活动影响和遭受污染。一般说来，对水质造成恶化的原因主要是人为污染。而自然过程给水体带来的物质（也包括有害物质）的含量通常构成水质的所谓自然背景值（或本底值）。

一条洁净的河流源源不断地为生命共同体提供着高品位的营养，而污染的水流则对生物圈中所有的生命造成威胁。这种威胁的起因当然来自人类对于河流生命的不敬甚至亵渎。水体污染是工业化早期河流所遭遇的必然命运。如果说流量减少乃至消失严重动摇了河流生命本体的话，那么水质污染则可谓病入膏肓了。

第三节 自然变化与人类活动对河流生命的影响

河流是所在流域内自然地理背景下的产物。河流一般具有较强的抵御外界干扰的能力，但如果干扰超过它的自我调节和自我修复能力，其自然功能也将逐渐衰退，许多河流生命出现危机，最终将影响甚至威胁人类的生存和发展。

一、自然变化对河流生命的影响

河流山川都是大自然的产物，因此受自然规律变化的影响。不同地区的自然环境塑造了不同特性的河流，当外部的自然环境发生剧烈的地质活动、地球冰期与暖期的交替出现、气候变化等重大变化，河流的生命将受到强烈的影响，河流本身的走向、形态或径流会出现较大的变化。自然界的力量可以使河流更富有活力，也可以使河流消亡。

在地球的演变历程中，出现过多次陆地板块的分离和碰撞，相应发生过多次的陆海变迁。地球表面的形态归根结底是由内力和外力两种力量造成的。内力与外力同时发生相互消长，造成了千姿百态的地表地貌，也塑造了河流的基本形态。

天气、气候是地球环境的重要组成部分。河水以不同形态和经过不同转化途径的降水为补给来源。因此，天气、气候在不同的时空尺度上影响着河流的兴衰。湿润地区河网密集、径流充沛，而干燥地区河网稀疏、径流贫乏，说明河流的地理分布受着气候的严格控制。实际上，河流的水文特征，包括水源的补给形式及其比例，水位、流量及其季节变化，结冰与否及结冰期长短，等等，无一不受气候条件制约。例如，降水量多寡决定着径流补给来源的丰缺，蒸发量大小反映着径流损耗的多少，降水的时空分布、降水强度、降水中心位置及其移动方向影响着径流过程和洪峰流量，气温、风和饱和差也因对降水、蒸发有影响而对径流间接起作用。

气候变化对河流流量及地下水回灌的影响因区域和气候情景的不同而不同，主要取决于降水变化的预测结果。在许多地区，由于强降水事件发生频率增加，致使洪水的频率及规模也增加，并使大多数地区径流量和一些平原地区地下水补给量增加。土地利用变化可能使洪水更加恶化。一些地区由于降水量稀少，而蒸发量加大，枯水季节的河水径流量在日趋减少，乃至断流；降水量的变化也许会加剧或抵消蒸发量的增加。由于水温升高和废弃物的径流与外溢造成的污染物增加，预计的气候变化将引起水质下降。在河水径流量减少的地区，水质退化可能更为严重。

自然环境是在空间和时间上的变化，决定了地球海-陆-气之间相互作用、相互依存的基本规律，以及与水分循环的过程，直接影响到河流的发育与演变。对于自然界的重大干扰，河流系统的反应或是恢复到原有的状态,或者滑移到另一种状态,寻找新的动态平衡。在这个过程中,河流系统一般表现出一种自我修复功能。

孔雀河曾经是中国西北地区一条重要的河流,早在公元前77年,楼兰人就在孔雀河畔筑造了十多万平方米的楼兰古城,汩汩甘甜的河水滋润了这里发达的绿洲文明,使之成为古代"丝绸之路"上一颗璀璨的明珠。但是到了南北朝时期,随着孔雀河的断流改道,罗布泊的沙漠化,当年盛极一时的楼兰古城最终变成了人迹罕至的沙漠戈壁,是什么原因导致了这一幕辉煌历史的消亡?

据近年来考察研究,认为楼兰古城的消亡大约在公元542年(中原的西魏时期),这时正是旱化加剧的时期。在这一旱化过程中,不仅是孔雀河缺水断流,西北地区许多内陆河都面临同样的危机,由此带来沙漠化的不断扩大,先后发生了米兰城、尼壤城、可汗城、统万城等的消亡。

最近,也有学者运用空间遥感技术,通过对大量图像的判译,从环境地质学角度分析研究了楼兰地区古河道的变迁,认为楼兰古城衰亡的真正原因是由于古城所在地古孔雀河上游先后出现过两处滑坡崩塌,造成河道堵塞,从而切断了楼兰古城的供水源。

二、人类活动对河流生命的影响

人类依水而生活,生产力水平的提高促进了人类社会的发展,同时,人类活动对河流生态有巨大的影响。所以,自人类社会产生以来,河流就承担起为人类发展和自然生态延续服务的双重功能。

在很长时间内,由于受生产力水平的限制,人类对自然的影响是有限的,自然所受到的干扰处在可以恢复的限度内。后来,随着科技的进步和生产力提高,人类进入工业文明时期,工业生产基本特征是通过科学技术来控制、改造和驾驭自然过程,制造出在自然状态下不可能出现的产品。由于工业生产基本上摆脱了对自然力的依赖,人类对自然界的作用增强,"人定胜天"的思潮以及"人类中心论"开始成为主导。

在这一时期,随着全球工业化进程的加快,工业文明将人类带入了开发利用河流的全新时代。科学技术的进步和人类对河流演变规律认知程度的增强,使得人类对河流的开发利用达到了登峰造极的地步。人类开始盲目地开发利用河流、改造河流，与河流长期处于对立的状态。

为了开发水利资源，人们在许多河流上拦河筑坝。自从苏联于1932年在第聂伯河上修建了世界上第一座高坝，1936年美国在科罗拉多河上建成了当时世界上最高的胡佛大坝之后，世界上的大坝建设进入了快速发展时期。目前世界上共有45000多座大坝。发达国家的水电开发程度一般都已超过50%，有的已达70%~90%。与此同时，引水农田灌溉面积不断扩大，水资源供需矛盾日益突出；入河污染物量也在不断增加。

人类活动对河流的影响程度，随着人类生产力水平的提高而增加。人类活动改变了流域水化学的自然循环，导致水质恶化，来自农田的化学物质是最为广泛的非点源污染，生活和工业废水排放的污染是最常见的点源污染；从河流、水库中超量引水，使得河流本身的流量无法满足生态用水的最低需要；土地利用方式的改变，农业开发和城市化进程改变了河流水文循环的条件；对湖泊、河流滩地的围垦挤占了水域面积；上游毁林开荒造成水土流失，导致下游河道淤塞、萎缩；植被的破坏、外来物种的引进，干扰流域生态系统。大坝建设、河道渠化等水利工程建设，对流域物理环境的改变，从溪流到流域不同尺度都存在，对河床的再造也有着不同程度的影响。

比如，大坝对河流廊道有着显著的影响，影响的程度和范围很大程度上依赖于大坝的功能和坝体规模与河流流量间的关系。坝下流量的变化可以引起下游生态效应。水电站的下泄流量随着用电的负荷变化而不同，这对河流形态具有明显的影响，下泄流量变化率是影响河岸侵蚀的重要因素，从而导致了岸边生境的丧失，大坝导致水库水体流速变缓，甚至成为湖泊环境。对于供水水库，如果减少了河道内流量，会导致河床形态、植物群落和生境的变化，河道内流量的增加同样会导致河流廊道生态环境的改变。

河流中浅滩和水塘是水生生物不同生命周期所必需的生存环境，而河流的渠化和分水工程常常会破坏这些地带。河道断面的均一化和渠道衬砌等河道整治工程，导致生活在泥沙中生物的生境的破坏。河流分水工程对生态环境的影响不仅取决于分洪的时间和分水量，而且与分水工程的位置、结构设计和运行有关。河流渠系化和分水工程的削减洪水的效益往往被生境多样性减少引起的生态损失而抵消。

大量废污水被人们排入河中，致使河流水质恶化，这是是河流生态系统破坏的又一重要因素。在河流生态修复过程中，必须意识到水质及水生生物的重要性及相互关系，水质恶化导致水体生物量水平降低。同时，也削弱了某些水生生物在净化水体方面的重要作用。

人类在从开发利用河流过程中得到巨大财富和进步的同时，也为此付出了沉重代价。人类试图通过工业文明一劳永逸地驯服江河，对河流的自身规律产生了巨大的影响，导致众多河流都出现了空前的危机，缺水、断流、水质污染、生态恶化已成为许多河流面临的问题。

1999年11月29日，联合国环境计划署组织“面向21世纪的世纪水资源委员会”在对流域面积最大的25条世界大河进行调查后的总结报告中指出，世界的大江大河水质欠佳，多数河流水量日益减少，而污染程度则日渐加重，随之出现的各种生命危机，正在困扰着诸多河流。

全球范围内的生态危机和河流危机，为反思人与自然关系提供了重要契机。人们开始重新审视自己的价值观，反思过去对待河流及其生态系统的态度和方式。通过重新思考，人们认识到河流具有的自我修复功能和抗干预能力并不是无限的，一旦人类的干扰超过某个阈值，河流就会以自己的方式对人类进行无情的报复，而这个生命阈值或者报复的底限就是河流的健康。

第二章

河流的功能

河流作为壮美多姿的地球形态的重要组成部分，在地球及其所属的各种动植物的生存发展中发挥着许多无可替代的功能和作用。河水的化学分子构成，使其成为工业、农业生产和人类生活的水源地；河流的水流落差具有势能，可以用来发电；河流的流动，形成陆地表面上的线形天然水道，可以提供水上运输；河流又具有水文衍生功能，养殖鱼类，促进水在大气、陆地和海洋之间循环，调节气候，连接起地球的各个生命系统。

第一节　河流的自然功能

所谓河流的自然功能，就是指河流在地球和自然界的演变、发展中所发挥的功能与作用。不同地区的自然环境塑造了不同特性的河流。同时，作为地球上的一种自然存在和地球水文循环的巨大通道，河流从其生命初期开始，便以其独特的活力和能量，保障着大地整体的水分平衡,滋养着众多的生物种群,塑造和影响着与河流有关的地球环境。

河流是地球演化过程中的产物,其自然功能是地球环境系统孕育、形成和发展中不可或缺的重要因素。河流的自然功能包括参与地球水循环的水文功能、物质和能量的输送功能、塑造地质地貌功能、维护河流生态系统循环与物种平衡的功能等。

一、水文功能

河流是大气环流和地球下垫面共同作用的产物,是全球水文循环过程中液态水在陆地表面流动的主要通道。地球上的水以液态、固态、气态的形式分布于海洋、陆地、大气和生物体中。大气降水在陆地上所形成的地表径流,沿地表低洼处汇集成河流。降水入渗形成的地下水,一部分也复归河流。河流将水输送入海或内陆湖,然后蒸发回归大气,输送各地。河流的输水作用能把地面短期积水及时排掉,并在不降水时汇集源头和两岸的地下水,使河道中保持一定的径流量,也使不同地区间的水量得以调剂。河流生态系统对调节局部气候有显著作用,能够提高湿度、诱发降雨,对温度、降水和气流产生影响,可以缓冲极端气候对人类的不利影响。河流沿岸的植被和下游的湿地具有调节水文过程、缓冲洪水的功能,对维持水生态系统的结构、功能和生态过程非常重要。这样一个不断蒸发、水汽输送、凝结降水、蒸发渗漏、地面和地下径流形成的往复循环过程,称为地球水文循环过程。在这个水文循环中,河流自始至终都占据着显著重要的位置,是大气、海洋和陆地之间水文联系的纽带和桥梁。河流的水循环规律取决于大气环流机制和地球下垫面状态,二者的任何改变都将深刻影响河流水文循环的路径和过程。对于河流水文功能的描述,早在战国时代成书的《吕氏春秋·圜道》中就有记载,所谓“运气西行,云云然,冬夏不辍;水泉东流,日夜不休……”,形象地反映了河流参与陆空之间大气水循环的客观规律。

二、输送物质能量功能

河流生命的核心是水,命脉是流动,河水的流动形成了一个个天然的线形通道。由于地质构造运动的差异,每条河流的地质条件和地理形态各不相同,但是在发挥能量、物质和生物的搬运输送功能方面大致相同。河道由水体流动形成,又为收集、转运河水和沉积物服务。许多物质、生物群系通过河流的河道系统进行地域移动,在这个物质输送搬移的过程中,达到了物质和能量交换的目的,河道和水体成为重要的运输载体和传送媒介。河中流水沿河床斜坡流动,其流速和流量会产生动能,并借助多变的河道和水流将流水侵蚀而来的泥土、砂石等各种物质进行输移搬运。河道还可以充分地调节太阳光照的能量和热量。

在物质和能量的输送交换过程中,河道发挥着十分重要的作用。宽广的、彼此相连的河道可以起到一条大型通道的作用,使得水流沿着横向方向和河道的纵向方向都能进行流动。河流通过河道和水体流动,既可以进行左右岸之间横向的物质输送,也可以进行上下游之间纵向的物质输送。结构合理的河道会优化沉积物进入河流的时间和供应量,以达到改善沉积物输移功能的目的。进入河流的沉积物和生物量在自然中大部分是由周围陆地供应的,河道的宽度是非常重要的。河流通过河道促使生物和非生物物质向各个方向移动和运动。有机物物质和营养成分从高处漫滩流入低洼的漫滩而进入河道系统内的溪流,从而影响到无脊椎动物和鱼类的食物供给。对于迁徙性野生动物和运动频繁的野生动物来说,河道既是栖息地同时又是通道。生物的迁徙促进了水生动物与水域发生相互作用。例如,鲑鱼溯河产卵的迁移活动。产卵期间溯河到达河流系统上游地段的那些产卵的和垂死的大量成熟鱼种,为河流提供了营养物质输入和促进生物量的增加。

通过河流这个重要通道,植物不断地进行分布并在新的地区扎根生长。流动的水体可以长距离地输移和沉积植物种子及营养物质;在洪水泛滥时期,一些成熟的植物可能会被连根拔起、重新移位,并在新的地区重新沉积下来存活生长。野生动物也会在整个河道系统内的各个部分通过摄食植物种子或是携带植物种子而造成植物的重新分布。河流还可以通过河道和水体流动,输送搬移泥沙、淤积造陆。河流通过与外界之间不停的物质和能量交换,显示其勃勃生机。

三、塑造地质地貌功能

河流不仅是水文循环的主要路径之一，也是塑造地球地表各种地貌地形的重要因素。河流水流的重力侵蚀不断地雕刻流域的形态，勾勒出一个个完整贯穿的河道形态。由于大陆板块的构造运动，均表现为上中游断裂发育，地势高峻，峡谷众多，下游为冲积平原，因而呈阶梯形的地貌特征；从源头的高山融雪或汩汩涌泉孕育而出的河流，一路汇集地表径流和地下径流不断壮大，或缓、或急，或清、或浊，川流不息，一直流到河口，经过漫长的水流切割、侵蚀、冲刷作用而形成千姿百态的自然地貌。流水是塑造地球表面最有效的应力，它创造了无数壮丽的自然景观，每条河流沿陆坡向下流动时，都有支流汇入，因而逐渐形成为一条主分水界或分水岭所围绕的一个流域，地球表面许多的平原、沟壑为河流水流作用的结果。河流的径流和落差组成水动力，切割地表岩石层，搬移风化物，通过河水的冲刷、挟带和沉积作用，形成并不断扩大流域内的沟壑水系和支干河道，也相应形成各种规模的冲积平原，并填海成陆。由于河水的不断流动，冲刷河床上的泥沙入海，达到疏通河道的作用。河流在冲积平原上蜿蜒游荡，不断变换流路，相邻河流时分时合，形成冲积平原上的特殊地貌，也不断改变着与河流有关的自然环境。研究表明，中国的华北平原处在黄河下游地区，正是黄河流经黄河高原地区时，挟带大量泥沙，经过千万年的洪水冲淤下不断形成的。在全国耕地面积每年以0.3%的速度减少的同时，黄河河口地区却以0.5%的速度递增，黄河在入海口不断填海造陆，每年给这里带来3万多亩“新生”的土地。

四、维系河流生态系统功能

河流是形成和支持地球上许多生态系统的重要因素。河流的自然功能突出表现为对河流生态系统的支撑能力，是河流生命活力的重要标志。围绕河流的综合性生态系统，包括陆地河岸生态系统、水生生态系统、相关湖泊湿地及沼泽生态系统、河流入海口和近海海域的海洋生态系统等。

河流是自然界物质循环和能量流动的重要通道，在生物圈的物质循环中起着主要作用，没有河流的纽带作用，各种生态系统无法交流。河流在输送淡水和泥沙的同时，也运送由于雨水冲刷而带入河中的各种生物质和矿物盐类，为河流内、流域内和近海地区的生物提供营养物，为它们运送种子，排走和分解废弃物，并以各种形态为它们提供栖息地，使河流成为多种生态系统生存和演化的基本保证条件。河流的流量、流态、洪水、湿地、水质共同构成了一种波澜壮阔而又互相耦合的生命形态。这些生命形态最终影响并主导了人类经济社会和生存环境的可持续发展。

河流的生态功能包括：栖息地功能、过滤和屏障作用、通道和源汇功能、营养供给功能等。

(一)栖息地功能

栖息地是植物和动物(包括人类)能够正常的生活、生长、觅食、繁殖以及进行生命循环周期中其他的重要组成部分的区域。栖息地为生物和生物群落提供生命所必需的一些要素比如空间、食物、水源以及庇护所等。河道通常会为很多物种提供非常适合生存的条件，它们利用河道来进行生活、觅食、饮水、繁殖以及形成重要的生物群落。

河道一般包括两种基本类型的栖息地结构：内部栖息地和边缘栖息地。内部栖息地相对来说是更稳定的环境，生态系统可能会在较长的时期仍然保持着相对稳定的状态。边缘地区是两个不同的生态系统之间相互作用的重要地带。边缘栖息地处于高度变化的环境梯度之中。边缘栖息地中会比内部栖息地环境中有着更多样的物种构成和个体数量。边缘地区相当于对其内部地区起到了过滤器的作用。边缘地区也是维持着大量动物和植物群系变化多样的地区。

栖息地功能作用很大程度上受到连通性和宽度的影响。在河道范围内连通性的提高和宽度的增加通常会提高该河道作为栖息地的价值。河流流域内的地形和环境梯度(例如土壤湿度、太阳辐射和沉积物的逐渐变化)会引起植物和动物群落的变化。宽阔的、互相连接的，并且具有多样的本土植物群落的河道是良好的栖息地条件，通常会发现比在那些狭窄的、性质都相似的并且高度分散的河道内存在着更多的生物物种。

(二)过滤和屏障作用

河道屏障作用是阻止能量、物质和生物运动的发生,或是起到过滤器的作用,允许能量、物质和生物选择性地通过。河道作为过滤器和屏障作用可以减少水体污染,最大程度地减少沉积物转移,常提供一个与土地利用、植物群落以及一些运动很少的野生动物之间的自然边界。影响系统屏障和过滤功能作用的因素包括连通性和河道宽度。一条宽广的河道会提供更有效的过滤作用，而一条相互连接的河道会在其整个长度范围内发挥过滤器的作用。沿着河道移动的物质在它们要进入河道的时候也会被选择性地过滤。在这些情况下,边缘的形状是弯曲的还是笔直的将会成为影响过滤功能的最大因素。

河道的中断缺口有时会造成该地区过滤功能作用的漏斗式破坏损害。例如,在沿着河道相互连接的植被中出现一处缺口,就会降低其过滤功能作用,集中增加了进入河流的地表径流,造成侵蚀、沟蚀,并且会使沉积物和营养物质自由地流入河流之中。

(三)通道和源汇作用

通道作用是指河道系统可以作为能量、物质和生物流动转移的通路,还有很多其他物质和生物群系通过该系统进行移动。在河流生态系统内,野生动物会寻着河流流动的方向和轨迹进行迁徙转移,在这个过程中,河流起着重要媒介和通道的作用。

源汇作用是指河流不断地从周围流域中吸收生物、能量和物质,河岸作为“源”向河流中供给泥沙沉积物,当洪水在河岸处沉积新的泥沙沉积物时它们又起到“汇”的作用。在整个流域规模范围内,河道是流域中其他各种斑块栖息地的连接通道，在整个流域内起到了能够提供原始物质的“源”和通道的作用。

泛滥平原植被的源汇功能作用：通过减缓或是吸收洪水从而降低下游洪水泛滥;在洪水来临时期保持了沉积物和其他物质防止流失;为土壤有机物质和水生有机物质提供了来源。

(四)营养供给功能

河流为其生态系统内的各种动植物提供营养源泉。每条河都有大小不同的径流量，每条河的径流量在不同季节产生不同的变化，在上下游又有不同的空间分配。径流量的大小既是衡量一条河流生命活力的重要尺度，也是制约和影响整个河流生态系统发展的重要因子。自然情况下，由于水资源的时空分配不均，不同量级的运动水体演进在不同流域及其河段都形成了不同但又具有完整功能的生态体系。

河流洪水作为河流的必要组成部分，也具有重要的生态功能，它是自然界自我调整的一种重要的内在机制。

在一般情况下，河流决定着洪水的行进方向，而洪水有时又要冲刷或淤积河床，甚至让河流改道。正是在河流与洪水的相互影响、相互作用之下，地球生态系统才得以逐渐进化，生物多样性才得以不断丰富，生态环境也才不断的改变和演替。洪水可以向湖泊湿地、向地下、向土壤补充水源和水分，对土地和耕地补给养料，给物种提供生存环境，为海洋生物输送营养物质等。洪水导致泥沙输移运动、淤积成地、填海造陆，洪水过后的土地成为肥沃的良田。周期性的河流洪水，正是地球生态系统不断发展的真正需求。例如，在埃及，尼罗河洪水的定期泛滥，铸造了下游三角洲地区肥沃的土地，那里的人们对尼罗河的洪水更多的是一种期盼，因为洪水过后的土地疏松肥沃，为粮食作物的耕种提供了天然的条件。“尼罗河赋予两岸土地以生命，只有尼罗河泛滥以后，才能够有粮食和生命”，这是镌刻在尼罗河畔岩石上的赞语。

湿地作为河流生命体系不可分割的一个重要成员，同样拥有典型的生态功能。突出表现在：湿地的存在为多样性的生物物种提供了天然的生存环境，为各种动物提供了栖息之地，由此形成了一个独特的生态系统，大量已知未知的生命基因在湿地得到了延续和发展。如果没有河流为其提供充足的水源湿地就很难维持。随着全球气候变暖和人类活动对河流的过度开发，使得目前世界大河流域的湿地急剧萎缩，大量生物物种数量灭绝消失，湿地的生态功能大大降低。

资料显示，海河流域由于兴建大量城市供水工程和大规模开采地下水，近50年来，海河总用水量增加了4倍，从91亿立方米增加到403亿立方米，流域水资源开发利用率已高达98%。21条主要支流中，有10条河流河床年干涸天数超过300天。流域内白洋淀等12个主要平原湿地水面面积已由20世纪50年代的2694平方公里萎缩至538平方公里，减少了80%，水生生物大量消亡。华北平原历史上大片洼淀湖泊几乎消失殆尽，环境水文过程发生了彻底的变化，从而导致华北地区明显的气候干旱化。

在河流的诸多自然功能中，最基本的是其水文功能。从一定意义上说，河流的水文功能最终决定了河流的特性和其他功能。河流的水文特性决定于所在流域的气候特征以及地形、地貌和地质特征。河流的水文要素包括径流、泥沙、水质、冰情等方面，其中最活跃的是径流。由于气候特征的作用，河川径流表现有一定的律情。如：径流的季节变化，一年中有汛期、中水期和枯水期；径流的年际变化，不同年份有丰水年、平水年和枯水年。径流特性和气候、地貌、地质特性，决定河流中不同的含沙量及其年内分配和年际变化。径流和含沙是河流活动的最基本要素，体现河流的基本特点。

河流本身、所在的自然环境以及这个环境所支撑的生态系统，三者之间不断互动，在变化中相互调整适应。河流在这种反复调整过程中演化发展，这就是河流自身的发展规律。

河流如血，地球上纵横交错、奔流不息的河川，源源不断地为这个生命共同体中的动植物和微生物提供着高品位的宝贵营养，滋润着流域内的各种生命，就像人体中的血管把氧气和营养通过血液输送到身体的各个部分。奔腾的江河如大地的动脉，众多的潺潺小溪则如遍布大地的毛细血管。

河流是哺育万物的绿色生命，它结束了早期地质时期的单调与死寂，宣告了物种进化时代的到来。作为陆地与海洋之间最长的生命带，河流昼夜不停地腾挪和搬运，以一种巨大的力量维持了生态环境和能量交换的总体平衡，源源不断地为生命共同体提供着高品位的营养。因为河流的存在，流域成为植物的宝库，动物的天堂，大千世界因此充满生机。

第二节 河流的社会功能

所谓河流的社会功能，是指河流在人类文明社会的持续发展中所发挥的功能和作用。这种功能和作用可以分为两个方面,一个是物质层面,包括人类治水活动产生的各种治河科学技术、水利工程以及由此带来的生活上的方便和社会经济效益等等;另一个是精神层面,包括文学艺术、审美观念、伦理道德、哲学思维、社风民俗、休闲娱乐等等。

自然环境对于人类文明社会的产生发展意义深远。在生产力尚未达到一定水平时,大河流域往往是人们生活资料的天然中心和人口繁衍的自然发源地。人类不仅依傍河流而生,而且通过开发、改造和利用河流,谋求经济社会的持续发展,所以,世界各地人民都把流淌在当地的主要河流称为他们的"母亲河"。

随着社会生产力的提高和科学技术的进步,河流开发的力度越来越大,范围越来越宽广,河流在人类社会经济发展中的功能和作用也越来越大。作为一种自然资源,河流不仅在供水、灌溉、航运、发电、养殖、旅游、排污等方面发挥着巨大的作用,而且孕育和创造了人类文明。可以说,河流作为地球生命系统的载体,它在人类社会的发展中具有无与伦比的诸多功能,这也是当今人类不遗余力维护河流生命健康的初衷和意义所在。美国独木舟协会的保罗·桑福德曾这样描述到:"河流不仅给我们提供我们所需的水源,还是我们宝贵的自然遗产。我们需要保护河流不被污染物所侵害且不被过度利用,使我们的后代和他们的家人能够在居住地享有泛舟、钓鱼和游泳的快乐。"河流是孕育生命的摇篮,千百年来人们对河水有着天然的依恋,河流给了人们智慧、语言和文化,也给了人们千差万别的生活方式。

河流的社会功能大体可以分为以下六个方面。

一、提供饮水功能

河流最初和首要的社会功能是为人类和动物提供饮水需求。水是生命之源,万物之本,是人类维持生命赖以生存和发展不可或缺的物质基础,离开水人的生命将无法维持!人是从水生到陆生的典型生物,科学家发现:遗传基因(DNA)和氢氧化合物的水(H_2O)有很密切的关系,DNA由两根锁链构成,呈螺旋状,是靠氢氧的结合才形成的。人体血液中60多种化学元素量,与水中元素、地壳元素的分布,三者的丰度曲线有着惊人的重合性。在人的体重里有70%是水,水是人类内在生命活动赖以进行的基本要素，水的质量决定生命的质量，甚至影响到遗传基因,因此充足的水源是人类生活中首要考虑的因素。

河流拥有地球上最大的淡水资源,是人类最直接、最方便、也最主要的取水源地。它为人类以及各种动植物等生命体提供了栖息与繁衍的场所和基本的物质保障。

人类诞生之初,人类临水而居、文明因水而生,古埃及、古印度、古巴比伦和中国这四大文明古国皆依托河流而兴。人类在河流旁边住下来,一个关键的原因就是河流为人类解决了生活必需的饮水问题,为人们从事各种生产活动提供了必需的水资源。所以,重要的城镇及一个地方的发展中心,均分布在河流之畔。

世界许多国家的首都和经济文化中心大都傍河而建。如:法国的巴黎上千年的辉煌,离不开生生不息、蜿蜒辗转的塞纳河;没有塞纳河,也许巴黎就会停滞,失去生命,巴黎就不会成为浪漫和艺术的代名词,塞纳河是巴黎的灵魂。穿城而过的尼罗河不仅是首都开罗的水源地,而且是整个埃及的骄傲。逶迤秀丽的泰晤士河则是英国首都伦敦的生命线,伦敦人饮水的三分之二来源于这条河流。音乐之城奥地利首都维也纳被称为“多瑙河的女神”,匈牙利首都布达佩斯被称为“多瑙河上的明珠”,前南斯拉夫首都贝尔格莱德,坐落于多瑙河与萨瓦河交汇处。在我国的长江之滨,广布着上海、武汉、南京、重庆等中国的经济文化重镇。截至1999年底,我国共有668座城市,其中638座城市受到河流的恩泽,4个直辖市和27个省会城市都临河而建，河水是整个城市饮用水的主要源地。

目前，全世界有一半的人口生活在与邻国分享河流和湖泊水系的国家里,这些河流和湖泊是他们的生命线,是他们维持基本生活、从事正常生产活动的基本保障。

二、灌溉功能

对人类而言,河流还有一个十分重要的功能就是灌溉农业。土地是靠水滋润和具有生命力的,农业一直被认为是国民经济的基础,而水利又是农业的命脉，粮食生产离不开充足的水源。水稻栽培与灌溉相伴而生，灌溉是随着水田稻作农业萌芽、发生、发展起来的。《淮南子·说三训》说："稻生于水"，稻是灌溉作物品种的总名，说明粮食生产与河流灌溉是息息相关的。事实上，世界上绝大部分粮食生产基地，都处在水量充沛的大河流域。

人类的祖先很早就懂得利用河流引水灌溉，发展农业。在史前文化的最初阶段，合适的灌溉条件成为先民选择生活居住地的主要因素。早在7000多年前，古埃及人就开始挖沟掘渠，引尼罗河水灌溉农田，当时有一条长达19公里的水道连接尼罗河和莫瑞斯湖，使莫瑞斯湖能像水库一样蓄存尼罗河的季节性洪水。使那里成为物产丰饶的鱼米之乡。在沙漠占国土面积达96%的埃及，尼罗河就意味着生命：仅占国土面积3%的尼罗河谷和三角洲里，聚集着96%的埃及人！尼罗河两岸，绿油油的麦田和棉田、齐刷刷的柑橘林和香蕉林、青纱帐似的甘蔗田和玉米地星罗棋布。古巴比伦的繁荣昌盛，也主要得益于底格里斯河和幼发拉底河的河水灌溉，粮食获得丰收。至今在伊拉克还有一条宽120米、深10米，长达数公里的古巴比伦大型渠道遗址。

中国的农业生产与河流灌溉的发展息息相关，历史悠久。在公元前450年左右的战国初年，魏国邺都守西门豹在今天河北临漳一带主持兴建了中国最早的大型渠系水利工程——漳水12渠，由于漳水含有较多的泥沙，带有丰富的有机和无机养分，该工程的兴建不仅发展了灌溉，而且改良了土壤、肥沃了农田，使邺城一时成为魏国重要的粮仓。著名的都江堰工程建于公元前256年，是科学改造和利用岷江水灌溉农田的典范，它把"兼利天下"的四六分水原则，凝固在了它的鱼嘴和飞沙堰上，在人的需要和自然之间找到了完美的均衡。灌溉面积上千万亩，而且防洪、航运均得其利，使成都平原"水旱从人，不知饥馑，时无荒年，天下谓之'天府'也"(《华阳国志·蜀志》)。公元前246年，秦国水利专家郑国主持兴建了关中平原的郑国渠，干渠全长150公里，灌溉面积据称达26万余公顷。都江堰工程和郑国渠的修建，使成都平原和关中平原成为秦国的重要"粮仓"。从此，秦国的粮食产量远远高于诸侯国，国富兵强，为秦王最终统一中国奠定了重要基础。农业灌溉的受益情况可见一斑。

随着人类生产力水平的提高和科学技术的进步，农业灌溉获得了飞速发展。在非洲南部、埃及、以色列和中东其他地区，人工灌溉使昔日干旱的沙漠和戈壁变成了茂盛的果园。在中国，20世纪50年代修建的红旗渠被国内外誉为“人造天河”、“当代万里长城”，灌溉面积达40万亩，解决了人畜饮水的困难，并提供了工业用水。如今，世界上人工灌溉的土地将近2亿公顷。灌溉技术也大大改善，节水灌溉成为现代农业灌溉的重要特点。世界上先进水平的国家(如以色列)平均单方灌溉水粮食产量已经达到2.5~3.0公斤。引水灌溉不仅可以提高农作物产量、保障粮食安全，而且向农村提供饮用水、增加农民收入和解决农村脱贫、创造就业机会以及改善环境等等。可以说，没有河流提供的充足水源，也就没有农业的大规模发展，更谈不上人类的发展和文明的延续。

三、发电功能

随着人类近代科学技术的发展，河流的发电功能得到了开发利用。由于地壳运动和地质构造不同，河流的河道形态千差万别，尤其是河流的上游地区，一般地质复杂，山高谷深，水流落差较大，河水由高处往低处流动时产生了很大的水能，这种水能通过水轮发电机后转变为电能，也就是利用水力进行发电。水力在地理上被认为是重要的动力资源之一。

水力发电和火电、核电等其他发电方式相比，具有其自身的优越性，不用燃料，不排放环境污染物，运行维护成本较低，发电效率高，容易调节等。水力资源可以因降水而得到补给，因此水电资源通常被认为是一种清洁的可再生能源。

苏联于1932年在第聂伯河上修建了世界上第一座大坝，从那时开始，全世界水利开发与建设进入了一个新的快速发展时期。水电开发规模成为一个国家的经济实力和发展水平的重要象征之一。截至2002年底，世界上已经修建了49700多座大坝(高于15米或库容大于100万立方米)。中国水能资源的理论蕴藏量为6.89亿千瓦，居世界第一位。但目前水电开发的程度相对较低，约为20%，而发达国家的水电开发程度平均在60%以上。根据有关规划，到2020年全国水电装机容量将达到2.7亿千瓦,开发程度达68%。因此,水电开发将有较大的发展,特别是西部地区,将进入充分利用丰富水能资源的阶段。

当然,水力发电也有其不可忽视的负面影响。例如,水库淹没的土地损失、对动植物的影响、河流水文情势的变化、局部气候的影响等等。面对水电开发带来的巨大经济效益和种种生态环境问题,在国际上又出现了两种对立的观点:一种主张最大限度地开发水电这种可再生资源,另一种则反对一切对水电资源的开发利用。这两种观点都有片面性:简单地反对一切水电建设,主张拆坝,将脱离社会经济发展实际;相反,回避水电开发给生态系统带来的问题,忽视对生态系统的补偿,无疑会给人类的长远利益带来损害。因此,比较现实和合理的做法是:在既满足人类社会经济需求又不损害或较少损害生态系统功能中寻找平衡点,最终实现可持续发展的目标。

四、航运功能

河流大都以流线形态分布在地球表面,其天然的线型水道,使得河流具有重要的航运功能。人类通过河流提供的便利运输条件,发展生产,对外交往,并最终从内陆走向海洋。

与陆路运输相比,利用天然河流或人工运河运输的优势十分突出。比如,运输费用低廉,而且维护费用更低。内河运输是一种特别安全的运输模式,可以使危险品的运输远离居民区;内河运输的船舶效率也非常高,能够同时运输大量货物;内河运输十分可靠。在欧洲,大部分内河航道网可以全天候使用,这意味着内河运输能够提供即时服务。在环境方面,现代船舶比汽车等带来的污染要小得多,这是一个很重要的优势,特别是在城市地区。因此在荷兰,大约40%的货物,包括食品、矿物、煤炭和建材等干散货以及原油、化学品等液体散货和集装箱,是通过内河水路进行运输的。

内河航运的运输方式在经济和环境方面的独特作用,使得内河航运具有非凡的吸引力。这也是古今中外,许多城镇兴旺于河流两岸的重要原因之一。特别是在古代,交通工具落后,水运显得更为重要。在西方,过去的农业时代,大城市大多在河流附近,与河流提供的便捷的航运条件密切相关。即使在工业革命开始，铁路还未出现时，英国和法国都是大修运河，开发水运。在中国古代封建王朝时期，不论是西安、洛阳、开封，还是杭州和北京都与水运有关系。中国古代“四大名镇”，除了景德镇，其他三镇汉口镇、朱仙镇、佛山镇的发展辉煌，与其便利的河流水运条件有着密切关系。尤其是湖北省武汉市的汉口，四大名镇之首，其发展始于明成化年间汉水改道以后，主要是利用长江、汉水的水运之便，作为码头和商业市镇发展起来的，有“九省通衢”之称。在河流的上游，特别是在山区，由于交通多沿河延伸，城市与聚落也多沿河两岸排列。在水运中，河口处由于上可以与全河流相通，下可以转向海外，所以不少河口处的港口城市成为全流域的最大城市，如长江口的上海、珠江口的广州、恒河口的加尔各答就是如此。此外，在两条或多条河流汇合处，水陆交通的转运点以及水运起点、水运转陆运的转折处，比一般水运点的城市更加重要。

纵观世界交通发展历程，河流航运服务经济社会发展的巨大优势凸显。自古至今，世界各国政府都十分重视内河航运的战略地位和重要作用，采取了一系列政策措施扶持内河航运的发展。中国南北朝时期，为了水路的畅通和航运便利，北魏中央政府大力发展造船业，并对以黄河为主的一些水运通道进行了大规模的疏通治理。北魏的内河航运虽然说在北魏孝文帝迁都洛阳以后得到真正的大发展，但是在孝文帝之前，北魏的内河航运即达到一定的规模。北魏迁都洛阳以后，漕运粮食等战略物资到洛阳以及南方前线是此后内河航运的重要内容。魏孝文帝《祭河文》对黄河水运繁忙的景象和黄河水运对保证北魏政权兴盛的重要性曾做过精彩描述。为了支援东南前线，北魏中央政府采取了在沿河设置转蕴仓的方法，当前线急需粮食时，可以立即调拨，减轻了长途漕运的耗费。水运通道除了漕运粮食以外，还作为运送兵士和达官贵人往来之用，从北魏造船业的发展、内河航道的疏通以及服务于政治、军事需要的漕运业的发展，充分说明北魏的内河航运已经达到一定的水平。

在欧洲，莱茵河、多瑙河具有毋庸置疑的重要性，几个世纪以来都是欧洲最为重要的交通运输系统，对经济发展发挥了巨大作用。欧洲总人口的近57%居住在莱茵河和多瑙河流域，约3.2亿人的生活与其水运通道息息相关。英国泰晤士河通航里程达280公里，海轮可乘海潮直抵伦敦。长江作为中国第一大河，贯穿我国东中西部地区，主要支流沟通南北，其巨大的运能资源、重要地位及作用都是其他运输方式所不可替代的。目前，长江航运持续快速发展，其货运量、周转量及港口吞吐量，超过美国的密西西比河和欧洲的莱茵河，成为目前世界上内河运输最繁忙、运量最大的通航河流。尼罗河一路奔流入海，开山走川，滋润平原，会聚成湖，成为当地人运输旅客和货物的重要通道和交通工具，由此在河流两岸逐渐形成当地的贸易和金融中心。

在利用天然河道发展航运的同时，人们很早就开始了利用人工开凿运河发展航运。早在春秋时期，诸侯国即已开始修建运河。如目前所知中国最早的运河，就是从楚庄王（公元前613~前591）时候开凿，借以沟通长江和汉水的江汉运河。秦以后几个朝代，统一与分裂时有交替，但对运河的开凿修建均未停止。汉末三国时期，从建安七年（公元202年）起，曹操就陆续在华北平原上开凿了6条运河。这6条运河对于北方统一和社会经济发展，形成河北平原的海河水系起到了重要作用。公元前214年修建的灵渠联通长江、珠江两大水系，使得黄河流域的船只可以由水路直航岭南地区。秦始皇统一六国后，对广东、广西地区的百越发动了大规模的军事征服活动，由于广西地形地貌导致运输补给供应不上，所以改善和保证交通补给成了这场战争的成败关键。灵渠的修成使援兵和补给源源不断地运往前线，推动了战事的发展，最终把岭南的广大地区划入了中原王朝的版图。郭沫若先生称灵渠为：“与长城南北相呼应，同为世界之奇观。”

公元610年前后隋朝修建的京杭大运河，南至杭州，北至北京，全长2700多公里，沟通海河、黄河、淮河、长江、钱塘江五大水系，把沿途的通都大邑都连缀在一起，从而加强了各地区之间的联系，当时运河上“商旅往返，船乘不绝”。到了元代，河道取直以后，全长1794公里，是世界上最长的人工运河，也是我国仅次于长江的第二条“黄金水道”。京杭运河关乎国家政治统一、经济发展和文化繁荣，中国历史上秦、隋、元三次大统一都把建设京杭运河作为优先发展规划和实施的大事，历代都把维护运河的通航作为要务。唐、宋、元等朝代许多来中国朝圣或求学的外国使者和学者，大多走运河来去。京杭运河通过它所联通的各大水系，枝蔓全国大多数地区，对中华民族经济文化的统一和繁荣发挥了巨大作用。

五、文化功能

所谓文化功能，是指河流给人类精神生活方面带来的影响和作用，主要包括：以河流为题材的各类文学艺术，由河流运动规律引发的哲学思考，关于河流的法律法规，由河流引发的社风民俗，河流自然表象为人类提供的休闲旅游，等等。

河流以各种各样的方式影响着它流经的地方，从物质到精神，直至文化。在世界文化历史发展中，河流文化扮演了独特的、不可或缺的角色。河流是大自然赐予人类的一份厚礼，人类的发源、发展离不开河流的滋养。河流不仅是自然现象，而且它作为人类文明史的一部分，作为人类精神生活的根源和对象，积极地启示、影响和塑造着人类的精神生活、文化历史和文明发展。翻开人类繁衍生息的历史画卷，循着文明社会的发展历程，我们可以发现，一条大的河流沿岸，往往是若干民族、不同文明共同发展的舞台。一条河流，只要它有奔腾不息的河水，那里往往就是一个地区的政治、经济、文化中心，人们可以安居乐业。历史上，依河而兴的灿烂文明俯拾皆是。悠长的尼罗河孕育出古埃及文明，幼发拉底河和底格里斯河诞生了璀璨的古巴比伦文明，印度河和黄河河畔上成就了辉煌的古印度文化和黄河文化，在辽阔壮丽的密西西比河与广袤神秘的亚马孙河流域，成长了印第安文化，在伏尔加河、多瑙河和莱茵河畔，则催生出绵延流长的俄罗斯文化和欧洲文化。无论是高山大川、急流瀑布还是潺潺溪流以及荷塘秋月，其本身具有的巨大美学价值，可以满足人们对于自然界的心理依赖和审美需求。在历史长河中，河流自然遗产财富是几千年人类文学艺术灵感的源泉。

归结起来，河流的文化功能主要体现在以下几个方面。

（一）文学艺术作品的重要载体

在地球环境中，河流是最具运动性、可视性和永恒美学价值的自然景观。每一条河流都有自己独特的历史文化。在世界文化史上,以河流为载体的"河流文化"始终是一个不朽的主题。

从中国历史上最早的《诗经》到现代的《黄河大合唱》;从欧洲的《蓝色的多瑙河》到北美洲的《老人河》等等,以河流为载体的文学艺术作品浩如烟海。古今中外,河流无一例外成为文学艺术创作的重要源泉。

我国第一部记述河道水系的专著《水经》及其《水经注》,系统地描绘了我国长江、淮河、黄河等主要水系的1000多条河流的源流脉络、古今变迁、水利开发,记载了沿河所经地区的山陵、水文、气候、土壤、植被等自然地理现象,以及城邑、关津的建置沿革、兴衰过程、神话传说、民间故事。不仅是一部严谨的自然地理学巨著,而且具有极高的文学价值。

"关关雎鸠,在河之洲。窈窕淑女,君子好逑",通过水鸟引发对爱情的思考。"君不见黄河之水天上来,奔流到海不复回。君不见高堂明镜悲白发,朝如青丝暮成雪",诗人用黄河一往无前的流势比喻人生的短暂,寄托自己的人生抱负,给后人留下无穷遐想。"大江东去,浪淘尽,千古风流人物","问君能有几多愁,恰似一江春水向东流"。历史长河的汹涌无情,英雄豪杰的百结愁肠,在九曲江河的流转中得以尽情抒发和表达,余味无穷,力透千古,可见人们对于河流的崇敬与依赖。"潮平两岸阔,风正一帆悬",船行江上,扶栏而望,从古至今河流大江之上无数舟船劈浪过,无数骚客荡魂灵。无数浩荡的巨川,湍急的洪水,柔美的溪流,神奇的峡谷,作为历史文化的空间载体,艺术创作的永恒母题,想象力的起点和极致,作为人与宿命搏斗的见证,在人文史上具有经久不衰的原创价值。

(二)中外哲学思想的不竭源泉

河流不仅是汉语基本词的原意象,也是中外哲学的源头。水是建立人与河流之间关系最为敏感的介质。古希腊第一位哲学家泰勒斯把"水"作为世界的本原。中国的《管子·水地篇》:"水者何也?万物之本原也,诸生之宗室也,美恶、贤不肖、愚俊之所产也。"表达了相同的思想。

河流在哲学思维中扮演着至关重要的角色。河水日夜奔腾不息的流动牵动了中外哲人的思绪,触发了他们的灵感和哲学思考。古希腊赫拉可利特说："人不能两次踏入同一条河流"，从河水奔腾不息的流动现象，提出了事物变化的原理，认为世上万事万物都是在不断变化的。中国的孔子面对浩荡汹涌的大河发出的"逝者如斯夫！不舍昼夜"的感叹，以奔腾不息的流水，寓意光阴似流水一去不回头，告诫人们要倍加珍惜时间，把握稍纵即逝机遇，不懈追求人生目标。

对本原的追求是人类最深刻、最核心、最基础的哲学之思。老子把道作为世界的本原和事物运动规律，道的一个重要原型，就是水。他说："上善若水。水善利万物而不争，处众人之所恶，故几于道。"道与物的关系之一是从本源上生长万物，利万物，如同水滋润万物一样。《荀子·哀公》篇这样记述："君者，舟也；庶人者，水也。水则载舟，水则覆舟，君以此思危，则危将焉而不至矣？"道出了水和舟、政权与百姓之间的辩证关系，以水和舟的关系，寓意"得民心者得天下，失民心者失天下"的执政哲理，成为千百年来王朝政权掌舵者的醒世警言。

在中外古代哲学中，河水被普遍化为一个无所不包的哲学概念之源。这是河流文化功能在哲学上的旺盛表现。

（三）国家和民族的文明标志

河流也是文明的心理和符号意义的基础，这正是其文化功能之所在。"川竭国亡"是对民族心理打击极大的事件，所以，遵循自然规律，维护河流的生命，成为上古先贤的自觉行为。

在近现代民族国家崛起的历史进程中，人类受河流百折不挠、交融汇流等自然形态的精神塑造，使得纷争不已、相互隔膜的部落群族，对河流的不断思索中获得一个标志性的文化认同，最终使其演化为国家和民族的文化标志甚至精神图腾。如恒河之于印度，尼罗河之于埃及，伏尔加河之于俄罗斯，莱茵河、多瑙河之于欧洲民族，密西西比河之于美国，黄河、长江之于中华民族，都无一例外上升为一种凝聚民气、动员社会的巨大精神力量，一种宏伟壮观的族群符号，无论战争还是和平时期都发挥过独特的历史作用。河流文化功能因此得到强化和聚焦，成为河流认知体系中不可或缺的重要元素。

（四）人类休闲旅游的天然佳境

一条大河波澜壮阔，丰富多彩的风景变幻、赏心悦目的瑰丽景致为人类提供了一个旅游观光和休闲养性的重要场合。从欧洲的罗纳河、莱茵河，到亚洲的湄公河、长江；从美洲的亚马孙河到非洲的尼罗河，风光旖旎，千姿百态，吸引众多游人观光休闲，陶冶情趣。河流很重要的审美和观光价值，就在于它像一个变幻的风景画似的，上面的景色是不断的变幻，人们住在河边永远没有枯燥和乏味的感觉。一些大型水电站的库区已经变成了重要的自然保护地区，在库区和周围地区为动植物提供了生气勃勃的生存环境。

河流不仅哺育了人类，而且还塑造了人类，它以自己独特的自然景观为人类提供了无限的审美意境。无论是中国的长江三峡、黄河壶口瀑布还是科罗拉多河壮观的大峡谷，都是独特和壮丽的自然景观，置身于其中的每一个人都会得到那种惊心动魄的体验。在越来越多的人被工业文明圈入了城镇以后，河流的自然景观及其文化蕴含便为人们提供了一个暂时对抗工业文明的手段。河流所具有的开放、自由、多样、壮观、和谐和美恰恰是现代人在文明社会中丢失了的宝贵东西，在河流拥有的景观中，人们获得了放松、对比、沉思的机会，获得了陶冶情操和塑造性格的体验。尤其是久居城市的人们，急于寻找一个有山有水的地方放松自己的心情，为心灵寻找一个恬适的家园。河流还是城市的另一张名片，比如伦敦与泰晤士河、巴黎与塞纳河，城市因河流而增色。有人说，一座能让人念念不忘的城市，没有河流总是一种缺憾。因为当流水汩汩地穿行在钢筋水泥的城市里时，这座城市便多了一份灵秀和温柔，这座城市便添了几许灵动与活力。这就是河流带给人们的精神享受和思想启迪。

由河流自然存在而衍生的河流文化，具有很强的传承功能，每一条河流都有一部自己的文化发展历史。它们或记录治国安邦方策，鉴戒历史演进规律，标量科技发展水平，或演绎哲学思想，维系民族情感，反映民生要求。浩若烟海，灿烂辉煌，成为一个民族发展过程中重要的精神宝库。

六、纳污净化功能

河流两岸是人类生活和居住的地方，河流通过自然稀释、扩散、沉淀、氧化、受微生物的作用而分解等一系列物理和生物化学反应，对排入河流的废弃污染物进行有效的解毒和分解，使河流水体可基本上或完全恢复到原来的水质状态，这个过程称为河流的纳污净化功能。它能够为流域内的共同生命体提供并维持一个良好的污染物代谢环境。

但是，一条河流的纳污净化能力是有限的，如果排入水体的污染物数量超过某一界限时，将造成水体的永久性污染，这一界限称为水体的净化容量或水环境容量。世界自然基金会日前发布的题为《世界面临最严重危险的10条河流》的报告称，全球有大约41%的人口居住在这些流域，上万种淡水动物和植物。报告显示，近50年来，由于工业化、筑坝和陆地物质转化成沉积物后大量流入，长江各主要干流污染增长速度超过70%，中国超过一半的工业废弃物和污水最终排泄到长江之中，使得长江成为世界上污染最严重的河流之一。由于水量的大小不同，河流的纳污解毒功能也有强有弱，一旦废弃物超过了河流的净化能力，水质就会受到污染而恶化，终必经过处理才能供人使用，或根本无法用经济有效的方法净化以供利用。

作为地球的自然存在因子，河流不仅为人类生活和农业发展提供水源，而且为工业发展提供所需之水。越是工业发达的地区，耗用河水的总量也越大。因此，大多数国家的工业布局，常常是靠近河岸，或接近河岸，取水方便。随着生产力技术的不断发展和人类对河流水产生物需求的上涨，自然河流中的天然鱼类已不能满足人们的需要，利用河流进行人工养殖逐渐兴起，等等。这些统统都是河流发挥社会功能的具体表现。

河流的自然功能是社会功能的本体基础，社会功能是自然功能的延伸发展。它们的关系，归根结底属于物质和精神、客观与主观、存在与意识的关系。河流自然功能的大小，决定其社会功能的发展限度；社会功能的发展，又反过来影响自然功能的正常发挥，二者相互作用，互为影响。只有河流健康的存在着，自然功能较为完善，它才能积极的启示、影响和塑造人类的精神生活，才能发挥塑造和孕育人类历史和文明进步的社会功能。河流消亡或者河流的社会功能过度发展，超过了河流自然功能发挥的极限，河流将无法承载，其社会功能也最终会随之消亡。

河流的社会功能因自然功能兴而兴,因自然功能衰而衰。

这种历史的印证,古今中外,不胜枚举。一度辉煌的巴比伦文明,后来之所以沦为"陨落的空中花园",致命的原因就在于水利条件的破坏和土地沙漠化,使得河流丧失了其基本的自然功能;中东地区远古时期的赫梯文明,在特大干旱的笼罩下,成为一片来去匆匆的废墟;美洲创造玛雅文化的科潘国,因河流长期干枯,导致了该地区文明的崩溃与失落;在我国历史上,黄河支流无定河流域内规模宏大的都城——统万城,丝绸之路上的楼兰古城,就是由于河流的社会功能过度发展,生态平衡遭到严重破坏,自然功能丧失殆尽,最终被沙漠所湮没。

河流的社会功能与自然功能相互作用,共同发展。随着人类生产力水平的发展,对自然的认识的深入,尤其是精神生活的越来越提高,河流的社会功能的内涵就越来越丰富。我们既不能过分强调河流的社会功能,也不能过分强调河流的自然功能。过分强调河流的社会功能,河流生态系统就会遭到破坏,最终也会影响到人类自身的生存环境;反之,如果过分强调河流的自然生态功能、追求河流的纯天然状态,一旦特大洪水或极端干旱来临时,人类将无法生存和发展、河流生态系统也将遭到破坏。如果我们仅凭自己的主观愿望要求全球河流都回到亚马孙河和刚果河的样子,就意味着人类文明退回到印第安原始部落和俾格米人的水平,这是任何人所不能接受的。因为,人类文明的本身就意味着人脱离了自然物,在改造自然中与自然发生了关系,如果否认了人与环境中的互动关系,把人地关系变为被动地适应自然,这显然是文明的倒退而不是进步。另一方面,人类对河流的开发和改造如超过一定限度,必将影响它的自然功能。

作为地球上一个具有一定灵性的自然存在,河流也是有生命的。河流的各种功能较为齐全并能够有效地发挥其作用,是河流生命健康的重要体现。河流的各种功能存在着内在的联系及其转换关系,某种功能的过度开发利用必将导致其他功能的降低或损失。如果一条河流原本拥有的某种功能,因为某些原因已经丧失,就可以看做河流病态的开始,或者说是一条不再拥有健康生命的河流。因此,一条健康的河流,必定是各种功能的综合体现。

当然,河流的各种功能之间也存在一定的差异性,一般来说河流的供水功能处于头等重要位置,而在某种特定情况下,河流的生态功能也可能处于头等位置,而有些河流,其航运功能也许更加重要。因此,维持河流健康生命,有效发挥河流的综合功能,必须统筹协调河流的各种功能;必须紧密结合河流的实际情况和流域经济社会发展的实际需求,适度开发,适当改造,综合规划,科学利用。通过全面规划、统筹兼顾,坚持以人为本,全面、协调、可持续的发展观,坚持标本兼治、综合治理,统筹安排防洪、供水、发电等流域综合开发治理,统筹考虑流域治理开发对生态与环境的影响,协调好各种矛盾,促进河流治理开发与流域的经济、资源、环境相互协调持续发展,确保河流整体功能都得到有效发挥,各单项功能的开发必须符合流域综合规划要求,使河流得到综合利用。这样,才能保持河流的永续利用,保证人与河流和谐发展,达到人与河流共生、共荣。

第三章

河流生命的空前危机

工业文明时期，随着生产力的迅速提高和科学技术的飞速发展，人类基本上摆脱了对自然力的依赖，利用科技来控制、改造和驾驭河流的能力大大增强，开始对河流进行大规模开发与利用，超过了河流自身的承载能力，致使世界上大多数河流都出现了严重的生命危机。

第一节　河流生命危机种种

一、人类与河流关系的发展演变

人类是自然进化中的一个特殊物种，也是获取、支配自然资源特别是河流水资源最多的一个特殊物种。综观人类文明的发展史，不同时期经济社会发展水平不同，人类改造河流的能力不同，人类认识河流的观念也各不相同，在处理与河流关系时也采取了不同的模式。从人类早期最朴素、最初级的直接饮用河水，到农业灌溉、航运利用、工业用水以及后来的水利水电开发的兴起，在历史发展进程中人类对河流的开发利用是一个长期的不断推进的实践过程，人类社会发展与河流有着极为密切的关系。

在生产力水平极为低下的原始文明时期，人类被动地适应河流、依附于河流，与河流处于一种被动的原始依存状态。人类无力改造河流，也不想改造河流。这一时期，受社会人口和生产力水平的限制，人类直接利用自然物和自然力进行生活和生产，缺乏引用水的能力，取用河水的总量有限，人类尚无法成规模地利用河流、改造河流，河流多处于自然状态，水资源相对丰富，人们只能“逐水草而居”，在河旁阶地“择丘陵而处之”，以渔猎为生计。一方面，人类离不开河流，直接或通过简单的生产工具从河流中获得所需的水资源以及水产品；另一方面，又要承受河流给人类生存带来的洪水泛滥等威胁。每逢洪灾肆虐，人类饱受煎熬，乞求解脱，由于当时低下的生产力发展水平，在难以理喻的巨大自然力面前，使得人类常常感到束手无策、毫无办法。于是，恐惧、崇拜和迷信油然而生，人类将河流看成是“神”，认为河流有“灵”，不得不乞灵上天恩典，把河流尊奉为神灵顶礼膜拜，由自然崇拜诞生了最早的原始宗教。人类对河流依而畏之，畏而敬之，敬而仰之。

人类社会进入农耕文明时期，随着青铜器、铁器的相继使用，人类开始有条件兴建一些水利工程，对河流洪水有了一定的掌握和控制能力。但此时人类改变河流的能力非常有限，因此仍然认为河流对人具有主宰作用，在相当程度上保持了河流的生态平衡。应当说，在漫长的历史进程中，由于河流的利用，原始农业灌溉逐步发展为传统水利，进而成为农耕文明的命脉。人类的这种实践与认识，对于社会发展的确曾经发挥了巨大的作用。所有以农耕文明为主要发展方向的文明起源，大多以河流两岸为主要依托区域，靠开发利用河流而兴起的。古埃及的尼罗河农耕文明，中东两河的苏美尔农耕文明，印度河和恒河流域的印度文明，黄河流域兴起的中华文明，都具有相同或相似的大河特征。

人类社会进入工业文明时期，随着人口的增加、生产力水平的提高和工农业的迅猛发展，人类改造自然的活动变得尤其强烈，开始大规模开发利用河流。水库和堤防大规模建设；工农业引用水工程兴建，大量耗用水资源；耕地面积急剧扩张，农药和化肥大量使用等。从而，使洪水发生的几率大大减少、水资源得到超载使用、经济得到高速发展。与此同时，人类对河流的过度干扰，也对河流造成一系列负面影响：围垦河流两岸的洪泛土地，从而割断河流与两岸陆地的联系，并侵占洪水的蓄泄空间；引水到河道以外，从而减少河流的径流，增加断流几率；筑坝壅高或拦截河水，从而阻拦或改变河水的流路；建造调节径流的水库，从而改变河流的水文情势；利用河流排泄废水，从而改变河流的水质。人类在改变河流水文情势的同时，也破坏了流域的原有生态系统。

在意识形态领域，"人定胜天"思想逐步占据了主导地位。生产规模、生产生活方式的巨大变化，极大地刺激了人们从河流中获取财富谋求社会进步的欲望和实际行动。在功利主义和泛人类中心主义者眼中，人类是大自然的主宰，上帝创造出自然界是为人类谋福利的，河流生命所体现的目标不是为自身的，而完全是为人类服务的，忽视了河流的本体价值，凸现出来的唯有河流的使用价值和工具价值。人类对河流盲目追求和过度利用其价值的行为也愈演愈烈，于是开始大规模地开发利用河流、改造河流，与河流长期处于对立的状态。

总之，在漫长的历史进程中，人类不断地利用和改造自然界，通过获取自然界的物质资料来维持生存需要和建构社会物质文明。在很长时间内，人类对自然界的影响是有限的，自然界所受到的干扰几乎在自身可以修复的限度之内，人与河流处在一种原始的和谐状态。进入工业文明以来，人类随着自然知识和控制自然能力的不断增长，生产规模和生产方式的巨大变化，以及意识形态中形成的人类中心主义思想，人类试图通过工业文明的功力一劳永逸地驯服江河，对河流的自身规律产生了巨大的影响，导致众多河流都出现了空前的生命危机，严重影响了河流自然功能和社会功能的发挥。

二、河流生命危机的具体体现

1999年11月，联合国环境规划署组织"面向21世纪的世纪水资源委员会"对流域面积最大的25条世界大河进行了调查，其中有6条水质极差，只有南美的亚马孙河、印度支那半岛的湄公河和北美的圣劳伦斯河被评为“健康”河流。调查的总结报告指出，世界大江大河的水质欠佳，多半河流的水量日益减少，而污染程度日渐加重，随之出现的各种生命危机正在困扰着她们。报告同时指出，如果这种状况得不到控制，到2025年因缺水和干旱，将有2500万人成为世界环境难民。河流健康生命的危机主要体现为河源衰退、洪水减少、河道断流、河床萎缩、湖泊干枯、尾闾消失、水质污染加剧、水土流失严重、生态系统萎缩等诸多方面，全球几乎所有大江大河都或多或少存在这方面的问题。如果把这种生命危机看做是河流的疾病，那么，国内外大多数河流都已处于病态之中，而且大部分是综合症和并发症，部分河流甚至已病入膏肓，奄奄一息，生命垂危。

（一）水资源过度开发，河道断流，湖泊干枯

长期以来，人类不遵循河流自身发展规律，“与河争地”、“与河争水”，围湖造田，围河造地，在河流上兴建诸多水利水电工程设施。随着工农业生产迅速发展，人口迅速增长，大量引用河水，远远超过河流的水资源承载能力，致使世界许多大江大河下游水量急剧减少，甚至出现断流，河槽萎缩，过流能力降低，沿河湖泊干涸。

美国的科罗拉多河是美国西南部干旱地区的最大河流，发源于海拔4300米的落基山脉中的弗兰特岭西麓。干流自东北至西南流经科罗拉多、犹他、亚利桑那、内华达和加利福尼亚等5个州以及墨西哥北端，注入加利福尼亚湾。干流全长2320公里，流域面积63.7万平方公里。科罗拉多河上游地区水资源丰富，中下游大部分属于干旱、半干旱地区，加上蒸发量大、渗漏、调水等原因，水量沿程递减。1936年美国在科罗拉多河上建成了第一座大坝——胡佛大坝之后，先后在干支流上修建了106座水库，总库容达872亿立方米，约是科罗拉多河年平均径流量185亿立方米的近5倍，河流全年来水几乎完全被控制。同时，在干支流上兴建了大汤普森河工程、全美灌渠、中央亚利桑那工程等大量引水工程，灌溉面积达1500万亩，年引水量95亿立方米。此外，城市供水和工业用水也发展很快。1996年全河总供水量达到165亿立方米，水资源开发利用率已接近90%，供需矛盾日益尖锐。近几年，科罗拉多河在到达加利福尼亚海湾之前就已被“吃干喝净”。与此同时，科罗拉多河也被大量废污水严重污染，美国河流协会2004年公布，在美国十大“濒危河流”中，科罗拉多河名列榜首。

海河流域北倚燕山，南至黄河，西起太行，东临渤海，流域面积32万平方公里。在中国七大江河中，是最早发生断流的大河。早在20世纪五六十年代，为防御海河洪水威胁，在其上游地区修建了大量的水库，几乎所有的出山口都有水库控制。1980年至2000年，兴建大量城市供水工程，大规模开采地下水。近50年来，海河总用水量从91亿立方米增加到403亿立方米，增加了3倍多，流域水资源开发利用率已高达98%。

目前，海河流域21条主要平原天然河流的3364公里河道中干涸长度达到2189公里，占65%。其中，有10条河流河床年干涸天数超过300天。流域内白洋淀等12个主要平原湿地水面面积已由20世纪50年代的2694平方公里萎缩至538平方公里，减少了80%，水生生物大量消亡。入海水量由20世纪50年代的年均241亿立方米减少到2000年的8亿立方米。上游干流水量被劫持，下游河道枯竭，昔日华北平原上大片洼淀湖泊几乎消失殆尽，环境水文过程的巨大变化，导致了华北地区明显的气候干旱化。

海河河流断流，流域湖泊干涸，人们不得不从地下寻找并汲取维持经济社会发展的水资源，造成地下水连年超采，整个流域已超采地下水1000多亿立方米。海河流域已成为中国面积最大的地下水超采漏斗区，面积达9万平方公里。目前，整个流域形成了30多个小漏斗区，河北省、天津市、山东德州市的漏斗区已经连成一片。

由于河道长期断流，原有河道几乎都演变为排水沟，更严重的是，流经城镇或近郊工矿区的河道都成了排污沟，因没有天然径流，污水得不到任何稀释，海河流域广大平原地区“有河皆干，有水皆污”，环境恶劣，河流的生态功能丧失殆尽。

黄河的水资源供需矛盾也较突出。长期以来，人们对黄河的开发和索取已经远远超过了其承载能力。黄河流域水资源先天匮乏，其多年平均河川天然径流量（1956~2000年系列）为535亿立方米。近几十年来，由于水资源的大规模开发利用，进入黄河中下游的水量越来越少，到达河口地区的实测年径流量只有不足100亿立方米。1997~2003年，黄河天然径流量只有358亿立方米，而人类消耗的河川径流量却一直维持在每年280亿立方米左右，黄河水资源的开发利用程度已高达近80%。从1972年至1999年的28年中，黄河下游有22年出现了断流。特别是20世纪90年代，河道年年断流，且断流历时增加、河段延长。1997年距入海口最近的利津水文站全年断流达226天，断流河段上延至河南开封附近，长达704公里。1999年黄河实施全河水量统一调度后，虽消除了断流现象，但利津断面非汛期流量曾连续4年徘徊在30~60立方米每秒之间，这样的流量并不能满足河流塑槽、输沙、生态和自净等功能的需求，实际上处于功能性断流状态。近几年黄河上中游的河口镇和潼关断面流量也数次接近断流，渭河、汾河和沁河等重要支流入黄河段长期处于断流或功能性断流状态。断流不仅造成局部地区生活、生产供水困难，而且使河流水循环受损、主槽淤积严重、生态环境恶化。

近几十年来，在我国经济高速增长的同时，也伴随着对各大江河湖泊的过度开发、低效利用和生态环境的严重破坏。据有关资料统计，黄河水资源利用率已达70%，淮河为60%，辽河为65%，海河则高达近100%，远远高于国际公认的40%的水资源合理开发利用警戒线，带来一系列严重的后果。研究表明，若一条河流的水资源开发利用率超过40%，将会对该条河流的生态系统造成不利影响；若一条河流的水资源开发利用率超过50%，河流发生断流的几率将大大增加。这就是河流水资源开发利用的“度”，它应该成为检验河流水资源开发利用是否科学、合理、适当的一面镜子。

(二)水污染加剧，水环境恶化

水污染是指水体因某种物质的介入，而导致其化学、物理、生物或者放射性等方面特性的改变，从而造成水质恶化的现象。随着工业的兴起、农业的发展、城市化进程的加快和人类活动的影响，大量的工业、农业、生活污水和废弃物排入水中，世界大江大河都不同程度存在水污染问题。目前，全世界每年约有4200多亿立方米的污水排入江河湖海，污染了5.5万亿立方米的淡水，这相当于全球径流总量的14%以上。

莱茵河发源于瑞士的阿尔卑斯山，自南向北流经瑞士、列支敦士登、奥地利、德国、法国和荷兰等国，是欧洲最繁忙的水上通道，也是世界上最著名的“链状密集产业带”。多年来,沿莱茵河干流形成了巴塞尔—牟罗兹等6个世界上著名的工业基地,这些基地分别是欧洲和世界上重要的化工、食品加工、汽车制造、冶炼、金属加工、造船中心。第二次世界大战后,随着欧洲经济的蓬勃发展,大量未处理的污水直接排入莱茵河,莱茵河从此开始被污染。20世纪六七十年代,莱茵河承纳的废污水量达到高峰。尽管莱茵河的流量只占西方国家所有河流流量的0.2%,但在其流域范围内却占了西方国家化学工业的20%。同时它还是高度集约的农业区,每天有5000万~6000万立方米的工农业废水和生活污水排到莱茵河。严重的污染造成了生态平衡的严重破坏,1965年,上游的无脊椎动物已濒临灭绝,原有的95种鸟类已有12种消失,另外12种明显减少,河里鱼的种类也在减少。同时,随着硫酸盐、硝酸盐和磷酸盐浓度的急剧增加,导致依靠莱茵河补充水源的湖泊和莱茵河干支流水流缓慢的河段沿岸浮游植物大量增殖,藻类生长成灾。

1986年11月1日深夜,位于瑞士巴塞尔市的桑多兹(Sandoz)化学公司的一个化学品仓库发生火灾,装有约1250吨剧毒农药的钢罐爆炸,硫、磷、汞等有毒物质随着大量的灭火用水流入下水道,排入莱茵河,有毒物质形成70公里长的微红色飘带向下游流去。8天后,塞堵下水道的塞子在水的压力下脱落,几十吨有毒物质流入莱茵河,再一次造成污染。事故造成约160公里范围内多数鱼类死亡,约480公里范围内的井水受到污染影响不能饮用。污染事故警报传向下游瑞士、德国、法国、荷兰四国沿岸城市,沿河自来水厂全部关闭,改用汽车向居民定量供水。由于莱茵河在德国境内最长,因而德国遭受的损失最大。接近海口的荷兰,将与莱茵河相通的河闸全部关闭。法国和前西德的一些报纸将这次事件与印度博帕尔毒气泄漏事件、苏联的切尔诺贝利核电站爆炸事件相提并论。《科普知识》总结了20世纪世界上发生的最闻名“六大污染事故”,莱茵河水污染名列其中。

淮河流域从20世纪80年代起,造纸、酿造、化工、皮革、电镀等耗水量大、污染严重的行业迅速发展,废水、污水排放量急剧上升。由于设备简陋、工艺落后,又没有治理措施,大量高浓度工业废水、污水直接进入淮河干支流,造成淮河沿岸鱼虾、植物纷纷死亡。同时,随着流域中小城镇城市化速度较快，城市污水也直接进入淮河干支流。对农用化肥和农药等大量残余污染物进入淮河干支流。近年来，淮河流域持续干旱，水流自净能力持续下降，水既不能用，更不能吃。多年来积累的工业和生活污染，使2/3的河段几乎完全丧失了河流水体功能。河流沿岸成千上万居民的饮用水不符合标准。

据统计，20世纪80年代以来，淮河及其支流共发生160多起污染事故，其中特大事故就有6起。1982年5月至1989年2月，淮河相继发生三次大的污染，平均相隔2年。90年代以后，这种水污染事故更是年年发生。90年代初，淮河的16条主要支流，有一半以上河段的水质超过国家V类地表水标准，完全丧失了利用价值。1994年7月，淮河发生的震惊全国的特大水污染事故，上游河道中的2亿立方米的污水被排往中下游，干流河道形成70公里的污染带，致使发生污染量大、污染物毒性高、污水团滞留时间长的严重污染。大量污水进入洪泽湖后，湖水水质迅速恶化，鱼、虾、蟹、蚌大量死亡，部分工厂被迫停产，居民饮水困难，数万居民因饮用脏水而患上了皮肤病和肠道传染病。虽然近年加强了治污，数百亿投入，但仍然难让这条昔日的美丽河流摆脱困境。淮河水污染已经成为关系到沿淮人民群众身体健康的一个严重问题。

（淮河支流颍河污染状况　　刘兵生　摄）

(三)水土流失严重,下游河床抬高,河槽严重萎缩

尼罗河发源于东非高原布隆迪高地,向北流经布隆迪、卢旺达、坦桑尼亚、乌干达、埃塞俄比亚、苏丹和埃及7国,注入地中海,全长6600多公里,是世界上最长的河流。由于尼罗河的定期泛滥,洪水挟带大量泥沙,两岸平原地区淤积了一层厚厚的淤泥,造成尼罗河的泥沙问题和流域环境退化。据观测,青尼罗河的含沙量从20世纪40年代早期的万分之七增加到2003年的千分之六,造成罗塞(Roseires)水库和塞纳(Sennar)水库泥沙淤积加重。苏丹和埃塞俄比亚交界处的罗塞水库的年均淤积量从1967年以来一直在增加,阿斯旺高坝的年输沙量增加到1.4亿吨。调查发现,罗塞、塞纳和瓜布 (Girba) 水库库容分别减少了30%、40%和60%。此外,河道和渠系淤积也很严重,淤积的河槽易生水草,增大了水量的蒸发损失,减少了河道排洪能力。

黄河流经世界上水土流失面积最广、侵蚀强度最大的黄土高原,水土流失面积45.4万平方公里,占黄土高原总面积的71%。年侵蚀模数大于15000吨每平方公里的剧烈水蚀面积3.67万平方公里,占全国同类面积的89%。黄河多年平均输沙量约16亿吨,多年平均含沙量达35公斤每立方米,均为世界大江大河之最。黄河"水少、沙多、水沙关系不协调"导致河道淤积,主槽萎缩,过洪能力显著下降。20世纪80年代以后,进入下游的水量急剧减少,加剧了水沙的不协调性,下游河道淤积加重,1986~1999年下游河道年均淤积2.23亿吨,占来沙量的29%,是各时期中最高的。由于73%的泥沙集中淤积在主河槽里,导致主槽萎缩严重,主槽最小过流能力锐减至2001年的1800立方米每秒(见图3-1)。河道排洪能力降低造成同流量水位抬升、小洪水高水位及同水位下过流能力大大降低,对防洪十分不利。如1958年花园口和高村站洪峰流量分别为22300立方米每秒和17900立方米每秒,其相应水位在1997年河道边界条件下过流能力分别仅为3500立方米每秒和2000立方米每秒。黄河下游河道是举世闻名的"地上悬河",近20年来,由于主槽萎缩,出现了"悬河中的悬河"。"二级悬河"的危害在于易于诱发滚河或横河,洪水漫滩后直冲大堤,并形成顺堤行洪,加大堤防冲决和溃决的可能性,严重威胁黄河下游防洪安全。

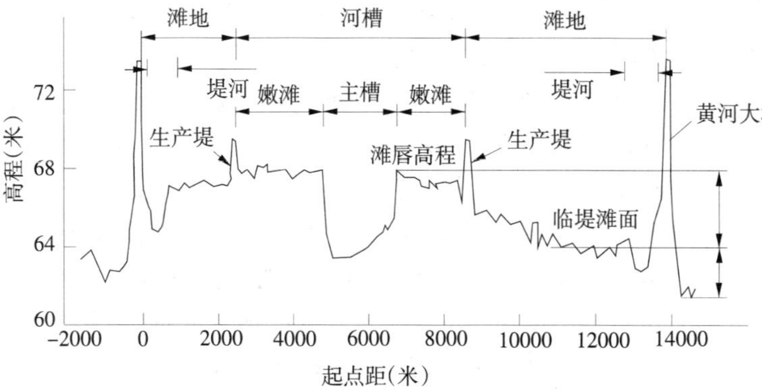

图3-1　黄河下游典型断面横剖面图

黄河中游干支流曾经是波涛汹涌、奔流激射的雄浑景象。由于长期超量引水,局部河段也出现了“地上悬河”形势。2003年,内蒙古乌拉特前旗黄河干流河段堤防在1000立方米每秒左右即发生决口。黄河的最大支流渭河多次断流,由于下游河道淤积加剧,主槽过洪断面缩窄近1/3,2003年发生5年一遇的洪水就创造了自1981年以来的历史最高水位。干支流河床的持续萎缩,暴露出黄河生命指标的整体下滑趋势。

(四)河口流路不畅,尾闾消失,三角洲湿地退化,河流生态系统萎缩

长期以来,由于工业的兴起、经济社会的发展和自然气候的影响,河流生命遭遇前所未有的危机。在河源衰退、河槽淤塞、河道断流、水污染严重的同时,河流河口流路不畅、河流尾闾消失、三角洲湿地退化等问题也尤为突出,使得依赖河流的整个生态系统出现紊乱甚至崩溃。

阿姆河是中亚最大的河流,发源于阿富汗与克什米尔地区交界处的维略夫斯基冰川,干流全长2540公里,最后汇入咸海。随着农业机械化的发展,农作物种植面积的迅速扩大,加之极为粗放的耕作和灌溉方式,使得阿姆河引水灌区的水资源利用率不到40%,60%以上的水都被强烈地蒸发和渗漏。据统计,20世纪50年代平均每年引走阿姆河水资源量的61%;70年代增加到68%;80年代,阿姆河有一半或一半以上的年份无水进入咸海,仅有灌溉排水入海;1989年,阿姆河全年断流。

20世纪60年代以来，由于对阿姆河水资源的过分开发利用，注入咸海的水量大幅下降。目前咸海的水量仅为历史最高记录的1/4，湖面面积缩小了一半，水位下降了19米。干涸的湖底面积已达到2.7万平方公里，其中90%的裸露湖底变成了沙漠，并成为盐、杀虫剂残留物的沉积地，该地区除遭受沙尘暴之害外，还要承受湖底裸露引起的盐尘。大风每年从干涸的湖底吹起的盐尘多达4000多万吨，同时挟带有毒沉积物波及距离可达400~800公里，引起下风侧的人畜呼吸道疾病和癌症发病率迅猛增长。咸海沿岸生活的300万居民，因饮水水质差，空气中盐尘含量增多，生活环境极其恶劣。这一严重的生态危机，已经引起了国际社会的关注。

黑河是中国西北地区第二大内陆河，发源于祁连山区，注入东、西居延海，全长821公里，流域面积约14.29万平方公里。古代黑河水量充沛，居延绿洲森林植被非常繁茂。高大的胡杨、沙枣天然林和低矮的红柳灌丛及与其伴生的棘棘、苦豆子等构成立体的天然植被群落，具有很强的稳定性。尾闾东、西居延海这对姊妹湖水深草丰，环境优美、物产丰饶，堪称“大漠双璧”。

20世纪六七十年代以后，由于开荒屯田，对林草植被造成严重破坏。乱采滥挖中草药材、草场超载过牧等人类活动的影响，加剧了绿洲沙漠化的趋势。新中国成立初期人口约55万人，灌溉面积103万亩；目前人口达121万人，灌溉面积发展为334万亩，呈几何增长态势。至1999年，黑河流域建成中、小型水库58座，固定引水渠66个，引水能力268立方米每秒，万亩以上灌区19个。由于中游引水能力大幅提高，耗水增加，大量的水资源被无序消耗，进入下游的水量逐年减少。原来统一的水系变成了各自分散的水系，黑河干流的水量明显减少。据统计，20世纪50年代，黑河干流进入下游的水量为12亿~13亿立方米，80年代为5亿立方米，90年代则不足2亿立方米，河道尾闾干涸长度也随之呈逐年增加之势。黑河奔向居延海的旅程，已经愈发的沉重和艰难。1961年，西居延海干涸;1992年，东居延海消亡。大漠明珠失去了生命中的最后一缕光泽，居延海成为我国西部继罗布泊之后的第二大干涸湖。

居延海的消亡，是额济纳绿洲加速向荒漠化方向逆转的一个起点，是黑河生态系统整体恶化的一个标志。普查资料和卫星资料显示，额济纳东、西河流域胡杨、沙枣和红柳近40年来减少159万亩，20世纪80年代至1994年，下游三角洲地区林地面积减少288万亩，林灌草甸草地减少约78%。绿洲萎缩和植被退化，使区内珍稀动物失去栖息地，原有的26种国家保护动物，9种消失，10余种迁移他乡。绿洲内草本植物已从20世纪50年代的200多种减少到80余种。昔日“棒打黄羊瓢舀鱼，野鸡落在家院里”的动人景象，已成遥远的追忆。

（黑河下游枯死的胡杨林　　于海泓　摄）

黄河河口伴随流路“淤积—延伸—摆动—改道”的造陆过程而产生的黄河口湿地，是世界珍稀鸟类物种保护的重要单元，被列为中国国家级湿地鸟类自然保护区。但由于黄河三角洲湿地严重缺乏淡水补给水源，加之区域城市化发展及农业开发所带来的土地围垦行为影响，目前陆域淡水湿地发生了严重的逆向生态演替现象，出现了淡水湿地面积快速萎缩、生态构架体系改变和功能退化问题。主要表现在淡水湿地的比例持续和快速减少，湿地整体破碎化指数等均呈增加趋势，以湿生沼泽植物带等为代表的淡水湿地生态结构与功能受到侵害，淡水湿地景观逐渐演变为耕地和盐沼湿地，产生了河口生态系统格局与发育演替破坏、河口湿地面积和生态功能萎缩、湿地生物量和生物多样性减少等一系列问题，湿地乃至河口生态安全受到严重威胁。据遥感资料分析，1984年河口淡水湿地面积约为31800公顷，其中芦苇等典型淡水湿地面积15800公顷；而2000年，河口淡水湿地面积约为14900公顷，其中芦苇等典型淡水湿地面积仅4800公顷。同时，湿地植被的生态生理功能也在萎缩，水生鸟类的栖息环境受到严重损害。另外，由于入海水量的大幅度减少、水质恶化和过度捕捞等因素，近海生态系统也遭受到严重破坏，近海渔业生产力下降了95%以上，对虾已经形不成资源，某些淡水或半咸水等经济鱼种有消失迹象。

在黄河河源区12万平方公里的高原湿地，分布着众多的湖泊和沼泽，已列入国家级湿地保护计划的有若尔盖高原沼泽湿地、扎陵湖湿地、鄂陵湖湿地、玛多湖湿地、岗纳格玛错湿地等。这些湿地的价值不仅体现在其生态价值，更对涵养黄河水源、保护河川径流具有重要的意义，而黄河的河川径流又是沿河其他湿地的主要水源。受气候变化和人类活动影响，在过去的二十多年中，黄河河源区草场和湿地严重退化。沼泽湿地及湖泊面积减少了近3000平方公里，扎陵湖和鄂陵湖水位1987年以来已下降了1米以上。玛多和达日草场草甸退化率高达60%~70%。伴随着湿地萎缩，黄河源区径流也发生了很大变化。

其他大江大河大湖也都不同程度存在生命危机问题。

新疆塔里木河尾闾的台特马湖也已经干涸30多年；我国最大的高原湖——青海湖水位陡然下降十几米；石羊河流域碧波连天的青土湖已经不复存在，昔日的民勤绿洲出现了许多新的生态难民。在国外，埃及的尼罗河由于阿斯旺高坝的建成，每年入海水量由20世纪60年代前的320亿立方米，急剧下降到目前的18亿立方米，大量泥沙落淤在埃塞尔湖内，造成约30种尼罗河鱼类灭绝，东地中海沙丁鱼产量甚至减少83%。而且给两岸带来了土地贫瘠、环境污染、血吸虫病等灾难性的后果。以色列的主要水源加利利湖水位则下降了十几米，跌至取水红线以下1米多。印度耗费巨资修建的德里大坝，建成后经专家鉴定，存在诱发八级以上大地震的严重威胁，被称为最昂贵也是最危险的大坝。世界河流出现的生命危机和病态综合症，不仅危害河流自身，影响河流生态系统的良性运行，而且直接影响了人类的身心健康和经济社会的可持续发展。

人类在从开发利用河流过程中得到巨大财富和进步的同时，也得到回应和报复。正如恩格斯指出："我们不要过分陶醉于我们人类对自然界的胜利。对于每一次这样的胜利，自然界都对我们进行了报复。"

在历史上，这种由于生态环境的破坏而造成的生态灾难，也不乏其例。

一度辉煌的古巴比伦文明，后来之所以沦为"陨落的空中花园"，致命的原因就在于水利条件的破坏和土地沙漠化。中东地区远古时期的赫梯文明，在特大干旱的笼罩下，成为一片来去匆匆的废墟。美洲创造玛雅文化的科潘国，因河流长期干枯，导致了该地区文明的崩溃与失落。在我国历史上，黑河这条滋养众生、孕育文明的河流，曾经用她博大的胸怀承载了绵绵历史中不尽的压力，然而，在人类无节制的索取下，她由凌厉锐进变得孱弱不堪，甚至不得不挥别千百年来相依相伴的居延海。黄河支流无定河流域内规模宏大的都城——统万城，河西走廊黑河流域的黑水国，孔雀河断流导致楼兰古国的消亡，无不是由于河流断流，不复存在，生态平衡遭到严重破坏，最终被沙漠所湮没。河流是文明起源和发展的载体，如果载体不复存在，相应的文明当然也就成为历史的遗踪，这种沉重的历史教训，应当深深汲取。一个可持续发展的社会不仅需要水资源的永续支撑，同样需要河流文化生命的延续和传承，而

（黑水国城墙遗址　　于海泓　摄）

河流文化生命的传承，当然必须以源远流长的河流生命为载体。

第二节　河流生命危机产生的主要原因

河流生命危机产生的原因是多方面的，既有经济社会发展和人类活动的因素，也有自然环境气候变化的影响，还受着人类认识水平和能力局限的制约。

一、人类活动对河流的危害

工业文明以来，人口的迅猛增长、经济社会的快速发展，人类大规模修建水利水电工程等，是河流危机出现的主要原因。

人类在地球上生存了几百万年，统计表明，近百年来世界人口的增长速度达到了人类历史上的高峰。1830年全球总人口为10亿；至1930年达到20亿，人口增加10亿用了100年的时间；至1960年30年时间，世界人口增长到30亿；1975年增加第四个10亿人口时间仅用了15年；1990年世界人口数为53亿，2006年世界人口已经突破65亿。人口的迅速增长，工农业生产的发展，生产生活用水量激增，使人长期与河争地、与河争水，而且人类在消耗大量水资源的同时，又产出了大量的废污水，把清洁的江河“动脉水”转换成了“静脉水”，完全不顾水资源承载能力和水环境承载能力。全世界每天约有200吨垃圾倒进河流、湖泊和小溪，排入江河湖泊的每升废水会污染8升淡水，破坏生态平衡，污染环境，耗竭自然资源。

在中国，1762年人口为2亿，到鸦片战争爆发前的1834年，突破4亿，1949年，人口数量发展到5.4亿，约占当时世界人口总数的1/4。2005年11月第五次人口普查，全国总人口为13亿。随着人口的增加和经济社会的发展，我国年总用水量也在迅速增长，1949年为1030亿立方米，1980年为4437亿立方米，2004年增长到5548亿立方米。一方面，人类对水资源的需求以惊人的速度扩大，另一方面，日益严重的水污染蚕食大量可供消费的水资源。

据统计，为满足人类各种目标的需要，截至2002年底，全世界已经修建了高于15米或库容大于100万立方米的大坝49700多座，分布在140多个国家，其中中国的大坝有25000多座。发达国家水电的平均开发度已在60%以上，其中美国水电资源已开发约82%，日本约84%，加拿大约65%，德国约73%，法国、挪威、瑞士也均在80%以上。修建水坝能够产生清洁的水电能源、为城市和农业灌溉提供所需的水资源、为流域防洪提供调度控制措施，其巨大的经济效益是无可置疑的。但是，河流修建大坝在相当程度上改变了河流自然水文情势的时空变化，有些河流上修建的大坝的蓄水量远远超过河流的全年径流量，有的甚至高出好几倍，直接导致河流水量锐减、河道萎缩、生态系统与水环境遭到破坏。当前，河流危机的产生，已经对人类如何看待水资源的可持续利用、对河流生态与环境和河流健康问题发出严重的警示。由全球河流危机导致的全球水危机和中国水危机，不是危言耸听，而是已经发生在我们周围，不久将要严重危及地方、区域乃至全国和全球经济社会可持续发展的重大"瓶颈"问题。

由于人类活动对河流生态系统的影响在时间尺度有明显的长程效应和潜在、长期甚至不可逆的影响，目前对它们的影响以及长期的生态监测资料比较缺乏，使得评估人类活动对河流生态与环境系统的影响评价更加困难。因此，在全球变化和人类活动影响下如何维系河流健康和水资源可持续利用，是当前人类社会自己需要认识、研究、反省和采取适应对策的国内外重大的挑战性课题。

二、自然环境气候对河流的影响

造成河流危机的环境因素并不仅仅来自人类活动，还有自然环境气候变化这个重要的驱动因子与效应的叠加。

2007年2月2日，正式发布的政府间气候变化专门委员会第四次评估报告第一工作组报告指出，全球气候呈现以变暖为主要特征的显著变化。最近12年中有11年位列1850年以来最暖的12个年份之中。全球海温升高，平均海平面上升，大范围的雪和冰融化。已在许多大的地区观测到降水量在1901~2005年间存在长期趋势。在北美和南美东部、欧洲北部、亚洲北部和中部，已观测到降水量显著增加；在萨赫勒、地中海、非洲南部、亚洲南部部分地区，已观测到降水量的减少。自20世纪70年代以来，在更大范围地区，尤其是在热带和副热带，观测到了强度更强、持续更长的干旱。

我国是全球气候变暖特征最显著的国家之一。我国科学家的研究发现，近百年来，中国年平均气温升高了0.65±0.15℃。近50年来，中国沿海平面年平均上升速率约为2.5毫米，高于全球平均水平。中国六大江河的实测径流量50年来均呈下降趋势。同时，长江、松花江等局部地区洪涝灾害频繁发生。部分地区的干旱程度、范围、持续时间还将进一步加剧，荒漠化可能加重。近几十年来，在全球气候变化和人类活动的综合影响下，三江源地区的生态与环境出现了明显的变化。其生态与环境逐步恶化主要表现在：冰川退缩、湖泊水位下降，湖泊湿地面积日益减少；源头水量逐年减少、河流湿地呈现萎缩；沼泽湿地大面积缩小、水源涵养功能下降；草场退化、土地沙化加剧；生物多样性受到威胁和破坏；水土流失日趋严重。

自然环境气候的变化趋势对河道形态、河流生态系统等都产生着重要影响。

综上所述，可以认为，河流危机产生的根源是人与河流的关系被破坏，特别是工业文明以来，狭隘的人类中心主义把人与自然完全对立起来。人类的理性认知能力和实践改造能力即人类的权能得到前所未有的加强，对河流的征服和控制导致了全球性的河流危机。因此，人类只有把对河流危机的思考提高到文明批判的高度，把尊重河流作为调整人与河流关系的基本准则，追求人与河流的和谐，才能真正找到解决和克服目前日益严重的河流危机的方法，才能真正实现人类社会的可持续发展。

三、河流的发展空间大量被侵占

对于河流来说，拥有自己的发展空间具有十分重要的意义，但是由于人类的控制，如今世界上几乎所有的河流，其发展空间都受到了严重的约束，从而加剧了河流的衰败。

世界基金组织通过对世界上225个河流流域的调查和分析，认为导致河流衰败的主要原因大致是：不适宜的大坝建筑、超量的引水、气候的变化、入侵性种群的引入、过度养殖和污染。其中，位居衰败前十条的河流是：缅甸东部的萨尔温江、欧洲南部的多瑙河、南美洲阿根廷拉普拉塔河、格兰德河、恒河、澳大利亚的墨累-达令河、印度河、尼罗河、长江和湄公河。

世界基金组织揭示了世界十大河流正在遭受的威胁后认为，这些衰败的河流如果得不到充分的恢复，有些将可能会从地球上永远消失。一些情况相对好一些的河流，如果不采取措施进行保护的话，也将会进一步退化和衰败。

实际上，建筑大坝和河道整治工程一方面规顺了河流，同时也破坏了流域原有生态，改变了地球上动物和植物赖以生存的河流生命网络；侵害性种群的引入，天然鱼类的灭绝，这些都会使河流生态遭到严重破坏；河流污染使曾经给人类带来生机的河流变成威胁人类健康的害河；气候的变化正在改变着沿用几千年的河流规则。

河流流域是大自然为人类提供的收集、使用和释放水源的形式。河流生态系统为人类提供电源、交通、娱乐和旅游等便利，同时也会对洪水和干旱进行调节，为泥沙和营养物质的交换提供环境，为动植物的多样性提供条件。用于生态多样性的淡水也是动植物和人类生存的重要资源，尤其是在发展中国家更是如此。

然而，就在过去的50年，人类以前所未有的速度改变着河流的生态系统。快速增长的人口、经济的飞速发展和工业化使淡水生态系统发生着前所未有的改变，导致了部分地区河流生态系统的缺失。根据2005年国际生态多样性大会发布的信息：世界上大约41%的人口聚居于河流两岸，同时受到水资源短缺和污染的困扰。

河流系统大规模的物理改变、生态缺失和生态退化、污染和侵害性物种的引入，加重了对地球上淡水生态系统的威胁，破坏了相应的生态、环境。

欧洲南部的多瑙河、南美洲阿根廷拉普拉塔河是衰败比较严重的河流，而导致其衰败的原因也具有代表性。

多瑙河由于太多的航运建筑而使河流生态恶化，该河的300多个支流中60个左右都可以通航。来自多瑙河保护委员会的最新报告表明，相对于其他因素，航运是该河生态、环境退化的首要因素。

历史上，多瑙河曾是世界上10种珍稀鱼类独一无二的栖息地，其他还有103种珍贵鱼类，占欧洲总鱼类的一半还多，还生活着88种淡水软体动物。但今天只有6.6%的鱼类被完好地保存了。多瑙河内陆的航运工程，例如水泵、河道整治、泥沙挖掘、对河道的裁弯取直等，改变了自然的河流功能和鱼类的生存环境。

船只的航运所产生的水浪也影响一些小的水生生物，船只航运的频繁度还会影响河床生物的多样性。另外，由于航运，引入其他侵害性物种、燃油泄漏、污染等对水生物的损坏，也有漫长而剧烈的影响。

南美洲的拉普拉塔河不但有太多的航运建筑，还修筑了很多水坝，一些修筑得不合适的水坝使河流生态受到威胁。拉普拉塔河过去是一个水生态繁盛的地方，生活着350多种鱼类，流域独有的鱼类物种有85种，该河也是拉普拉塔海豚的栖息地。拉普拉塔河上有世界上最大的水电站——伊泰普水电站。这里曾经发生洪水淹没了10万公顷的土地，破坏了大量的水生环境。同时，巴西、玻利维亚和巴拉圭政府正在拉普拉塔河上修建一条还没有对环境影响进行充分分析的大型航道系统项目。该项目从巴拉圭开始，挖出一条至少3米深、3442公里长的航道。这条航道即使在干旱季节也将为该区域船只提供通往阿根廷、玻利维亚、巴西、巴拉圭和乌拉圭的水运通道。

总结国外河流开发的教训，可以看出，给河流留出应有的发展空间，对于保护河流生态，是极为重要的。

第三节　人类对河流生命危机的反思

一、对传统开发利用河流的伦理标准的反思

伦理是指人们心目中认可的社会行为规范，是处理人与人、人与社会关系时应当遵循的道理和准则。河流的伦理标准是人类在开发利用河流过程中所形成的权利、义务关系，通过它明确了河流所应当保留的

权益，同时也明确了人类开发利用河流的权利范围，它是用来调整人与自然、人类社会内部关系的标准。

河流作为人类社会所必需的主要水源，在人类社会对其使用支配过程中，必然产生了相关的财产权利，即水权。从法学角度讲包括水资源的所有权和使用权，水资源的所有权是一种绝对物权。

由于各个国家水资源状况、水法规制订主体不同，因而形成的用水管理体系也不尽相同，这些不同体系归根结底都是人类在试图实现公平原则的不同探索。按照其特点，概括起来主要包括以下几种。

第一种是采用占用优先的原则，其主要特点是，时先权先，先占用者自然获得优先使用权，同时水的用途必须用于能产生效益的活动，不用即作废。这种管理体系不认可用户对水体的占有权，但承认对水的用益权。

第二种是采用河岸所有原则，即河岸权属于与河道相毗邻土地所有者的一项所有权，河岸权不论使用与否都具有延续性，不会因为不使用而丧失，也不会因为使用时间的先后而建立优先权，河岸权附着于河流，它本身不要求对水资源的有效利用。

第三种是惯例水权制度，它是由于惯例形成的各种水权分配形式，这种惯例多是在历史上出现过水权纠纷，而后通过民间或司法解决后固定下来，或是由历史沿袭下来的水权分配形式。它往往是一种协调妥协的结果，是多种分配模式的综合体现。

人类社会形成的这些水权管理制度，在各条河流上调整人类社会内部关系过程中都起到了有效作用，它使得流域内水资源在不同区域间得到了最大限度的公平分配。但是，以往的水权管理制度都忽略了河流本身存在的自然规律，忽略了流域内自然生态的需求，忽略了河流作为自然界一部分其生存所必需的权利，人类社会过多的以人为中心调整河流的生存状态。正因如此，很多地方都出现了有河皆干、有水皆污的现象，很多河流流域生态处于崩溃的边缘。

面对这些问题，人类社会也在不断地进行反思，反思人与自然的关系。人作为这个星球上的高等动物，它是自然界的一部分，是一个很重要的参与者，但并非一个支配者。如何调整好人类与自然的关系对人类自身也至关重要,这其中实现人与河流的和谐共处是最重要的部分。这就要求人类规范自身行为,保证河流正常的权益,维持它的健康状态,也只有在河流健康的状态下才能实现河流的水资源的可持续利用,从而保障人类经济社会的可持续发展。

在人类社会不断反思的过程中,人们逐步调整其对于自然的认识,逐步形成了生态伦理的观念。生态伦理实际上就是对地球生存状态的伦理关注,无论是河流、山川,还是众多的地球生物,人类应当怎样对待它们,使它们以其自身完善的方式,在这个大家庭中美好地生活,是一个关系到人类文明是否可持续发展的未来走向的伦理问题。人类应当承认人与自然存在的权利并且对人而言有伦理关系，人类也逐步认识到了人与人之间社会关系的调整，是实现人与自然生态关系目标的手段。人与河流的伦理关系也包含其中,在地球上脱离河流的人类社会是不存在的。那么人类在这个地球上应该怎样对待河流呢?这实际上不仅仅是一个开发利用的问题,还有一个相互依存的问题。也就是说,人类不仅仅要用法律约束自身,还要辅助于道德手段。如果人类不能正确规范自身的行为和社会发展的方向，那么可能人类就要终结于自然环境的崩溃。现在提出来的可持续发展,实际就是在不可持续发展的基础上提出来的。如果人类要持续生存,就要善待自然,就要处理好与河流的伦理关系。

二、关于唯发展主义批判

工业革命以来,社会出现了一种唯发展主义观点,那就是忽略了发展的制约性前提条件,不惜一切代价地发展,以牺牲生态平衡和人类健康为代价的发展，迎合现代化和工业化的需要，而不是人类真正的需要。

唯发展主义的后果是造成了河流的污染、空气的污浊,从而使河流生态和人类生存环境处于前所未有的危机之中。工业革命是世界历史的一个新时期的起点，此后的环境问题也开始出现新的特点并日益复杂化和全球化。18世纪后期,欧洲的一系列发明和技术革新大大提高了人类社会的生产力,人类开始插上技术的翅膀,以空前的规模和速度开采和消耗能源以及其他自然资源。新技术使英国、欧洲和美国等地在不到一个世纪的时间里先后进入工业化社会，并迅速向全世界蔓延，在世界范围内形成发达国家和发展中国家的差别。

工业化社会的特点是高度城市化。这一阶段的环境问题跟工业和城市同步发展。先是由于人口和工业密集，燃煤量和燃油量剧增，发达国家的城市饱受空气污染之苦，后来这些国家的城市周围又出现日益严重的水污染和垃圾污染，工业三废、汽车尾气更是加剧了这些污染公害的程度。在后来的20世纪六七十年代，发达国家普遍花大力气对这些城市环境问题进行治理，并把污染严重的工业搬到发展中国家，较好地解决了国内的环境污染问题。随着发达国家环境状况的改善，发展中国家却开始步发达国家的后尘，重走工业化和城市化的老路，环境问题有过之而无不及，同时伴随着严重的生态破坏。其中，维持生命、发展和环境所必不可少的淡水资源随着人口和经济的快速增长大量消耗，人类社会很快就出现了水资源短缺，作为陆地主要淡水资源的河流频繁出现河道断流、水质恶化的现象。

人类的需要绝对不等于现代化或工业化的需要，绝不等于经济全球化的需要。人类真正的需要是在获得了基本的生存条件、并在自然所能承载的范围内适度和有限地改善物质生活，在与自然和谐相处的环境里，更加人性化地拥有更多的社会领域里的自由，人与人的关系更加和谐平等亲切，精神生活更加充实，人格更加完善。

目前，我国正处于工业化时代的中后期，众多的发展中国家则多数处于新兴工业化阶段。“以史为鉴，可知兴替”，发达国家走过的工业化道路正是中国值得思考的重大问题，如何借鉴经验，汲取教训，避免重走社会发展的弯路正是引以为戒的关键所在。21世纪的中国，应当从“经济主导型”向“经济、社会、环境共同主导型”转变，以可持续发展为导向解决发展过程中在经济、社会、环境方面表现出来的矛盾与冲突，通过各种有效手段，形成整个社会经济繁荣、社会公平、生态平衡的状态，由此实现可持续发展的目标。

水是维持生命必不可少的自然资源，是实现人类经济社会的可持续发展的基础性资源，河流水资源的开发利用在国民经济和社会发展过程中肩负着十分重要的职责。随着经济社会的发展和全球人口的不断膨胀，一些地方河流过度开发水资源，水环境过度破坏现象较为严重。如何科学利用河流，转变河流开发利用模式，推动人类社会经济增长方式转变，满足人类经济社会发展对水资源的需求，促进经济社会发展与水资源条件相协调，促进人与自然和谐相处，是河流开发利用的必然方向。

人类也只有不断自省，以邻为镜，以史为镜，不断修正对河流开发利用的模式，维持河流的健康生命，才能与河流和谐相处，保证子孙万代依然享有丰富清洁的水资源，才能永远保持依然秀美的山川与河流，实现对河流的永续利用。

第四章

河流健康生命评价

早在20世纪50年代，西方国家便开始了以水质恢复为中心的河流保护行动，并且取得显著成效。中国自20世纪90年代以来，河流管理中开始重视生态的恢复和保护，关注河流的健康问题。2003年2月，黄河水利委员会主任李国英在全球水伙伴中国技术委员会组织召开的中国水问题高级圆桌会议上，提出了确保维持河流健康生命的环境流量的概念，并由此激发和开启了治河理念大变革的探讨。2004年，黄河水利委员会正式提出了“维持黄河健康生命”的治河新理念，在国内外专家学者中引起了广泛反响。人们深刻认识到河流生命状况与人类社会发展密切相关，维护河流健康生命，就是维护人类自己。河流服务价值需要建立在河流健康的基础之上，在开发利用河流的同时必须尊重河流自身规律，谋求人与河流的和谐相处。

在河流健康生命的研究中，关于河流健康生命的评价，是核心问题之一，因而受到了研究者的广泛关注。

第一节　河流健康生命评价的意义及方法

一、河流健康生命内涵

河流是陆地水流及其载体的总称,是生物圈物质循环的重要通道,具有调节气候、改善生态环境以及维护生物多样性等众多功能。人们根据河流自身的发育和为人类服务的特性赋予其生命，对于河流健康的含义,目前专家学者们的认识,一种观点认为河流生态系统健康是指河流生态系统支持与维持主要生态过程,以及具有一定种类组成、多样性和功能组织的生物群落尽可能接近未受干扰前状态的能力，把河流原始状态作为健康状态;另一种观点认为,河流生态系统健康依赖于社会系统的判断,健康的河流系统不但要维持生态系统的结构与功能,还应包括人类与社会价值，在河流健康的概念中涵盖了生态完整性与人类价值。后者这种理解得到了较多学者的认可。

按照以人为本、人水和谐的治水思路,健康的河流是人类经济社会发展和生态环境保护相协调的整合性概念。只注重河流的生态环境保护,拒绝人类经济社会发展对其服务功能的需求;或者只注重河流的服务功能,忽视对其生态环境的保护都是片面的、不完整的。健康的河流应是生态环境等自然属性和服务功能等社会属性的辩证统一，它应该既是生态良好的河流,又是人水和谐相处的河流。

二、河流健康生命评价意义

河流健康的研究和评价作为河流管理的一个新方法，用以综合评判河流生态系统结构和功能的整体状态,从而影响河流管理决策。河流健康与河流管理的关系,主要可体现在以下四个方面。

第一,河流健康状况研究是河流管理的基础。河流健康状况研究的主要目的是了解河流系统的结构状况，剖析生态系统的潜在功能和功能发挥状况,也即首先要定性或定量地评估河流的健康状况,这个问题同样是河流管理应当解决的问题。进行河流管理,首要的就是了解河流生态系统的现状，剖析河流健康退化原因，并分析河流生态系统健康状况的发展趋势，从而制定或采取相应的河流管理措施，因此，对河流健康状况的评估是河流管理的基础。河道治理、水利水电开发、河流生态恢复等人类活动，都必须基于对河流现状和未来发展趋势的深刻剖析，追求最佳的河流管理，实现环境资源、环境效益的可持续性发展。

第二，河流健康是河流管理的目的和目标。河流生态系统功能的正常发挥是公众和河流管理者普遍关注的焦点，是实现河流可持续发展的基本条件。而河流健康是河流生态系统功能正常发挥的前提，健康的河流生态系统能发挥其生态系统功能，提供最大限度的、持续稳定的生态系统服务。此外，从生态学的角度出发，河流管理的目标就是河流在自然演变以及适度的人为干扰下达到相应的结构，维持良好的河流状况，保证其各项生态系统服务功能的正常发挥；由此可见，河流健康与河流管理两者是统一的，河流健康状况是河流管理的目的和目标，河流管理的根本目标旨在恢复河流健康状况，发挥河流生态系统服务功能。

第三，河流健康状况理论及方法为河流管理提供新的技术手段。河流健康状况理论及评价方法的研究，有助于了解河流健康现状及其发展趋势，并能评估河流管理行为的有效性，因此其理论和方法体系可为河流管理提供新的技术方法和手段。要对河流生态系统进行有效管理，必须对河流生态系统的状态进行连续和全面的监测和评价，并将这些结果及时反映到管理决策中，以适应复杂多变的生态系统，取得河流管理的成功。而河流健康状况及其评价方法研究的进展，使得对于复杂河流生态系统的快速响应成为可能，河流生态系统状况信息的收集和反馈可有效提高河流管理的及时性和准确性，从而促进可持续性和适应性河流管理。

第四，优化的河流管理是保障河流健康实现的先决条件。河流健康是河流生态系统的整体状态，而河流管理则是维持河流处于健康状态的重要方法和优良保障。优化的河流环境管理能为河流健康的发展创造良好的生境，提供较佳的条件。当河流生态系统处于胁迫状况下，就需要相应的河流管理措施使河流回到健康、可持续的方向上来。河流健康状况的研究可揭示河流生态系统和生境因子的作用机制，探讨河流健康的现状及发展趋势，而河流的有效管理则是保障河流健康发展的先决条件。只有在优化、有效的适应性河流管理基础上，河流才有可能维持其健康、可持续的状态。

总之，对河流健康生命评价可反映河流环境信息，评估河流健康状况，从而确定河流管理的目标和可能的"瓶颈"问题，将其应用于河流管理，不仅能综合评估河流系统的健康程度，还可评估河流恢复和整治活动的生境影响及河流管理活动的有效性，并通过及时的信息反馈改善河流管理，提高河流管理水平，促进河流的可持续发展。因此，寻求合适的河流健康状况评价理论体系，有助于为各地正在广泛开展的河流恢复项目提供基础数据和决策依据。

三、河流健康生命评价方法

国外的河流健康评价大多是对河流生态状态的评价，以河流生态系统作为评价的对象。在河流的保护和管理中，河流生态系统被描述为四维空间系统，即具有纵向、横向、垂向和时间分量。在纵向上，从河源到河口均发生物理的、化学的和生物的变化；在横向上，河流与周围的洪泛平原有密切的联系，河岸的植物起着调节水温、光线、渗漏、侵蚀和输送营养物质、维持水生生物食物链的作用，对河流生物生存具有重要意义；在垂向上，与河流发生相互作用的范围不仅包括地下水对河川径流水文要素和化学成分的影响，而且还包括生活在下层土壤中的有机体；生态系统的结构也会随时间不同而变化，反映出生态系统在时间上的动态性。

河流健康评价多以原始状态或干扰极小的状态作为评价标准。按照指标内容的不同，河流健康评价方法可分为指示物种法和综合评价法。采用指示物种法需要有大量的生物数据及生物与环境变量间关系的研究作基础，在缺少生物数据及相关研究的区域，指示物种法的使用受到了限制。综合评价法结合了来自不同学科的多个指标，在一定程度上可弥补指示物种法的不足，更好地评价河流的健康状况。因为在这一类指标体系中包含反映河流健康不同信息的指标，能反映复杂河流生态系统的多尺度特征，利于全方位揭示河流存在的问题。其不足之处是由于河流生态系统本身的复杂性,每个指标体系都包含大量指标,增加了评价工作的难度及工作量。

按照评价原理,河流健康的评价方法可分为多变量分析法和多度量指数评价法。多变量分析法在英国和澳大利亚等国使用。通过建立预测模型完成评价工作,该类方法以无人为干扰或人为干扰最小的样点作为参照点群,收集参照点群的大型底栖无脊椎动物资料及对应的物理化学资料(与底栖动物组成密切相关的变量)建立预测模型,收集监测点的物理化学资料,代入预测模型,可得到该点从底栖动物期望值(E),同时收集监测点从底栖动物实际值(O),根据O/E值可对河流生态状态进行评价,RIVPACS和AUSRIVAS采用了这种方法。多度量指数评价法在美国广泛应用,它首先确定参考状态,通过对监测点的一系列生物、物理、化学性状与参考点的参照性状比较步计分,累加得分进行健康评价,RCE、ISC、IBI采用了这种方法。多变量分析法的特点是学术性强,但其参考点的选择、物理化学变量的确定都带有很大的主观性,建模过程复杂,评价结果不如多度量指数评价法直观。多度量指数评价法的程序及结果都相对简单,易于推广应用,但在指标的选择上也存在一定的主观因素,存在如何将不同的指标综合对结果进行合理解释等问题。

第二节 河流健康生命评价基本指标

河流健康生命可单独从某个角度或侧面运用某些指标去加以评价,并且其结果也能在一定程度上反映河流发展过程中的某些问题。但某个方面的健康状况并不能完全代表河流的整体健康状况,单方面的评价结果难免会存在一定的偏差。例如,从水质角度出发,利用单个水质指标可能得出这一指标结果较好,从而得出河流水质较好的结论,但实际情况则可能是河流的生物及形态、水文等方面已遭受破坏,显然,这样的河流系统不能称之为健康。河流是一个包含多种因素的生态系统,也应该从多角度、综合性的角度,从各个方面对其进行综合表征。即应通过合理、准确的表征描述河流当前的健康状况,深化对河流健康状况内涵的理解,从而为河流健康生命评价提供科学依据。基于近年来国际、国内上对河流健康生命开展的广泛研究，本书初步提出了河流健康生命评价指标体系结构如表4-1。

表4-1　河流健康生命评价指标结构

总体目标	系统分层	状态分层	指　　标
河流健康生命评价	自然属性	水质	DO、COD、BOD，氨氮、TP等指标
		水生态	浮游生物、底栖大型无脊椎动物和鱼类
		河道结构	河岸稳定性、宽深比等、河道护岸形式
		水文特征	流速、水量
		……	
	社会属性	服务功能	防洪保证率、水资源开发利用率、饮用水安全保障程度、灌溉保证率、通航保证率等
		……	

一、水质理化参数

水质理化参数是能够简单、直观反映河流健康状况的重要指标。水体中营养物质和污染物的含量、浑浊度、pH值、水温等参数都可能影响河流生态系统功能的正常发挥。20世纪初，工业化进程引起水质恶化，化学物质对河流水质的影响受到重视，各种理化参数逐渐被用于表征水质状况。但是随后的评价实践表明，由于其与生物状态的联系不明显等原因，单纯利用物理化学指标和标准难以全面评价河流的健康状况，这也使得生物等其他类型指标开始被引入河流健康状况的表征中。

理化参数的监测具有速度快、简单方便等优点，并能反映污染物在水体中存在的形式和组分，而且发展至今，已形成较多非常实用的水质理化监测及评估体系。如我国《地表水环境质量标准》(GB3838—2002)中对不同环境功能水体中影响水体功能的因子规定了不同的指标要求，不仅对DO、pH、COD等指标做了要求，还采用氨氮、TP、TN等表征水体营养程度的特征指标，作为评价水体水质的基本项目。即使目前在水体生态系统健康的评估过程中纳入了其他评估成分，水质理化参数仍是评估的重要指标。而DO、COD、BOD、氨氮、TP等常规指标是评估中使用较多的指标。

二、河流生态系统参数

河流生态系统是自然、经济与社会的复合系统,河流的健康是其可持续性的保障,河流生态系统要持久地维持或支持其内在的组分、组织结构和功能动态健康及其进化发展,必须要实现其生态合理性、经济有效性和社会可接受性,从而有助于实现流域或区域的可持续发展。因此,河流生态系统健康评价指标的选取不仅要将生态要素放在首位,更应该考虑经济结构和社会组成的动态变化,以利于维持河流生态系统的持续性。鉴于河流生态系统的复杂性,一些指示生物类群被用于监测河流健康状况,其中浮游生物、底栖大型无脊椎动物和鱼类为使用较多的类群。当前河流生物指标及其评价见表4–2。

表4–2 当前河流生物指标及其评价

指 标	指标涵义及评价
细菌指标	主要用于人类健康以及与水有关的疾病的监测,细菌学的实验方法已比较发达,但是其生态意义并不明
原生动物	在欧洲作为评价水体有机污染的指标,但需要良好的分类学基础,目前使用地区不多
藻类	包括浮游藻类和着生藻类,广泛用于水质生物评价中
大型无脊椎动物	对水质有良好指示作用,是当前国际上使用较广的水质生物评价指标
大型植物	主要是大型水生植物,其优势是体形相对较大,视觉可见,易于分类鉴别;缺点是大型植物并非普遍存在,种类较少,评估指示性不强
鱼类	优势是易于鉴别,处于食物链的最顶端;缺点:由于它们的可移动性,可逃离高污染水体;另外,其所需要的监测成本较高

(一)底栖大型无脊椎动物

河流底栖无脊椎动物是河流生态系统生物群落的重要组成部分,健康完整的底栖动物群落是河流生物系统健康的重要因素。同时,底栖动物还是重要的指示生物,其群落结构和功能的变化与河流生境因子存在相关关系,其结构的变化能较好地反映河段环境条件的变化。我国于20世纪80年代初开始这方面的研究，20多年来，利用大型底栖无脊椎动物对湘江干流、珠江水系、京津地区河流、安徽九华河和丰溪河、洞庭湖和东湖等的水质进行了生物学评价，结果表明大型无脊椎动物对水质等具有较好的指示作用。

近年来，大型底栖无脊椎动物以其独特的优越性已被美国、英国、加拿大和澳大利亚等国环保部门广泛使用。英国的“河流无脊椎动物预测和分类系统”、“澳大利亚河流评价计划”等都是基于对河流大型无脊椎动物生物多样性及其功能监测基础上的河流健康状况评价模型。利用大型底栖无脊椎动物进行快速生物监测，表征河流的健康状况，不仅能够了解河流底栖大型无脊椎动物群落的组成和结构现状，还能指示河流的生境质量，具有较好的理论基础和实践意义。

(二)浮游生物

浮游生物是水生生态系统的重要组分，健康多样的浮游生物群落是健康河流生态系统的基础，浮游生物种类组成、数量分布和多样性的生物学特征是水生态系统的重要研究内容;同时，浮游生物处于河流生态系统食物链始端，其群落结构和功能的变化与水环境因子的变化存在较高的相关性，可为水质变化提供早期预警信息，是河流健康监测的主要指示类群之一。国外逐步发展了Palmer指数、Shannon-Veavers多样性指数等基于浮游生物建立的河流健康评价方法，并取得了较好的效果。国内利用浮游植物种类和数量的变化、具有指示作用的浮游植物种类及群落结构特征来监测及评价水质污染和变化的研究也已经广泛开展。利用浮游生物的特征及多样性表征河流健康状况不仅可描述其生物群落的组成和结构，还能有效表征河流的营养状况和污染水平，从而为河流健康状况评价提供依据。

三、河道形态

生物群落用于评价河流状态最主要的优势就是生物群落受到众多物理和化学因素的影响，对生物的影响是河流环境退化和污染的终点。然而生物健康与河流的物理生境存在必然的内在联系，河流地貌过程决定河道形态，进而决定河流生物的生境结构，而河流的生境结构是生物健康的基础。基于这一思想，近年来河道形态已开始被用于河流健康状况的评价，澳大利亚Brierley于1994年提出河流形态结构框架，旨在强调河流健康的物理结构和功能因子，并提供流域不同河段河流特征的基础调查以及河流形态结构控制的评价程序；此外，美国的快速生物监测协议，澳大利亚的河流状态调查以及南非河流健康计划也都将河流形态因子纳入到河流健康状况评估程序中。当前河道形态指标及其评价见表4–3。

表4–3　当前河道形态指标及其评价

指　标	指标内涵及评价
河道改变	主要指河道渠化等工程措施的改造，可简化评估使用
河床组成	指标应用时有一定难度，因为即使没有人类干扰，河床组成也具有很大的自然变化
粗木质残体的存在及数量	对于河道内生境组成非常重要，可发展快速评估方法。然而对于城市化河流的评估意义不大
沉积物及河道结构的影响	由于自然变动较大，难以应用到大范围
深潭、浅滩等的比例	即使在自然状况下，深潭、浅滩等的比例也存在较大的自然变动，较难确定评价标准
河床侵蚀程度及其稳定性	评价过程需要一些专业判断，为了确保可重复性在一个可以接受的范围内，需要一定的技术辅助
人为阻障物对鱼类迁徙等的影响	对于自然河流其评估意义较大，对于城市河流评估意义不大
河岸稳定性	评价需要一些专业判断，为了确保可重复性在一个可以接受的范围内，需要一定的技术辅助
河道结构:宽深比等	难以定义理想或者自然的宽深比，也即难以定义评价标准
河道护岸形式	影响河岸自然度，对于河岸受较大改造的城市河流意义较大
河床表层生境状况	是US EPA发展的河道内生境的评价方法(RBPs)中的一个指标，对于城市河流的评估较难进行

(一)河床条件

河床是河流的重要组成部分之一，河床稳定性主要指河床是否稳定,而这主要取决于河床是否退化或淤积,河床明显退化或河床淤积严重都是河床较不稳定的表现。在自然河道中也存在河床退化现象,而人类活动较为频繁的城市化区域,河床侵蚀更为严重,裁弯取直工程、河道内植被的清除等都会导致不同程度的河床侵蚀。近年来的水电工程以及水库、水坝等的建造,在增强河道防洪能力的同时,也调整了原有的河床形态，改变了河床演变规律，从而影响了下游河道的河床稳定性。国内外研究成果表明,河床侵蚀与淤积程度会影响河道的蓄水能力而影响其防洪能力；同时河床稳定与否还将通过影响底泥中污染物的再释放而影响河流水质,从而影响河流系统的健康状况。因此,采用河床稳定性这一指标来表征河流健康状况既可表征河床的稳定程度,又能反映人类活动对河床稳定性的影响,具有重要的现实意义。

(二)河岸稳定性

河岸稳定性是河岸稳定与否的重要表征因子，主要用于评估河道是否侵蚀或易于受到侵蚀。河岸易于侵蚀可表现为河岸缺乏植被覆盖、树根暴露、土壤暴露等。以往的研究结果表明,河岸稳定与否对于河流生物组成以及河流系统功能的发挥具有重大的影响作用，而河岸稳定性又受到河岸植被类型、河岸物质组成、河流曲率、河流水位等因素的影响。城市化进程中人类活动改变了河岸结构和形式、河岸植被组成以及河流水文动力条件,从而增加了河岸侵蚀,而河道渠化、河流护岸工程又有效地控制了河岸侵蚀,起到了保护岸坡、维持河道稳定的作用。由此,河岸稳定性指标既可表征河岸稳定程度,又能在一定程度上反映人类活动对河岸环境的影响,是河流健康状况表征的重要指标。

(三)河道改造

河道改造主要指河道渠化工程(河道拓宽、护岸渠化、河道裁弯取直等)、大坝和桥梁建造以及类似的人工改造河流的措施。在城市化过程中,为了城市防洪和排涝的需要,城市以及农村区域的很多河流都已被人为改造。一方面,河道改造一定程度上有利于提高防洪排涝以及航运能力,有力促进了城市化的发展;另一方面,河流渠道化和裁弯取直工程等措施不仅改变了河流的基本形态布局，影响了河流水文条件以及城市景观，同时使得河流生境的异质性降低，水域生态系统的结构与功能也随之发生变化，从而引起河流生态系统退化。河道改造是城市化过程中人类活动对河流的直接改造，是影响河道水文情势变化以及生境条件改变的重要因素，用这一指标来表征河流健康状况有助于了解城市化对河道形态的影响，从河流形态改变的角度诊断河流是否保持其自然的状态，从而评估所处河流的状况。

（四）弯曲程度

不同程度的弯曲是自然河流的主要特征，河流的弯曲和蜿蜒使得河流形成丰富多样的生境，从而具有丰富的生物多样性。河流的弯曲程度还在一定程度上制约河流对流水、沉积物以及污染物的输送能力。而城市化过程中为了提高城市防洪排涝能力，对河流进行裁弯取直等措施，使得多数城市河流成为顺直的河道，导致河道缺乏形态多样性以及生物多样性。国外发达国家在20世纪80年代开始意识到裁弯取直等措施对河流的影响，转而开始研究恢复河流弯曲形态，并将河流弯曲程度作为河流健康状况的重要表征因子。国内邓志强等研究表明，曲率在1.4~1.6的河流可在最低管理维护水平下，具有最大的水沙容量及最好的洪水输送能力，并指出建立与环境功能相协调的自然曲流型河流，可使河流充分发挥生态环境功能。

河流不同的弯曲程度对于河流生境、生物等都具有重要的影响意义，城市化过程影响了河流的弯曲形态，使得河流形态结构发生了变化。因此，弯曲程度既是河流健康状况的重要表征因子，也是受人为影响较大的因子，采用其对河流健康状况进行评估，有助于了解城市化对河流弯曲形态的影响，从而从河流形态角度表征河流的健康状况。

（五）河流护岸形式

河流护岸形式主要指河流所采用的护岸形式，包括自然土坡、斜坡式、复合式以及混凝土直立式等，不同的护岸其稳定性以及景观效果不尽相同，同时护岸形式也一定程度上影响了河岸生境，从而影响河流生物多样性。城市化过程中为了改善防洪排涝能力、增加河岸稳定性，多数河道采用了单调的直立式混凝土护岸，影响了河岸自然景观、河岸生境以及河岸生态功能的发挥。近年来出现的生态型护岸一定程度上对河岸环境进行了恢复，在保证河岸稳定性的基础上，考虑了河岸的生态功能。因此，采用河流护岸形式指标，可基于河流护岸形式的调查，了解河岸形式的自然度，识别人类活动对护岸形式的影响，从而从这一角度对河流健康状况进行评估。

四、河流水文特征

河流是陆地水循环的主要通道，水资源与水文作为河流健康研究的重要内容，直接影响河流功能的正常发挥。当前的筑坝、水电站建设以及城市化过程中流域土地利用方式调整等都显著改变了河流的流速、流量、洪水频率及洪水量等水文参数，而河流的水文特征对于河流洪泛区、河流形态、生物群落组成、河岸植被以及河流水质等具有重要意义。近年来，国外学者已经开始尝试将描述河流水文特征的参数和指标用于评价河流健康状况，以便更好地了解河流过程。澳大利亚的AUSRIVAS调查过程中就纳入了年平均流量等水文指标，南非的RHP也将水文指标作为表征河流健康状况的重要因子。目前国内外使用的河流水文特征的表征指标较多，如表征流动条件的平均流速、流量状况指标，表征洪水条件的洪量、洪水频率、洪水持续时间等，然而由于多数指标计算较复杂，目前常用的水文特征指标主要为水量状况、流速状况等。

（一）水量

水量状况是河流水文状况的主要水情要素之一。河流水量状况可定量评估，也可采用水量充分与否进行定性描述。以往的研究结果表明，一方面，河流水量是重要的生境因子，它不仅表征河道的水量，还能影响河段自净能力以及进入河漫滩的水及营养物质，并在一定程度上影响了河道内部鱼类、无脊椎动物等生物的组成；另一方面，河流水量特征也受到河道拓宽、底泥疏浚、大坝及其他人工措施建设等人类活动较大的影响。因此，引用河道水量状况来表征河流健康状况可以通过了解河道水量来识别河道的生境状况，从而在水量角度明确河流是否保持其自然的状态，是否适合大多数物种生存。

（二）流速

流速是河流水文状况的要素之一，也是重要的生态因子。流速可用河流不同断面的流速定量评估，也可采用流速状况定性描述。以往的研究结果表明，河流流速是河流生境以及生物组成的主要决定因素，流速与流量、洪水频率及洪水量等其他水文参数一起较大地影响了河流生境的质量，同时河流流速状况与河流污染物的扩散以及底泥再悬浮等存在较好的相关关系，并在一定程度上制约河流自净能力，因此用河流的流速状况来表征河流的健康状况，能有效明确河流的水文状况以及生境条件。另外，城市化过程中的河道渠道化以及裁弯取直等措施影响了河道流速等水文特征，改变了河道内以及底质中的生物组成，因而流速状况的评估还能有助于探悉城市化对河流水文的影响，并从河流水文角度表征河流的健康状况。

五、河岸带状况

河岸带具有削减面源污染、提供野生动植物生境、改善河流生态环境等诸多功能，并可提供多用途的娱乐场所和舒适环境以提高河流景观价值，而河流正常功能的发挥较大程度上取决于河岸带状况，河岸带宽度及其种类组成等对于河流系统健康状况具有较大影响。城市化过程中人类活动影响了河岸带特征，如河岸植被的消失、结构完整性的破坏以及纵向连续性的丧失等。随着近年来人们对河岸带保持和恢复工作的重视，河岸带表征因子逐渐成为河流健康状况评价的重要指标，RCE清单、溪流状态指数以及南非的RHP，都在一定程度上考虑了河岸带宽度、河岸植被组成等河岸带质量指标。

（一）河岸带宽度

河岸带是指河水—陆地交界处的两边，直至河水影响消失为止的地带，它是陆地生态系统河水生态系统的交错区，是最典型的生态过渡带，具有明显的边缘效应。自然河流都具有一定宽度的河岸植被缓冲带，不仅可以滞纳污染物，还具有众多的生态和环境效应，而城市化过程中，多数河流的河岸带受到了一定程度的破坏，不能保持其自然宽度和群落结构，各项功能也得不到充分发挥。近年来，国内外不同领域的学者就河岸带宽度对河岸生境、生物保护等的影响以及河岸带宽度的设定等展开了一系列的研究。研究结果表明,河岸带宽度对于河岸带过滤污染物、改善小气候、提供陆生生境以及景观娱乐价值等生态环境效应的发挥具有重要的影响。因此,用河岸带宽度来评估河岸带状况,可从河岸带状况角度评估河流健康水平,并有效评估城市化后河岸带状况与自然状况的差距,从而有利于今后从该角度改善河流健康状况。

(二)结构完整性

河岸植被结构完整性主要是指河岸带中乔木层、灌木层以及草本的覆盖度是否保持自然的状况,其植被垂向分布、结构是否合理。国内外的研究结果表明,河岸植被结构完整性也是影响河岸缓冲功能发挥的重要因子,河岸带植被结构对于河岸带过滤污染物、改善小气候以及景观娱乐价值等生态环境效应的发挥具有非常重要的影响。同时,河岸带植被结构完整性也是河流生态系统中受城市化影响较大的一个方面。自然河流两岸的河岸带具有较完整的乔灌草结合层次结构,因此具有较好的生态环境效应;然而城市化过程中,河岸带受到一定程度的破坏,其自然群落结构受到破坏,即使在恢复过程中也未能充分认识其层次结构的重要性,导致其生态功能得不到充分发挥。因此,引用河岸带植被结构完整性指标来表征河流状况,不仅可评估河岸带的植被结构状况,还可反映其与自然条件的差距,进一步从河岸植被结构角度评估河流健康水平。

(三)纵向连续性

纵向连续性指标指河流两岸植被的连续性程度,即植被是连续、密布的还是断裂、分散的。这在一定程度上影响河岸带区域的光照、沉积物、营养物质等物质能量输送以及野生生物的移动;植被缺乏纵向连续性也会增加区域的景观破碎度,影响区域景观休闲功能的发挥。此外,河岸植被纵向连续性也是受城市化影响较深刻的指标,城市化过程中对河岸区域的开发直接导致河岸植被的破坏以及纵向连续性的丧失。因此,在河流健康状况评估中引入纵向连续性指标,可有效评估河岸带状况,反映其受城市化影响的程度以及河流恢复中对河岸带纵向连续性的关注,并从该角度评估河流健康状况。目前国内外有关纵向连续性的研究开展得较少，仅在澳大利亚的ISC指数中引用了该指标，随着河岸带建设的开展以及对河岸带生态功能的日趋关注，纵向连续性指标也将逐步应用到河流健康状况评估中。

六、服务能力指标

河流服务功能是指河流系统与河流过程所形成及所维持的人类赖以生存的自然环境条件与效用。河流不仅给人类提供生存必需的水和其他生产原料，而且维持了人类赖以生存和发展的生命支持系统本身具有的服务功能，河流系统服务功能是人类文明和可持续发展的基础。评价河流服务功能的指标包括提供水的能力评价指标、支持其他所有系统服务功能的评价指标等（见表4–4）。

表4–4　河流服务功能指标

指　标	指标内涵及意义
防洪标准达标率	指已达到防洪规划拟定的防洪标准的地区占地区总数的比例，反映某流域或区域防洪下程(包括堤防、蓄滞洪区、水库及河道治理等)达到设计标准的情况
万元GDP取用水量	指万元GDP需要的综合取用水量，反映水资源的利用效率和节水水平
水资源开发利用率	指当地供水量与其水资源总量之比
饮水安全保障程度	城乡居民饮水安全人口占总人口的比例
灌溉保证率	指灌区多年期间灌溉用水量全部得到满足的频率
水电开发率	指流域已开发利用的水能资源量占水能资源技术可开发量的比例
通航保证率	指河流一年中航道实际水深与换算水深达到航道水深天数之和与当年通航天数之比，反映了河道维持正常通航的保证程度

综上所述，河流健康状况主要可以从水文特征、水质参数、河流生物、形态结构、河岸带状况、河流服务功能等角度进行表征。这些指标从不同侧面反映河流的健康状况，因此是缺一不可的。随着景观生态学的发展以及生态系统管理更趋于功能化，有必要将诸多表征指标结合在一起综合评判河流健康状况，以达到可持续发展的河流管理。

第三节　河流健康生命评价指标体系构建

河流健康生命指标体系的构建是个复杂的系统工程。要根据河流的实际情况,结合社会发展水平及认识水平,在广泛调查研究和科学论证的基础上,方可指定出切实可行的评价体系。本节介绍了构建指标体系的基本原则及方法思路,可供在构建指标体系时参考。

一、河流健康状况评价指标体系构建的理论基础

近年来,河流健康状况的理论与方法研究不断得到拓展,采用何种指标和评价标准来表征和评价河流健康状况已经成为各国研究和实践的热点。如何借鉴国外已有的研究成果,建立符合区域特征的河流健康状况理论及评价方法体系具有重要的理论和现实意义。河流健康状况的内涵及其特征、河流健康状况研究的发展是河流健康状况评价指标体系建立的两个主要理论基础。

第一,河流健康状况的概念及其特征。河流健康状况概念随着人们对于河流环境退化的关注而产生,近年来已经逐渐应用于河流管理中,并日益受到人们的重视。基于以往的研究结果,河流健康状况是对河流生态系统的结构和功能整体状况的全面评判,不仅是河流管理的基础和主要目标,更为重要的是可以作为河流管理的一种有效手段。因而河流健康状况评价指标体系不仅应能综合评价河流生态系统所处状态,更应作为河流环境信息收集工具,为河流管理提供必要的决策依据。对河流健康状况内涵及其特征的把握为指标体系的构建提供了研究依据和理论基础。

第二,河流健康状况的研究进展。随着河流健康状况的理论及方法的不断发展,目前已形成了RIVPACS、AUSRIVAS、IBI、RCE、ISC、RHP、USHA等众多评价方法。其表征指标也逐渐拓展到包括河流水文、河流形态、河岸带状况、水质理化参数以及河流生物等众多方面。而美国、英国、澳大利亚、南非等国也结合各地特色及其实际需求,设计了相应的评价方法,并开展了相关的评价实践研究。国外已有的研究成果,包括

河流健康状况表征指标、评价方法、评价标准以及各国评价实践,都为指标体系的建立奠定了良好的理论和实践基础。

二、河流健康状况评价指标体系构建的基本原则

建立该指标体系的根本目的在于通过选择适当的度量指标,用以定量反映和衡量河流所处的状态,识别和诊断制约河流健康的因素,从而为寻求河流的可持续管理提供方向。然而河流健康状况评价指标涉及多学科、多领域,种类、项目繁多,因此需要从众多的原始数据或评价值信息中筛选出便于度量的、内涵丰富的主导性指标作为评价指标。指标筛选必须达到三个目标:第一,指标体系能完整、准确地反映河流生态系统健康状况,必须能提供有意义的并且是准确的对河流状态的描述;第二,对河流生态系统的生物物理状况和人类胁迫进行监测,寻求自然、人为压力与河流健康状况变化之间的联系,并探求河流生态系统健康衰退的原因;第三,定期地为政府决策、科研及公众要求等提供河流健康现状、变化及趋势的统计总结和解释报告。

为此,指标的筛选应遵循以下的基本原则。

一是科学性原则。从事物的本质和客观规律出发,指标概念必须明确,具有一定的科学内涵,能够反映健康河流的基本特征,能较好地度量河流健康状况总体水平。

二是整体性原则。任何生态环境问题都不是孤立存在的,要说明这些问题,必须从生物物理、社会经济和人类健康等方面综合考虑。建立河流健康状况评价指标体系,应围绕评价目标,从众多影响河流健康状况的因子和指标中,提取能全面概括河流结构和功能的本底特征和现状并可衡量系统中各种生态关系的紧密程度及其整体效应的指标,并通过这些指标剖析系统整体功能的形成原因和变化机制。

三是代表性原则。河流生态系统是一类非常复杂的系统,决定系统特征的因子较多,需要在这些表征因子中提取最具代表性的指标。评价指标的选择,必须在充分研究系统结构功能与评价目标之间的相互关系的基础上,提取信息量大、综合性强的指标,所选用的指标应具代表性,能综合反映系统的主要性状。

四是简明性和可操作性原则。所选指标应概念明确,易于理解,同时易于采集和测定,可操作性强。为保证评价指标的准确性和完整性,评价指标要可量化、数据便于统计和计算,在较长时间和较大范围都能适用。同时应力求简明,指标所反映的信息应能被非专业的管理人员、公众掌握和理解。

五是可比性和规范化原则。河流健康状况评价所获取的数据和资料无论在时间上还是空间上,都应具有可比性。因而,所采用的指标的内容和方法都必须做到统一和规范。确保其具有一定的科学性。指标体系能在统一的基础上比较各个河流的健康状况，对不同大小和不同开发程度的河道、不同类型和处于不同时期及不同发展阶段的生态系统,同一指标应具有相对一致的计算方法，以便对河流生态系统的整体健康状况和发展规律进行分析和研究。

六是层次性原则。河流健康状况涵盖河流自然状况、人类干预活动,其健康评价指标体系是一个涉及社会、经济、环境、资源等的复杂系统,采用分层方法可以极大地降低系统的复杂程度,同时通过分层分类的方法可以从各角度客观地判断河流健康状况。通常情况下,分层不宜太多。

三、构建指标体系的基本思路

构建基于多指标综合评价方法的河流健康状况评价指标体系的思路和步骤如下。

一是资料收集和实地调查。在全面收集河流健康状况研究文献基础上,根据已有的河流现状资料和环境背景特征,对河流的现状等进行实地调查,提出拟待解决的关键问题。

二是河流健康状况表征因子提取。基于现有的河流健康状况评价方法,剖析影响河流健康状况的关键因子,从而尽可能多的收集河流健康状况表征因子。

三是评价指标识别和选择。根据建立指标体系的基本原则,对指标进行初步筛选,确立指标体系基本框架;并通过专家咨询以及评估过程中的不断补充和调整,确定最终的指标。

四是指标采集。基于指标选择的结果，调研国内外文献资料并参考相关标准，确定每个指标的采样点位、采集方法、采集时间以及采集程序等。

五是确定评价指标的权重。根据专家咨询以及AHP法等方法评估每个指标在指标体系中的重要性，从而确定指标的评价权重。

六是建立评价标准，选择评价方法。基于各项指标的相关标准以及国内外河流健康状况评价研究的已有成果，确定每个指标的定性或定量评价标准。

七是确定河流健康状况综合评估思路。基于评价指标、评价标准以及评价权重的确定，设定河流健康状况综合评估的思路以及综合评估标准。

河流健康生命评价指标因子的量化标准和主要性排序，直接关系到人们对河流采取的治理和开发方略，也对河流有关利益团体的得失产生重大影响。因此，河流健康生命评价指标体系的确立，需要在大量科学研究的基础上，由河流的主管部门广泛吸纳各利益团体和公众进行深入探讨协商。

第四节　国内外的研究与实践

最初对水体的最大破坏来自污染物，因此关于河流健康的评价最早开始于对水质的评价，19世纪末期从已经严重污染的欧洲少数河流开始。20世纪80年代初，河流管理的重点从由水质保护转到河流生态系统的恢复，水质评价已远远不能满足河流管理的需要，因为水质评价只是对河流健康内容的部分评价，不能揭示河流健康多方面的因素，包括在淡水系统退化方面起关键作用的一些因素，例如岸边植被带的损失、污染物扩散、水流状态改变、淤积、外来物种的引入等，因此河流健康评价的内容也发生了改变，开始转向对河流生态质量的评价。

一、美国

20世纪80年代，美国中西部出现了河流健康评价和监测的生物学方法，即生态完整性指数，该方法着眼于水域生物群落结构和功能，用12项指标评价河流健康状况，包括河流鱼类物种丰富度、指示种类别、营养类型等，由于该方法包含了一系列对环境状况改变敏感的指标，能对河流的健康状况做出全面的评价。美国的许多地区采用该方法作为评价溪流状况的工具以支持水资源计划和决策。

1989年，美国环保署(EPA)流域评价与保护分部提出了旨在为全国水质管理提供基础水生生物数据的快速生物监测协议，经过近10年的发展和完善，EPA于1999年推出新版的RBPs，给出新的快速生物监测协议，该协议提供了河流着生藻类、大型无脊椎动物以及鱼类的监测及评价方法标准(见表4-5)。此外，美国的环境监测和评价项目通过监测反应指标、暴露指标以及压力指标诊断全国河流每年水质状况以及变化趋势，并试图找出对水质状况有重要影响的环境因素。

表4-5　美国RBPs的工作程序及评价指标

<table>
<tr><th>工作程序</th><th>一级指标</th><th>二级指标</th></tr>
<tr><td rowspan="13">1.选择无人为干扰或人为干扰极小的河流作为参照点；
2.调查被评估河流的10个生境指标，根据评估系统得出的综合得分，确定被评估河流的生境质量；
3.调查被评估河流的生物状况，根据反映生物群落的结构、功能及过程指标，得出综合指标以反映该点的生物状况；
4. 将被评估河流的生境质量与参照点对比，如果相匹配，则可用生物的多指标综合得分评价生物状况，生物状况评价结果可以直接反映河流损害程度，确定河流健康状况；
5.如果参考河流生境质量劣于参照点，则需要先研究不同生境对生物的支撑能力，而后再判断河流的健康状况。</td><td rowspan="10">生境指标</td><td>河床表层生境</td></tr>
<tr><td>河床泥沙组成</td></tr>
<tr><td>流速及水深参数</td></tr>
<tr><td>河床稳定性</td></tr>
<tr><td>河道干枯情况</td></tr>
<tr><td>河流形态变化</td></tr>
<tr><td>河岸浅滩特征</td></tr>
<tr><td>河岸冲淤</td></tr>
<tr><td>河岸植被</td></tr>
<tr><td>河岸带宽度</td></tr>
<tr><td rowspan="3">生物指标</td><td>着生生物</td></tr>
<tr><td>鱼类</td></tr>
<tr><td>大型无脊椎动物</td></tr>
</table>

二、英国

20世纪80年代，英国也出现一种河流健康评价和监测的生物学方法,即河流无脊椎动物预测和分类计划,该方法利用区域特征预测河流自然状况下应存在的大型无脊椎动物，并将预测值与河流大型无脊椎动物的实际监测值相比较,从而评价河流健康状况。

英国关注河流健康状况的一个重要举措就是河流生境调查，即通过调查背景信息、河道数据、沉积物特征、植被类型、河岸侵蚀、河岸带特征以及土地利用等指标来评价河流生境的自然特征和质量，并判断河流生境现状与纯自然状态之间的差距。另一个值得关注的评价实践是Boon于1998年提出的英国河流保护评价系统，该评价系统通过调查评价由35个属性数据构成的六大恢复标准(即自然多样性、天然性、代表性、稀有性、物种丰富度以及特殊特征)来确定英国河流的保护价值，该评价系统已经成为一种被广泛运用于英国河流健康状况评价的技术方法。此外,英国也建立了以RIVPACS为基础的河流生物监测系统。

三、澳大利亚

澳大利亚政府于1992年开展了国家河流健康计划(National River Health Program.NRHP),用于监测和评价澳大利亚河流的生态状况,评价现行水管理政策及实践的有效性，并为管理决策提供更全面的生态学及水文学数据，其中用于评价澳大利亚河流健康状况的主要工具就是AUSRIVAS。除此之外,澳大利亚自然资源和环境部还开展了溪流状态指数(ISC)研究,ISC采用河流水文学、形态特征、河岸带状况、水质及水生生物5方面指标(见表4-6),试图了解河流健康状况,并评价长期河流管理和恢复中管理干预的有效性，其结果有助于确定河流恢复的目标,评估河流恢复的有效性,从而引导可持续发展的河流管理。

四、南非

南非的水事务及森林部(DWAF)于1994年发起了“河流健康计划”(RHP),该计划选用河流无脊椎动物、鱼类、河岸植被、生境完整性、水

表4-6 澳大利亚ISC的工作程序及评价指标

工作程序	一级指标	二级指标
1.根据地域特点，选择合适的被认为健康状况良好的河流作为参照点; 2. 进行被评估河流的资料收集以及现场监测工作; 3. 将被评估河流的各项指标与参照点对应比较并计分; 4.将各项指标计算得分，获得被评价河流的健康状况综合指数; 5.根据综合指数计算结果，判断被评价河流的健康状况处于何种等级(非常好、好、一般、差、非常差)，从而获得该河流健康状况的综合评价。	河流水文特征	修正后的年平均流量偏差
		因流域渗透能力变化引起的日流量变化
		因水电站建设引起的日流量变化
	物理构造特征	河岸稳定性
		河床退化和侵蚀
		人为阻障物对鱼类迁徙的影响
		河道内自然生境
	河岸带特征	河岸植被带的宽度
		河岸植被的纵向连续性
		结构的完整性
		外来植被的覆盖
		本土植被重建的存在
		河岸湿地和洼地的状况
	水质参数	总磷
		混浊度
		导电率
		pH值
	水生生物	大型无脊椎动物
		AUSRIVAS

质、水文、形态等河流生境状况作为河流健康的评价指标，提供了可广泛用于河流生物监测的框架。Copper还针对河口地区提出了南非的EHI指数，即用生物健康指数、水质指数以及美学健康指数来综合评估河口健康状况。此外，南非的快速生物监测计划也发展了生境综合评价系统，系统中涵盖了与生境相关的大型无脊椎动物、底泥、植被以及河流物理条件。

五、长江

2005年，长江水利委员会根据长江的实际情况，提出了维护健康长江的治河指导思想，并根据维护健康长江的需要和指标体系设置的原则，确定健康长江评价指标体系由总体层、系统层、状态层和要素层（或指标层）4级构成。总体层是指表达健康长江的总体水平，代表着维护健康长江、促进人水和谐的总体态势和总体效果。系统层是指依据健康长江的内涵，按内部逻辑关系分系统地表述长江健康状态。初步研究分为生态保护系统、防洪安全保障系统和水资源开发利用系统。状态层是指在每一个系统层下设置能够代表系统状态的指标，初步研究设置水土资源与水环境状况、河流完整性与稳定性、水生物多样性、蓄泄能力、水资源开发利用状况5个状态层。要素层（或指标层）是指表述各个状态层的要素指标，采用可以获得的定量指标或定性指标反映长江的健康状况。

初步提出了河道生态需水量满足程度、水功能区水质达标率、水土流失比例、血吸虫病传播阻断率、天然湿地保留率、优良河势保持率、通航水深保证率、鱼类生物完整性指数、防洪工程措施完善率、防洪非工程措施完善率、水资源开发利用率、水能资源利用率等12个定量指标，以及珍稀水生动物存活状况、水系连通性2个定性指标。14个指标是评价长江健康状况的基本指标，在具体评价时，可根据长江源头区、上游干流区、上游支流区、中下游干流区、中下游支流区、河口区等不同区域的实际情况，对上述指标进行取舍，研究提出能反映本区域健康状况的评价指标。

根据健康长江评价指标体系的构成，能采用数值表达的定量指标，可以直接给出标准值或标准值范围，如水功能区水质达标率大于80%（饮用水源区大于95%），天然湿地保留率20%左右，水资源利用率30%左右，水能资源利用率60%左右等；对难以准确定量表达的指标，可以进行定性描述，如水系连通性可描述为好、较好、较差。长江水系发达，河流纵横交错。由于自然地理位置及受人类社会活动干预的影响不同，处于不同区域的河流，其健康状况各不相同。因此，应根据对不同典型区域的调查分析资料，研究提出长江不同区域健康指标评价标准值及其相应的权重系数。

长江健康状况的评价分单项（四级指标）评价、状态层（三级指标）评价、系统层体系（二级指标）评价、总体水平评价。单项评价是根据各项评价指标的内涵，通过实际调查、监测等获取的基本资料，分析计算其相应的指标值；对照各项指标的分级标准值，判断其所属的健康状况级别。对不易定量计算的评价指标，可通过定性分析，判断其所属的健康状况级别。状态层评价是根据四级指标值、指标权重及其区域类别计算三级指标值，进而对各状态层的健康状况进行评价。系统层评价是根据三级指标值、指标权重及其区域类别计算二级指标值，进而对系统层的健康状况进行评价。总体评价是根据系统层评价结果，依据三个系统层的重要性，分别赋予其不同的权重；采取加权平均法得出总指标值；依据长江健康状况的等级划分标准，对长江健康状况进行总体评价。

根据对国内外河流健康状况研究的综合评估可以看出，目前一些国家已设计了符合其区域特色的河流健康状况评价方法及评估体系，并开展了相应的评价实践，取得了一定进展。由于河流健康状况的复杂性，在今后一段时期内，河流健康状况综合评价指标体系及其测度研究、河流健康状况评价标准及参照系的确定、应用河流健康状况对河流保护及恢复项目进行综合评价、基于河流健康保护和恢复的河流可持续管理模式等方面仍将会是研究的热点问题。

第五节　黄河健康生命指标体系构建

本着“科学、独立、直观、可操作”的原则，本书尝试选择一系列指示因子作为科学表达健康黄河标志的指标，并试图给出其量化表达，以作为制定流域管理目标、检验黄河治理成果的基础。

一、径流连续性

径流和河床是构成河流生命的两个主要构件，其中河川径流连续性是维持河流生命的关键。由于黄河多沙特性，企图长期稳定其流路或固定其河床都是不现实的，因此，河川径流条件是维持黄河生命的最关键条件。

所谓连续而适量的河川径流，不仅要求黄河从河源到大海具有一定量级的不间断水流，而且要求黄河的主要支流保持与干流的水文联系，即重要支流也应维持一定量级的不间断入黄水流。

理论上，只要黄河干支流的河川流量在任何时候都大于零，黄河就具备了生命的低限径流条件，但过小的流量对其所支撑的生态系统显然作用甚微，专家认为这样的河流实际处于功能性断流状态。因此，维持黄河生命的低限径流条件不仅要考虑水循环和水系的需求，也要考虑人类的生活需水，以及河流的生态、自净和输沙等基本功能对河川径流的最低要求。但自净需水受经济发展和污水处理能力的影响甚大，而输沙需水则主要取决于需要输送的泥沙数量和人们可能接受的河床淤积度，其最小值难以确定，故本书仅考虑人类生活和河流生态对河川径流的最低需求。

据测算，2030~2050年，黄河供水区人类生活需水量将达50亿立方米，耗水量将达25亿立方米。本书取耗水量25亿立方米作为估算人类生活对黄河干支流各断面最低径流条件的基础。

黄河的最小生态需水是维持河流生态保护目标所需的最小水量。为此首先要分析生态保护目标消长或繁衍与黄河淡水补给的响应关系。但以往没有对以上数据进行系统观测，本书采用Tennant法作为河流最小生态需水的估算方法，某河段最小生态流量取其基准系列实测流量的10%。

以干支流典型断面人类生活需水、最小生态需水、全河水流连续和水系完整为边界条件。充分考虑水流演进中的自然渗透、蒸发和不同河段的径流补给点，逐段向上推算，即为黄河干流不同河段在不同时段的低限河川流量，如黄河逐月低限入海流量为50~260立方米每秒。各主要支流入黄断面的低限流量计算以干流低限流量作为推算的基础，以1956~1985年实测月平均流量作为校核，如渭河华县站逐月低限入黄流量为12~95立方米每秒。

以上推算出的黄河干支流低限流量就是维持黄河生命的低限指标。它是黄河全干流和干支流之间具有“连续的河川径流”的科学表达，而“连续的河川径流”是维持黄河生命的关键。

二、河床形态

良好的河床形态，至少应包括4层含义：良好的主槽断面形态，足够大的河床横断面面积,可接受的滩地横比降和动态稳定的河口海岸线。

1.河床横断

采用最大排蓄洪水能力作为反映河道横断面形态的综合参数。

黄河下游洪水具有洪峰高、历时短、含沙量大、陡涨陡落的特点,因此,要保障防洪安全,必须有足够大的洪水调蓄空间与之相适应。有实测资料以来,花园口出现的最大洪水洪峰流量为22300立方米每秒,12日洪量为88.85亿立方米(1958年);另据史料推算,花园口历史最大洪水的洪峰流量为33000立方米每秒,12日洪量136亿立方米(1843年)。几十年来,黄河下游堤防一直按“防御花园口洪峰流量22000立方米每秒堤防不决口”设防,经新中国成立以来4次大规模加固加高,目前下游堤防已基本满足要求。近30多年来,黄河中游的水土保持工程和水库等使中游的中常洪水发生频率降低,但大洪水和特大洪水的发生频率并没有变化。综合考虑未来洪水形势、防洪安澜对社会稳定和国民经济发展的极端重要性、21世纪经济社会奔小康对防洪提出的更高要求等,应继续将“防御花园口22000立方米每秒洪水”作为下游堤防的防洪标准。

黄河宁蒙河段目前按20~50年一遇设防,相应的洪峰流量为5600~5900立方米每秒,此即可作为该河段洪水排蓄能力的要求。

2.主槽横断

采用平滩流量作为反映主槽横断面形态的综合参数。

流量是决定水流输沙或冲刷效率的主要因素,故需论证在非漫滩情况下具有最优输沙或冲刷效率的洪水量级,并以此作为选择目标平滩流量的依据。关于最优输沙效率的洪水量级,通过分析1974~1990年168场洪水的输沙效率,认为流量3500立方米每秒左右、含沙量75公斤每立方米左右的非漫滩洪水是最适宜的高输沙效率洪水。考虑1986年以来的水沙情况变化,本书进一步分析流量与输沙效率(排沙比)的关系可见:随流量的增加,输沙效率呈增加之势,但平滩流量3500立方米每秒时,水流在基本平槽状态运行时输沙效率和冲刷效率都基本达到较优值,之后效率随流量增加而增加的趋势不明显。在水资源紧缺、而未来平滩流量的可能恢复目标与该流量级相差不大的情况下,取该流量级作为平滩流量的低限目标是较优选择。

主槽过流能力与滩区群众生活生产密切相关。黄河下游滩区情况特殊,其居民相当部分系1855年黄河改道而“被迫”成为滩区居民,频繁漫滩无疑严重阻碍了滩区人民奔小康的步伐；滩区更是黄河水沙通道的重要组成部分,在大洪水期间承担着滞洪和沉沙任务,其削峰率可达50%、淤积比可达70%,如滩区不能正常发挥其滞洪沉沙功能,下游显然将面临巨大的洪水泥沙处理压力。因双方对平滩流量的要求悬殊甚大,科学确定可接受的漫滩频率非常困难。考虑到花园口流量大于4000立方米每秒是下游的编号洪水，未来主槽过流能力应维持在4000立方米每秒以上。平滩流量大小对河道排泄大洪水有一定影响,但因河床横断面一般比主槽横断面大得多,因此当平滩流量变化在4000~6000立方米每秒之间时大洪水(花园口22300立方米每秒)水位仅相差21厘米,这对普遍超高2.5米以上的黄河下游堤防影响不大。

洪水是塑造河槽形态的主要动力,下游主槽过流能力能否维持在4000立方米每秒以上,关键在于未来的洪水条件。根据1952年以来的实测资料(不含高含沙洪水),分析高村断面主槽面积与洪水动力特征$W^{0.32}Q^{0.37}$的响应关系可见,在未来没有外部水源补充、下游汛期天然来水仅约130亿立方米情况下,利用小浪底水库科学调控,可用于塑槽的洪水水量为80亿~100亿立方米，则能够塑造的主槽断面面积1800~2000平方米,相当于平滩流量4000~5000立方米每秒;如不考虑水库调控(即维持汛期天然水沙过程)，根据1975年以来汛期水量与平滩流量、大于2000立方米每秒流量级洪水的水量与平滩流量之关系，则未来下游平滩流量一般能维持在3500~3700立方米每秒。需要指出,在以上采用资料的大部分时段内,下游河床年淤积量一般达1.5亿吨以上,在未来漫滩几率大幅度降低的形势下，这些淤积泥沙显然将主要分布河槽内,而要维持河槽不淤积,必须使进入下游的泥沙得到妥善安置。小浪底水库运用后,利用洪水输沙入海是下游泥沙处理的主要途径,由于日均洪峰流量4000立方米每秒左右将成为出现频率最高的洪水，该量级洪水的冲淤平衡含沙量约50公斤每立方米,因此,可将“流量4000立方米每秒左右、含沙量约50公斤每立方米”作为估算输沙需水的基本水沙过程。

在小浪底水库拦沙库容淤满前，下游可用于输沙的洪量在80亿~100亿立方米,其输沙能力4亿~5亿吨;加上引水引沙、淤背固堤和滩区放淤等措施的泥沙处理能力,下游的泥沙处理能力约6亿吨,该数字与小浪底水库拦沙库容淤满前的下游可能来沙量相当,因此维持主槽不萎缩是可能的。之后,随着南水北调西线工程和古贤工程生效,下游水量将得到补充、沙量将得到控制,因此可以实现主槽不萎缩的目标。

综上分析,可将“平滩流量4000立方米每秒以上”作为黄河下游主槽横断面恢复目标。采用类似方法,初步提出宁蒙河段平滩流量恢复目标应不低于2000立方米每秒。

3.河床纵横比降

多沙河流一般都存在一定程度的河床横比降。但因历史上黄河下游主流频繁摆动,故横比降不明显。近30多年来,由于主流摆动范围被限制、滩区糙率加大、洪水漫滩几率和程度减少、洪水含沙量增大等因素,使主槽和滩唇落淤比例加大,导致滩地横比降增加。未来,由于控导主流仍十分必要、滩区群众生存和发展条件必须兼顾,人们只能接受一定程度的滩地横比降。

可接受的滩地横比降不仅与堤防的抗冲能力有关，也与滩地糙率有关。下游主槽糙率一般为0.012~0.016,滩区(不包括嫩滩)糙率一般为0.03~0.035,据谢才公式推算,滩地的临界横比降一般可达其纵比降6~9倍。然而,下游发生横河和斜河往往因滩地串沟所致,串沟糙率远小于滩地平均糙率,一般为主槽糙率的2倍以内,故其临界横比降小于其纵比降的4倍。因此,要保障防洪安全,滩地横比降应控制在相应河段纵比降的4倍以内。

河床纵比降变缓将降低水流速度、减少其塑槽和挟沙能力,因此要维持下游主槽不萎缩，必须通过控制河口流路延伸减缓纵比降变缓速度。在小浪底水库拦沙初期,进入下游的年来沙量仅5亿~6亿吨,进入河口的泥沙量仅4亿~5亿吨,因此控制河口流路延伸的速度是可能的。但如果下游年来沙量重新恢复到7亿~10亿吨水平，遏制流路延伸将十分困难,只能通过改变入海流路减缓延伸速度。

三、水质

反映河流水体污染程度的指标主要包括COD_{cr}、氨氮、重金属等。考虑黄河干流水污染类型，选用COD_{cr}、氨氮作为反映和监控水体质量的因子。

黄河干流的污染物主要来源于两方面：一是通过支流排入干流的污染物；二是工业企业和城镇污染源直接排入黄河干流的污染物，这种情况突出表现在兰州河段。

黄河水体质量保护目标首先取决于人们对不同河段黄河水体的功能定位。按《中国水功能区划》，黄河干流划分成18个一级水功能区，其中保护区2个、保留区2个、开发利用区10个、缓冲区4个。在开发利用区中又划分了50个二级功能区，包括14个饮用水源区、3个工业用水区、12个农业用水区和21个其他用水区。根据各河段水功能需求，干流兰州以下水体质量总体上应达到Ⅲ类水标准、兰州以上应努力维持Ⅱ类水现状不再恶化。

同时，水质保护目标受制于未来可能提供的河川径流条件，即满足水功能区水质目标所需的自净水量能否得到满足。

本书以兰州以下全部实现Ⅲ类水质为目标，选择COD_{cr}和氨氮作为计算自净稀释水量的污染控制因子，利用一维水质模型，以“入黄排污口全部达标排放、支流入黄口满足水质要求”为前提，计算了黄河重点河段的自净流量（见表4-7，表中数据已做归整处理）。

表4-7　黄河重点河段实现Ⅲ类水质目标所需的自净流量　（单位：立方米每秒）

断面	小川	兰州	下河沿	石嘴山	河口镇	龙门	潼关	小浪底	花园口	利津
自净流量	120	230	420	360	80	260	380	260	290	60

对比实施全河水量统一调度的2000~2004年黄河干流各典型断面逐月流量发现，除小川和兰州断面外，其他各河段均出现了月均流量小于自净流量的情况（见表4-8），其中龙门以上河段自净流量不足时段一般占全年的15%以内，潼关以下河段占25%左右，可见黄河兰州以下河

段长期存在的水质严重超标问题，主要系达标排放率过低所致。

表4-8　流量小于生态及自净流量的出现时段

年份	下河沿	石嘴山	河口镇	龙门	潼关	小浪底	花园口	利津
2000				5~6月	1、5、6月	8月	1月	5~6月
2001	2~3月		7月	5~7月	5~7月	8月	8、11月	6月
2002	2~3月				1月	1、12月	1、12月	2~4、9~12月
2003	1~4月	3~6月	7月	1、5月	1、5~7月	1、2、8月	1~2月	1~6月
2004	3月				5月	9~11月		

自净流量不足确也是影响黄河水质的重要因素。不过，如果南水北调东线和中线工程能够补充黄河下游6亿~10亿立方米的径流量，下游自净水量不足问题可望在2015年前基本解决。

流域工业企业达标排放率过低、绝大部分支流入黄口水质严重超标是造成目前黄河干流水质严重超标的主要因素。针对各类污染物达标排放，国家已陆续出台了十多部标准，明确了COD_{cr}和氨氮等污染物的限排浓度，是各相关企业必须遵守的规范。但黄河流域大部分地区处于经济欠发达地区，就目前情况分析，实现这样的目标尚相当困难。2020年后，我国经济将逐步达到西方中等发达国家水平，在物质生活水平得到提高后，人们的环境保护意识愈加凸现，水污染治理力度必将进一步加强，基本能够实现达标排放的目标。

综合考虑水功能要求、当前河川径流条件和水质状况、社会经济背景等多方面因素，认为2050水平年黄河干流水质恢复的目标应为：黄河干流兰州以下水体质量总体上应该达到Ⅲ类水标准，其中，在2020年前，污染特别严重的下河沿—河口镇和龙门—三门峡河段水质目标可适当放宽至Ⅲ~Ⅳ类；兰州八盘峡大坝以上应努力维持Ⅱ类水现状不再恶化。

四、河流生态

河流生态保护目标包含两层意思：一是识别被保护的具体对象，二是被保护对象的合理保护规模。由于黄河已经是一条被高度干预和开发的河流，尽管人们已经广泛认识到恢复和维持黄河的河流生态系统健康的重要性，但使其回到其自然状态甚或50年前都已不可能。因此，黄河生态保护目标只能是河流生态系统健康需要和人类经济发展之间的妥协。

黄河5464公里的河道是连结流域主要生态单元的"廊道"，它跨多个不同类型的气候区，因此不同河段的优势生物种不同。要确定其生态保护目标，首先需要对黄河河道水域和沿河湿地的生物物种进行全面调查，摸清不同河段黄河生态系统的生物种类和规模、关键物种情况，摸清生物种群在近几十年来的变化过程。

黄河生态系统主要包括湿地和水生生态两大单元。

(一)湿地

湿地是介于陆地和水生环境之间的过渡区域，并兼有两种系统的某些特征，由于水陆相互作用形成了独特的生态系统类型。湿地与人类的生存、繁衍、发展息息相关，它不仅为人类的生产、生活提供多种资源，而且在抵御洪水、调节径流、蓄洪防旱、控制污染、调节气候、控制土壤侵蚀、促淤造陆、美化环境等方面有其他系统不可替代的作用，被誉为"地球之肾"。在世界自然资源保护联盟(IUCN)、联合国环境规划署(UNEP)和世界自然基金会(WWF)世界自然保护大纲中，湿地与森林、海洋一起并称为全球三大生态系统。

保护湿地的关键是通过提供足够的水量和适宜的水质，维持湿地的规模，为其生态健康恢复创造有利条件。分析沿黄湿地与黄河径流的关系发现，除河源区湿地外，其他湿地主要依靠黄河向其提供水源（部分依赖本地降水），属黄河的竞争性用水者之一，其竞争性不仅反映在湿地与人类之间，而且上下游湿地之间也存在突出的用水矛盾。近年来，随着人们生态意识的提高，各省（区）均对湿地保护给予高度重视，积极划定湿地保护区并采取相应保护措施，其保护对象不仅包括天然湿地，也包括人工湿地。就某省（区）来说，湿地的维护显然对本地区带来生态或经济社会效益，但过度保护显然将对下游其他生态单元造成伤害，同时也改变了本地区的天然生态平衡。可见，湿地保护必须纳入全流域水资源管理的整体规划，要在充分认识沿河各湿地价值的基础上，从河流生态的整体效益角度，合理确定黄河湿地的优先保护顺序、保护规模和合理布局。

据初步研究，黄河的河源区湿地和河口湿地是最应优先保护的湿地生态系统,其中河源区湿地不仅体现为很高的生态价值,更对涵养黄河水源具有重要意义,是沿河其他湿地的水源区,因此应使其得到最大可能的恢复。河口三角洲湿地是陆域与海洋生态连通和交互的重要区域,珍贵植物的家园和基因库,珍稀鸟类的迁徙地、越冬栖息地和繁殖地，其淡水湿地是维持河口生态系统平衡和生物多样性保护的关键单元。近期,应努力使已具备引黄条件的淡水湿地面积得到恢复,远期应力争达到20世纪80年代后期水平。

(二)水生生态系统

1.黄河干流水生生态基本情况

黄河是我国第二大河，但迄今人们对于黄河干流河道的水生生物资源了解不多。1959年,中国科学院动物研究所对黄河干流及其某些附属水体做过渔业生物学基础的初步调查;1979年,黄河流域水资源研究所调研了黄河干流玛曲至利津河段的水生生物区系组成和种群结构;1981年,原国家水产总局组织黄河流域八省(区)水利厅渔业部门开展了黄河水系渔业资源调查。本书引用资料主要来自以上调查结果。

调查表明,黄河干流生物群落结构表现出“生物结构简单、生物的种和量都较少”的显著特点,其浮游植物平均0.411毫克每升,浮游动物0.128毫克每升,底栖动物2.44毫克每平方米,鱼类种群数量也很有限。

上游的浮游植物以硅藻为主(占70%~93%),浮游动物以挠足虫和轮虫为主。中游浮游植物以硅藻(67%)和绿藻(25.5%)为主,平均浮游植物量仅0.373毫克每升、浮游动物量仅0.039毫克每升;下游浮游植物以硅藻(48%)、甲藻(20%)和绿藻(19%)为主,平均浮游植物量0.475毫克每升;下游的平均浮游动物量0.295毫克每升,其值大于上中游。黄河干流的底栖动物也以中游生物量较低,下游生物量较高,但总体上低于普通河流。水生植物主要是水草。

据80年代初的调查,黄河共有鱼类191种和亚种。其种类组成以鲤科鱼类为主,计87种,占总数的45.5%,其次为鳅科(27种)、鰕虎鱼科(15种)和银鱼科(8种)等。其中,过河口性洄游鱼类27种,占总数的

14.1%；半咸水鱼类23种，占鱼类总数的12.1%；淡水鱼类141种；占总数的73.8%。鱼类分布在上游地区最少（16种）、中游次之（93种）、下游最多（136种）。

黄河的经济鱼类主要有鲤鱼、铜鱼、鲂鱼、鲶鱼等。在过去的50多年中，除青海省外，黄河干流鱼类产量均大幅度下降：与20世纪50年代相比，80年代鱼产量减少80%~85%。下降幅度最大的是黄河鲤鱼，在60年代以前，鲤鱼是黄河鱼类产量最高的鱼种，占60%以上，但现在只占20%左右，已屈居第二、三位。

总体上，黄河水生生物种类比较简单，鱼类以鲤科占优势，洄游鱼类有鲂鱼、鳗鲡、铜鱼等。由于河川径流锐减使鱼类产卵场破坏、水质污染和大坝阻隔等因素，黄河鱼类现已基本形不成生产力。

2.黄河滨海水域基本情况

黄河河口及其附近海域的生物资源极为丰富，浮游植物密度每平方米107个，浮游动物生物量249毫克每平方米，是渤海中浮游动植物最丰富的水域，并素有"百鱼之乡"和"东方对虾之乡"之美誉。该海域主要鱼种包括刀鲚、小黄鱼、带鱼、黄鲫、对虾、虾蛄、中华绒毛蟹、梭子蟹等。黄河口海域的生物资源丰富的原因主要源于黄河陆源性生物营养物质的大量携入。

但近20多年来，由于黄河入海水沙量大幅度减少，许多年份甚至完全没有水沙入海，滨海水域水生生物的数量和质量均受到很大损害。从1959年到1998年，渤海地区渔业生产力从138.8公斤每网小时下降到11.2公斤每网小时，其下降幅度尤以80年代以后最大；渔获质量从经济种向小型种更替，资源明显减少的有黄姑鱼、对虾、蓝点马鲛等；淡水鱼类和半咸水鱼类有消失的迹象，如日本鳗鲡和达式鲟在本海域基本绝迹。造成以上现象的原因有过度捕捞、海水污染的因素，也与黄河入海水、沙、盐等物质通量大幅度减少有密切关系。

3.水生生态系统保护目标

原则上，保护河流的水生生态，就是恢复其固有的生物多样性和丰富性。对开发程度很高的河流，国际上一般是通过对关键物种的保护，实现河流水域的生物多样性。所谓关键物种，就是指群落组成、生态系统功能过程和群落的演替方向等具有比其他物种更重要作用的物种或生物。

到目前为止，在关键物种的确定上还没有一个统一的标准或全球性的协议。本书确定关键物种的思路是，首先根据不同河段的气候和生态特点，将黄河分兰州以上、兰州—花园口、花园口—利津、利津以下等4个河段。然后根据各个河段水生生态系统的食物结构，计算水生生态系统中各类种群的关键性指数，比较各类种群的关键性指数的大小，识别出关键种群；最后计算种群中物种保护的次序，需要优先保护的物种就是某个河段需要保护的关键物种。

根据关键性指数的计算公式及河流生态系统食物链结构，可以计算得到河流生态系统各种种群的关键性指数如表4-9所示。由表可见，鱼类的关键性指数最大，因此在河流生态系统中，鱼类是关键物种。

表4-9 黄河水生生物各种群的关键性指数

种群	上行关键性指数	下行关键性指数	关键性指数
浮游植物、水草	0	0	0
浮游动物、底栖动物	0	0.5	0.5
鱼类	1	0.5	1.5

鱼的种类很多，需从其濒危程度、物种价值、土著意义和优势种等角度综合考虑，确定其中的重点保护对象。

根据不同河段鱼类保护系数计算结果，在兰州以上河段，花斑裸鲤的保护系数最高，是本河段需要保护的关键物种。花斑裸鲤是黄河上游重要的代表性鱼类，栖息于宽谷河道或湖泊中，以无脊椎动物为主要食物。

在黄河干流兰州—花园口河段，北方铜鱼的保护系数最高，是本河段需要保护的关键物种。20世纪90年代初以前北方铜鱼在黄河的中下游均能捕捞到，但由于产卵场的破坏、水质恶化等原因，这种珍贵的鱼种几近灭绝。

保护系数排在第二位的黄河鲤鱼也应该作为本河段的保护鱼类，黄河鲤鱼是黄河最著名的土著鱼种，中下游鱼类素以“黄河鲤鱼”闻名，也是黄河最具代表性的渔业资源。

在花园口—利津河段，鲂鱼的保护系数最高，因此鲂鱼是本河段的关键物种。鲂鱼是河口洄游性鱼类，由于近年来黄河下游水量减少、水质恶化，鲂鱼无法再从河口往上走。鲂鱼属肉食性凶猛鱼类，东平湖是鲂鱼的主要产卵场，河道中也有其产卵活动，

综合以上分析，认为黄河流水生态系统中需要重点保护的鱼类是：鲂鱼、北方铜鱼、黄河鲤鱼、花斑裸鲤。滨海水域仍需进一步研究。对河流水资源管理者来说，保护鱼类，关键是通过提供适宜的河川径流保护其主要产卵场、主要栖息地和重要洄游通道。

（三）综合分析

回顾以上关于湿地和水生生态保护对象的分析，如果从维持黄河生态系统整体健康角度统筹考虑，不仅沿河各湿地的保护存在竞争性关系（即上游湿地的保护可能对下游某湿地造成伤害），湿地与水生生态的保护目标也存在相互抵触问题。

专家通常认为，大坝将阻隔鱼类洄游通道、改变鱼类区系组成、影响鱼类种质交流、使喜急流性鱼类从库中消失和产漂流性卵鱼类资源下降，而目前黄河干流已建成的12个大型水利枢纽均没考虑预留鱼道。但人们也注意到，水库的修建却对候鸟栖息带来极为有利的条件和优越的环境，如三门峡水库所在河段本是黄河鲤鱼等鱼类的重要产卵场地，建库前港口渔业队年捕鱼量达3万~4万公斤，其中鲤鱼占72%左右，建坝后鱼类产量下降到每年1.5万~2万公斤，鲤鱼比例也下降到20%左右；但水库的修建却使三门峡库区成为国家一、二级保护鸟类丹顶鹤、大小天鹅等珍稀候鸟的天堂，列入国家自然保护区河南黄河湿地核心区。青铜峡水库阻断了北方铜鱼的产卵洄游道路，致使其年产量由原来的1.5万公斤降至20世纪80年代初的几千公斤，青铜峡大坝以下则几乎绝迹，同时大坝下游高龄黄河鲤鱼也逐渐减少。但青铜峡水库的修建无疑给地处干旱区的鸟儿带来了福音，目前那里已经成为黑鹳、中华秋沙鸭等十多种珍稀鸟类的栖息地，被宁夏自治区列为重点湿地保护区。所以，人们需要从总体上就典型大坝对生态影响问题进行深入研究。

就目前的认识，河流生态保护必须用全局的、整体的观点，从必要

性和可能性两个角度，以黄河整个生态系统为对象，统筹考虑其整体生态效益和未来径流条件，确定黄河生态系统保护的目标。由于研究时间有限、资料基础薄弱，人们对黄河生态系统的结构、组成、功能、与河川径流的关系等仍明显不足，因此本书提出的黄河生态系统保护目标仅为初步认识。要确定黄河生态系统保护的合理科学目标，需要综合考虑维持河流生态功能、未来可能的河川径流条件等因素。

五、供水能力

黄河应具备的供水能力取决于流域内及相关区域的人类需水量与河道内外环境需水量之间的平衡，其中人类需水包括生活需水、工业需水和农业需水。预计2020年和2030年黄河流域内生活需水量分别将达40亿立方米和50亿立方米，耗水量约达20亿立方米和25亿立方米。农业用水是农田、林果、草场、渔业等各类用水的总和。随着城市化率的提高、产业结构的调整和农业节水技术的普及，农业用水将维持在某一水平或降低。测算表明，2010年以后黄河流域农业用水将基本维持在375亿立方米左右，相应耗水量约338亿立方米。根据黄河流域未来社会发展的用水需求分析，黄河流域2020年和2050年工业需水量将分别由2000年水平的63亿立方米增加到112亿立方米和127亿立方米，耗水量相应达56亿立方米和64亿立方米左右。流域外耗水将控制在100亿立方米以内。综上分析，在维持流域地下水开采量不超过可开采量的情况下，流域及相关区域在2020年以后耗用地表水量预计将达410亿立方米左右。

黄河河道内环境需水量是输沙需水、生态需水、自净需水的耦合。计算表明，黄河利津断面的输沙需水量为150亿立方米，将其与生态需水和自净需水耦合后的环境需水量为225亿立方米。河道外环境需水包括黄土高原水土保持耗水、城乡景观生态需水和卫生需水等，至2020年可达24亿立方米。

显然，以上三方面需水之和远大于黄河天然径流量（535亿立方米）。健康河流是其社会功能和自然功能取得平衡的河流，因此，在现阶段黄河水资源十分短缺、且无外部水源补充的条件下，人类和自然的用水需求均应适当压缩。分析认为，人类需水和河道内环境需水均有一定的压缩余地，经平衡，得出黄河对人类的可供水量为332亿立方米。

六、不同水平年健康指标综合分析

本书通过分析河流生命和河流健康的科学内涵、黄河的自然特点和当前面临的实际情况，选择连续的河川径流、通畅安全的水沙通道、良好的水质和河流生态、可接受的供水能力等内容作为反映黄河现阶段健康生命的标志，并提出了未来不同时期黄河健康生命应该达到的指标（见表4-10）。

表4-10　不同水平年黄河健康目标

健康指标		2020水平年	2050水平年
径流连续性		确保河川流量不低于黄河干支流生命流量	
下游水沙通道	最大排洪能力	确保花园口发生22000立方米每秒时的防洪安全	
	平滩流量	维持4000立方米每秒左右	维持4000立方米每秒以上
	滩地横比降	遏制	降低
	河口岸线	基本维持三角洲岸线动态平衡	
宁蒙河段水沙通道	最大排洪能力	确保发生5600~5900立方米每秒洪水时的防洪安全	
	平滩流量	达到2200立方米每秒左右	维持2500立方米每秒以上
水质	兰州以上	维持现状Ⅱ类水质不再恶化	
	兰州以下	兰州—青铜峡和小浪底以下Ⅲ类，其他河段Ⅳ类	全部达Ⅲ类
生态	湿地	重点使河源湿地和具备引黄条件的河口淡水湿地得到恢复；	河流生态系统整体上恢复到80年代后期水平
	水生生态	力争恢复到90年代前期水平	
供水能力		地下水110亿立方米+地表水370亿立方米	地下水110亿立方米+地表水435亿立方米

由表4-11可见，黄河健康指标共包括9个关键因子，这些因子因对黄河健康的重要程度不同和人类可能提供的实现条件不同，在不同时期有不同的标准。

确保黄河的生命安全和人类的生命安全显然是实现黄河健康的最低要求,因此“保证黄河干支流低限流量和重点河段的最大排洪能力”是黄河健康指标的优先层次。使黄河的输沙、净化、生态、供水等功能得到基本正常发挥,是人们对健康黄河的期望,因此要努力使黄河重点河段主槽断面基本得到恢复、河床纵横断面得到控制、河流水质基本满足生物群生存的需要、人类经济社会需水基本得到满足、河流生态系统重点景观和物种基本得到保护。

在不同河段,黄河健康生命的指示因子有所侧重(见表4-11)。如对唐乃亥以上河段,健康黄河的最关键因子是河流生态状况;对利津以下河段,健康黄河的指标要涉及几乎所有因子。

表4-11　黄河不同河段的健康要素

健康因子	河口河段	下游河段	宁蒙河段	河源河段	其他河段
径流连续性	√	√	√	√	√
最大排洪能力	√	√	√		√
主槽过流能力	√	√	√		
滩地横比降		√			
河口海岸线	√				
水质	√	√	√	√	√
湿地	√	√	√	√	√
水生生态	√	√	√	√	√
供水能力	√	√	√		√

黄河健康生命标志是现阶段人们对河流健康概念的理解，以此为基础建立的各项指标必然具有明显的时效性。随着黄河健康生命逐渐恢复和经济社会发展水平提高,河流的基本矛盾也将发生改变,因此黄河健康生命标志及其指示性因子应该与时俱进。

第五章

维持河流健康生命的人文基础

第一节 人与河流冲突和人文精神的重建

在这个蔚蓝色星球上，河流流到哪里，哪里就有无限风光。作为一种有机的生态整体，河流以其独特的生命形态、运动特征和内在品质，显示出旺盛的生命活力。它们日夜不停地腾挪搬运，以巨大的力量维持了生态环境和能量交换的总体平衡。然而，自从工业化以来，由于过度的开发利用，曾经生机勃勃的河流，失去了奔腾跳跃的能力，出现了严重的生命危机。

所幸的是，时至今日人类终于开始反思这个重大的现实问题，河流被当做人类休戚与共的伙伴，由此多了一份久违的关怀、理性的目光。这种关怀和理性，就是维持河流健康生命的人文精神。

一、生态文明的应运而生

人文精神是指人类所公认的精神文明之总和。主要包括：人道主义精神,契约论,人生平等,公平竞争,民主与法制观念,等等。步入现代社会,环境保护意识也成为其中的重要组成部分。

作为一种自然存在,河流对于人类的生存方式与文明形态具有重大意义。站在历史的维度,通观人类文明的进程,一个重要的现象就是文明的能量场的不断扩张,科技成为人类征服自然的最为重要的工具,在那一刻,人不再被环境所局限,人第一次具备了改造自然的能动性,人的生存环境得到极大的改变,最后文明成为征服自然的最为重要的胜利标志,它使得人类就此以文明区别于其他生物,也正因为这种胜利的荣耀,人类中心主义得到了至高无上的宣誓。在这历史中,包括河流最终沦为人类生存的陪衬与征服对象。

正是人类中心主义泛滥,忽视河流生命和河流价值主体的观念,大肆掠夺、破坏河流,全球范围内生态环境恶化,河流不堪重负,生存危机日益严重。

人与河流的冲突类型可分为利益型和价值型两大类,集中在利益关系上的矛盾就是利益型冲突,而源于生存观念的矛盾,则是价值型的冲突。进入新的时期,人与河流的矛盾更加凸现,呈现出一种新的分化、新的冲突,河流与人类的利益矛盾所造成的人水冲突更加严重和激烈。这些矛盾表现出来的突出特点就是,对抗性增强,利益性矛盾突出,发展趋势更加复杂多变,

造成这种情况的主要原因是,人们认为河流生态系统的服务功能是大自然的无偿恩赐,是可以免费得到的。人类自认为是地球的宠儿,应当受之无愧。特别是在商品社会中,有形的生态产品还能为人们所计及,而大量的非实物型的生态服务价值往往被忽视。

全球性的生态危机,直接威胁着人类文明的发展和延续,迫使人们寻求新的更合理的发展道路,也引发了国际社会"重新定位人与河流关系"的反思。河流生态的重建与初步恢复,促进了一个生态文明时代的到来。

在传统伦理学视野里,"天赋人权",道德主体只限于人类,而其他生物族群和自然存在,都不过是任人享用的资源,也不拥有道德关怀的资格,当现实逼迫人们不得不重新思考人与自然的关系的时候,这种传

统观点遇到了重大挑战。

河流是孕育人类文明的摇篮和人类生存不可或缺的物质元素，人类离不开河流的哺育和成长；同样作为最高等的智能动物，人类活动和需求对河流产生着越来越大的影响，二者的关系始终处于动态的变化之中。变化和运动的一个重要特点就是发展的不平衡。

人类社会需要河流相对稳定来实现自身的成长，于变化中寻求平衡，这使人类一方面能够不断调整自己的内部结构以适应变动的世界；另一方面，又能够使人和河流的关系获得一种均衡，河流将为发展起来的人类文明实现保续增长，这是人类社会永恒的重大挑战。不同的时期，河流对人类稳定增长和变化适应这双重的社会发展趋势时的不同反应，往往体现了一个时代里人类认知河流的能力以及人类和河流相应的位置与力量对比。

现实告诉人们，人在"透支"生态时获得的利益是极其有限的。所以构建河流伦理道德，使人类的环境道德显著提高，历史地进入并构成人类生存环境的自然，由此而成为人文意义的家园象征观念的一部分。这虽然有很大的难度，但是实践和现实已经使得人们没有别的选择，必须义无反顾地走上河流伦理道德提升的道路。

从哲学意义上来说，伦理道德应有三层含义，第一层是人与人之间，为最基本的伦理。第二层是人与社会，人与集体。第三层是人与自然的伦理。但传统的伦理观只承认人与人、人与社会，而不谈人与自然。实际上，如果人们不把河流赋予生命的概念，就不可能树立河流的价值主体地位，也不可能去改变人类中心主义的价值取向。在很长的历史时期中，人们认为河流仅仅是一个工具，不可能对河流产生最基本的尊重。如果不谈人与自然的伦理，没有一种共同遵守的道德义务，那么人类对河流的伤害可能还要继续下去。一般而论，在全社会建立一个共同遵守的伦理道德具有普遍的约束意义，所以河流伦理的前提是承认河流有生命，否则河流伦理就无从谈起。

二、唯发展主义批判

20世纪后半叶以来的生态危机告诉我们，唯发展主义主张"征服河流、开发河流、改变河流、重组河流”，其结果不仅严重损害了河流的健康生命，也给人类的基本生存带了新的危机。因此，如何恢复和重建河流生态系统，实现人类与河流和谐相处，将是保证人类永续发展的重大课题。

人与河流的和谐发展(包括河流的开发、利用、保护和治理)是一项庞大的系统工程，它直接关系到河流的生命健康。以黄河为例，20世纪以来，河流的生命正在受到不合理发展模式的严重影响，人们从河流流域发展进程中发现，由于“极端人类中心主义”观念的主导使人类饱尝了“先污染(破坏)后治理”和不可持续发展的苦果，付出了沉重的代价，传统的流域发展方式不仅在制约流域经济社会的进一步发展，而且在破坏子孙后代赖以生存发展的条件和基础。由于流域经济社会日益增长的用水需求，一再突破不少河流生命的底线，出现人口、环境、资源和能源等危机，这都是人类大肆向河流掠夺索取所造成的必然结果。

唯发展主义的深刻教训启示人们，当环境发生变化后，原有的用于处理人与河流相互关系的方式和思维都应该发生变化和调整。调整的一项重要行动就是人们重新整合历史、科学、文化和当代社会实践中的合理要素，将河流生命纳入道德关怀的范畴中来。综观人类思想和社会制度的演变史，伦理道德的主体与客体范围并非一成不变的，二者都经历了一个不断拓宽的过程。人类道德主体的每一次扩展都是一次巨大的进步。

人与自然和谐相处的环境伦理将自然环境要素视为关心和保护的对象，尊重自然本身的发展规律，既强调了自然作为道德客体的重要地位，又对人类认识、改造自然的积极和消极作用有着清醒的认识。人类与自然的共生关系是一种客观存在，遵循这一客观规律，人类与自然都将受益，反之共同受损。对这种客观存在规律的认识必然会成为人类的价值追求。

在人类中心主义看来，自然本身并不拥有权利和自身价值，而环境问题的根源在于个人或集团利益的狭隘化。所以，主张对人类的利益做出某种限制。而非人类中心则认为，包括人类在内的自然都具有其内在价值，相应地也拥有生存和发展的权利。因此，主张把道德关怀对象推广到所有生命，而人的角色应从大地共同体的征服者改变成大地共同体的普通成员。

应该说，这两种观点都有其合理的成分。因为前者毕竟承认了人类追逐自身利益的狭隘化。而后者则从根本上突破了传统伦理学限于人际伦理的樊篱，要求人在意识深处反思以往对自然的行为，形成一种新的自然观和价值观。这无疑对于人与河流关系河流重新构建提供了重要的思想资源。河流伦理研究的意义，在于强调河流的开发利用必须以保证当代人生活安全健康，保证子孙后代基本的生存条件为前提。

人类和河流现阶段最大的冲突根源在人类和河流的深层结构关系中。在具体的现实中，人类活动和河流的确有各种直接和间接的矛盾，但在现阶段，尤其是当人类和河流之间的利益共同点要远远超过矛盾的冲突点，在各个领域都显示出这种可以形成共识进行合作的趋势。

而在超越具体的事件，进入河流秩序的宏观层次中，人类同样可以显示已经通过对意识和社会结构的调整，以一种现实主义的态度在事实上接受河流健康生存的秩序，接受本身就是一种巨大的调整。

我们冀望的人水和谐的社会，某种意义上应该是一个“契约社会”，在这个“契约社会”里，人类与河流这种契约关系是显性的、是量化的，或者是成文规定的，有了契约，才有相对公平和正义可言，才有对河流最起码的尊重。

人类社会的发展是逐步走向和谐的过程。人类是自然的产物，是从自然中分化出来的，是自然界的一部分。当我们把自己与人类生活的自然界当做一个系统来看待时，人类的生存状态才能比较客观地揭示出来。

三、构建人与河流新秩序

（一）尊重河流的自身规律

河流本身、所在的自然环境以及这个环境所支撑的生态系统，三者之间不断互动，在变化中相互调整适应。河流在这种反复调整过程中演化发展，这就是河流自身的发展规律。

河流本身是一个巨大的系统，具有较强的抵御干扰能力，但如果干扰超过它的自我调节和自我修复能力，其自然功能也将不可逆转地逐渐退化，最终将影响甚至威胁人的生存和发展。世界上的不少河流已经发生各种演变，对社会经济的可持续发展正在日益形成威胁，需要引起高度重视。

河流更是运动于时空之中的客观实在，它有其不以人的主观意志为转移的目的性和内在价值，它在地球系统中的生存，是在与其他生态要素的相互作用中存在和实现的，并以生态规律自发的作用进行适应性配合和调节，而且它对于人类以及人类社会经济的发展有着巨大的反作用力。

河流问题就是人类对于河流的过度使用超过了河流的承载能力，使得河流生态系统内部的平衡遭到破坏而引起的。

人类可以改变自己，使自己适应自然规律，而不是改变自然规律。人类可以通过自己的力量控制自身走向和谐进步，也可能由于对自然界的破坏而走向冲突和灭亡。

根据系统论，社会不和谐达到一定程度就将以某种形式进行反馈调节。人类社会之所以能够存在和发展，就是因为人与人之间、人与自然之间构成的系统本来就存在着一定程度的稳定性与和谐。人类活动自身以及自然界的变化总会不断地打破这种稳定性与和谐。人类总是通过各种手段，来维持或改变某种不和谐；改变人与人、人与自然之间的关系，以便达到新的和谐。所以说，“和谐”也是一种运动，从哲学的意义上来说，“和谐”是矛盾的双方的同一性起了主导的作用，不“和谐”则是矛盾的双方的斗争性起了主导的作用。

（二）坚持水资源的可持续利用

可持续发展的一个很重要的前提就是不超过环境承载力的限度，以使得该活动对环境所造成的影响，能在一定时间内通过环境系统自身动态平衡得以消除。例如：通过水资源的合理配置维持最小生态需水量；通过污水处理，控制污水排放以及提倡清洁生产改善河流水质；水库的调度除了满足社会经济需求外，尽可能接近自然河流的脉冲式的水文周期等。

人类社会一旦违背了河流的生存发展规律，对其过度索取，超过河流的承受限度，它就会对人类施以强烈的报复。淡水资源或者河流的效用价值，是以河流的健康生命为基础和前提的；一旦河流自身生命系统发生危机，以河流为依托的其他生态系统也就失去了存在的基础，其效用价值也就会消失，流域社会经济发展、人口繁衍生息的生命力也将逐步衰竭。近年来，气候异常，接连出现长江大水、黄河断流、沙尘暴肆虐等自然灾害，这些都与人类侵害自然、过度索取有关。当前，水利所面临的洪涝灾害、干旱缺水、水土流失和水污染严重等问题，表面上都是水对人的伤害，但究其本质很大程度上是人对水的伤害造成的后果。因此，要使河流为全流域庞大的生态系统和经济社会系统提供持续支撑，就必须先使河流自身具有健康的生命形态，保持人水和谐，促进可持续发展。

只有更好地掌握和适应河流演变的自然规律，充分考虑河流的承载能力，以人与河流的和谐为核心的治河理念才具备了前提。因此，经济社会系统的发展必须把河流的承载能力放在首位，经济发展要与河流的承载能力相协调，以水资源供需平衡为基本条件，确定流域经济社会发展的目标和规模。发展的同时必须保护、改善和提高河流的生产能力和河流的自净能力，保证以可持续的方式使用河流资源。可持续发展强调发展需要节制，没有节制的发展必然导致不可持续的结果。对河流的保护预防应该重于治理，在发展的整个过程中从根本上解决河流问题而不是从发展的末端去解决问题。

（三）做河流的守护者

一个流域是一个庞大的生态系统，如果没有整体流域概念，无论处于何种利益考虑，结果都只能是此消彼长。人们不能只注重开发利用河流的经济功能，而忽视河流的生态功能，随意改变河流的自然状态。随着河流健康、生物多样性保护、湿地保护等领域越来越受到重视，建立河流绿色走廊，是维护河流生命的前提。

河流水资源不是可以无限制消费的客体，河流生态系统作为自然生态系统的一部分，它是通过与人类社会、陆地、海洋、大气以及生物等有机体与无机体间的相互联合形成的。人类只不过是自然的一部分，人类可以无限制地征服自然只不过是人类的一种过激想法。自然是由恒定的生态系统构成的,无视这些,人类行为必将引起生态系统的混乱。

和谐发展是经济发展、社会发展和人的全面发展的统一,是经济社会与人口、资源、环境的统一,是物质文明、政治文明、精神文明建设的统一,也是过去发展、现在发展和未来发展的统一。只有实现全面协调可持续发展,才能正确处理发展速度和结构、质量、效益的关系,正确处理经济社会和人口、资源、环境的关系,正确处理经济发展、社会发展和人的全面发展的关系,正确处理人与河流的关系,使流域社会经济系统和生态环境系统协调平衡持续发展,保持流域的良性循环,促进人与自然的和谐,维持河流健康生命。

人类社会的可持续发展归根结底是生态系统的可持续发展, 而生态系统管理是合理利用和保护资源、实现可持续发展的有效途径。河流对人类的发展非常重要,不仅可提供食物、工农业及生活用水,还具有商业、交通、休闲娱乐等诸多服务功能,河流生态系统还是生物圈物质循环的主要通道之一,很多营养盐及污染物在河流中得以迁移和降解,维持现有河流生态系统的服务功能,修复受损系统,促进河流及其流域的经济、社会和环境的可持续发展,已成为可持续发展的一个重要目标。要采用科学的、技术的、工程的、文化的、教育的、宣传的、经济的、法律的、行政的各种方法、途径和措施,实行综合开发、合理利用、严格保护、有效治理和系统管理,加快节水防污型社会建设,依靠制度变革推进水利由粗放型向资源节约型、环境友好型转变,重视和加强对水资源的配置、节约和保护,提高用水效率和效益,大力发展绿色经济和环保产业,合理利用自然资源和环境容量, 在物质不断循环利用的基础上发展经济,使经济系统和谐地纳入到自然生态系统的物质循环过程中,实现经济活动的生态化。

流域的可持续发展,应严格遵守自然和经济规律,实行综合开发、合理利用、严格保护、有效治理和系统管理,采用科学的、技术的、工程的、文化的、教育的、宣传的、经济的、法律的、行政的各种方法、途径和措施,加快节水防污型社会建设,依靠制度变革推进水利由粗放型向资源节约型、生态保护型转变,从传统水利向现代水利、可持续发展水利的转变,重视和加强对水资源的配置、节约和保护,从“以需定供”转为

"以供定需",量水而行,以水定发展,使经济社会发展与水资源和水环境的承载能力相适应,提高用水效率和效益,大力发展绿色经济和环保产业,合理利用自然资源和环境容量,在物质不断循环利用的基础上发展经济,使经济系统和谐地纳入到自然生态系统的物质循环过程中,实现经济活动的生态化。坚持推进资源利用与经济社会协调发展,以水资源的可持续利用支持流域社会经济环境的可持续发展,以流域的可持续发展保障流域的食物安全、经济安全、健康安全、环境安全、社会安全,使河流永葆生机和活力。

河流健康生命和流域可持续发展相互关联、相辅相成、相互制约、相互促进,流域的可持续发展依赖于河流的健康生命,河流的健康生命也离不开流域的可持续发展。而水是流域可持续发展和河流健康生命的纽带和基础,只有实现人水和谐才能保障流域可持续发展和河流健康生命。因此,要从河流生态系统整体性出发,以可持续的方式开发利用河流的价值,不仅确认河流对人的价值,而且确认河流的内在价值;不仅要求流域人们相互尊重,而且要求人们热爱河流、尊重河流生命;不仅要求人与人之间的和谐共处,而且要求人与河流之间的和谐共处。人从河流的征服者转变为河流的朋友,使河流的合理利用、严格保护和有效治理成为人们自觉的行动。一方面承认自然对人类社会生存和发展的本源意义,把遵循生态规律作为人类经济活动的基本准则;同时承认生存和发展是人类的基本权利。

人类社会应该有更美好的未来,而良好的自然生态环境既是人类生存和发展的前提和保障,又是人类发展的基本内容之一,因此保护自然实质上就是保护人类自身,从人类社会的发展需要出发,把对自然生态环境的保护和遵循生态规律与人类社会的发展有机地结合起来,人与自然和谐共处、协调发展。

现实告诉人们,人类与河流的关系,不是掠夺者和被掠夺者、征服与被征服的不平等的关系,而是基于共生共荣、唇亡齿寒的休戚与共。人类的经济发展如果产生不利于生态环境走向有序化,那么生态系统的崩溃最终会使人类无法生存。所以,保护包括河流在内的大自然就是保护我们自己。经济的发展如果到头来危害自己的生存,是非常愚蠢的。

当前,重要的是倡导一种人们与河流和谐共处的文化,用一系列的精神、信仰、观念等感化人们的思想,化为发自内心的主动爱护河流的行为;同时人类调整自己的角色,从河流的征服者转变为河流的管理者和守护者。

四、人水和谐:人文精神的崇高追求

人与自然的矛盾是人类生存和发展的最基本的矛盾,人与自然和谐是人类活动的共同价值选择和最终归宿。和谐则发展,不和谐则变异,这是千古不变的真理。

自然环境不是人类欲望的函数,而是赖以生存的母体。人类与自然环境之间有一条永远割不断的脐带。人不过是自然之子,无时无刻不受自然的恩惠,人类的生存无不依赖于自然生态系统。这个系统中的所有资源,如土壤、空气、水、气候、森林、草原和各类动植物,对人类来说都是生死攸关。人类的命运与大自然的命运紧密交织在一起,就如同心灵和躯体一样密不可分。人类必须学会尊重自然、善待自然,自觉充当维护自然稳定与和谐的调节者。

人类数千年的文明史昭示着一个这样的真理:河流的衰亡,往往意味着一个文明的衰落,是因为他们在文明发展过程中很少或根本没有遵循生态规律,对自然界肆意开发和掠夺,从而导致包括河流在内的自然生态系统的崩溃,最终酿成文明的衰败。两河流域的美索不达米亚文明如此,印度河流域的哈拉帕文明也如此。毕竟没有了河流、也就没有了人类社会赖以生存的基础。因此,找回人类之初以河为伴,人水嬉戏的人类童年的美好时光,重建人与河流的和谐关系是新时期人文精神的核心内涵和最高追求。

人类自觉地把保护河流的责任扛在肩上,把环境道德记在心中,把生态伦理溶入人类的血液之中,这是精神最伟大的成果之一。

以充满智慧的心智品质承担解释、说明河流的处境,启示人的觉醒的责任。正是在此意义上,人文关怀、社会责任将融为一体。记录普通河流生命的历程,书写未被书写的河流历史,关注和分析沉默的河流,从事这些工作,我们需要良知和记忆,需要洞穿历史与现实的眼光,需要深沉的悲悯之心和浑厚的智慧。如此才能从平凡琐细中构建出大气磅礴、从细语微言中发掘出洪钟大吕般的知识。

几千年来,人类认识河流走过了曲折的历程。从对河流的依附到对河流的掠夺、伤害,再到需要人与河流和谐相处;从敬畏河流到妄图主宰河流,再到今天对河流的平等对待、河流权利的回归,从一个号令河流的主人,到一个善待河流的朋友,这是时代的进步,是一次人类意识的深刻觉醒,也是一次人类角色的深刻转换。尊崇河流生命,进一步给予河流人文关怀,倡导人与河流需要建立可持续发展的和谐关系,从而为维持河流健康生命奠定了理论根基, 这也是人们重新认识河流的重大跃升。

人水和谐,曾经是一种古老的社会理想。在经历了漫长的不和谐的历史过程之后, 当今的人类终于又开始重新关注这个古老而有常新的问题。于是,人水和谐作为一种新的理念、新的理性再次出现在时代的面前。实现人与自然的和谐、人水的和谐是人的解放,是人的复归。和谐是人类追求的最高境界。和谐不仅是自然界的法则,也是人类存在的法则,也是人类的审美的和道德的无限追求。

五、守护民族精神家园的根基

奔腾不息的河流是人类赖以生存的基本载体, 也是孕育人类文明的伟大摇篮。但由于自然和人为的因素,致使当今世界上许多河流都面临着严重的生命危机。这不仅对人类的生存与发展产生了巨大的反作用,也动摇了民族文化永续传承和文化遗产保护的根基。因此,要守护好民族精神家园,必须维持河流健康生命,重新构建人水和谐关系。

(一)河流是人类文明的本源

大量考古研究成果证明,人类历史童年的第一行脚印,即印迹于河流岸边。先人通过对河流表现特征与运动规律的最初感知,趋利避害,长期与之共存共生,形成了最早的农业,诞生了相应的科学技术、政治文化和社会分工,人类由此进入文明之门。世界上的许多古老文明,如华夏文明、埃及文明、印度文明、巴比伦文明等,分别产生于黄河、尼罗河、印度河以及幼发拉底河和底格里斯河，就是有力的证明。

(二)河流文明是一种催生民族凝聚力的文化倾向

在漫长的历史发展进程中，人类受河流自然形态的精神塑造，使得纷争不已、相互隔膜的部落族群，逐渐获得标志性的文化认同，最终演化成了现代意义上的本土民族品格和深层意识形态。

以黄河流域为例，早在“刀耕火种”的新石器时代，这里就相继诞生了马家窑文化、齐家文化、裴李岗文化以及仰韶文化等。后来随着黄河反复淤积，原本是大海湾的华北平原被塑造成千里沃野，又孕育了广达数十万平方公里的大汶口文化，从而推动了一场深刻的社会变革，华夏民族由此进入国家之门。打开有记载的文明史册，黄河尤为彰显其凝聚魅力。夏禹“执玉帛者万国”；殷商承夏，拥为各方共主、三千诸侯的领袖，跃居青铜时代世界强林前座；周朝继兴，“监于二代，郁郁于文哉“，盛况更是空前；春秋战国，诸侯割据，文化多元，思想活跃；秦始皇扫六合，定一统，首开帝国之先河；及至汉、唐、宋、金，各代朝廷均与黄河为伴。在历史的脚步声中，华夏民族增殖裂变，并与四周其他族群交融汇流，逐渐形成一个稳定的共同体。政治因革损益，以黄河为母体的文化却一脉相承，其光芒波及整个亚洲大陆，其声威震撼远洋古国。同时，黄河自然形态的长期感染，也为中华儿女塑造了百折不挠、血脉维系、一往无前、统一进取的民族灵性，显示了这条伟大河流卓越的孕育造化之功能。

(三)河流与其派生的文化属于存在和意识的关系

河流文化是一个民族发展过程中重要的精神宝库。它们或是记录治国方策，演绎哲学思想，或是标量科技发展水平，鉴戒历史演进规律，浩若烟海，博大精深，具有丰富的社会学、历史学价值。同时，河流景观奔腾不息，声色鲜明，极具运动性和个性化的特质，激发了人类丰富的想象力和自然情怀，因此也蕴含着深邃的美学价值。

如同物质决定精神、存在决定意识一样，河流本体的兴衰也决定着河流文化的兴衰。曾几何时闪耀璀璨光芒的巴比伦文明，后来沦落为“陨落的空中花园”；独领风骚的美洲玛雅文化戛然中断，给后人留下一堆难以破解的神秘废墟；古丝绸之路上繁荣昌盛的楼兰国，悄然消亡在塔克拉玛干大沙漠；黄河流域无定河畔一度风景秀丽、气势恢宏的大夏国首都统万城，只落得满目荒凉，断壁残垣……这一幕幕文明没落的悲剧，无不是由于河流断绝、水源枯竭、气候变迁、生态严重失衡的结果，它们像沉重的历史警钟声在悠悠时空中回荡。

（四）母亲河生生不息是传承五千年中华文明的根基所在

黄河是中华民族的母亲河，也是一条极为复杂难治的河流。20世纪90年代，黄河断流愈演愈烈。最为严重的1997年，下游断流时间长达226天，断流河段704公里。长时间的频繁断流，给沿黄地区人民生活和工农业生产造成了极其严重的影响。由于输沙用水被大量挤占，导致主河槽淤积加剧，进一步增大了防洪压力。加之水质日趋恶化，流域生态系统遭到了严重破坏。

黄河断流危机，引起了举世震惊。1998年初，163位中国科学院、中国工程院院士联名向社会发出"行动起来，拯救黄河"的强烈呼吁。1999年3月，国务院授权水利部黄河水利委员会，统一管理黄河水资源，对黄河水量实行统一调度。经过多方努力，如今已实现黄河连续七年不断流。

然而，也应清醒地看到，从河流理念、管理手段到工程措施等，确保黄河不断流的基础仍很薄弱，黄河断流危机依然存在。面对这种严峻的现实，黄河水利委员会以中央的科学发展观和水利部党组治水新思路为指导，通过对河流治理开发终极目的的反思，提出了"维持黄河健康生命"的治河新理念，并据此初步构建了新的治河体系。旨在全面提高人们对于黄河物质和精神双重价值的认识，重建人与黄河和谐相处的关系，从而实现以水资源可持续利用支撑经济社会可持续发展，以母亲河生生不息、万古奔流永续传承中华文明的的伟大目标。

第二节 公众参与和维持河流健康生命

河流是一个具有内在尊严的生命共同体，是一个赋予了人类物质和文化双重生命的自然本体，尊重生命是人类文明永恒的主旋律。作为河流共同体的成员，每个人应"热爱自然和自然美，尊重其他生命形式的价值和延续性，维护大自然的稳定性、完整性和多样性”。

一、公众的责任

河流是社会公众的共同财产。它与社会公众之间，具有独立性、利益合作性、需求制约性的特点，河流生存的状态好与坏，与河流共同体成员——社会公众的共同利益休戚相关。河流兴、河流健康、生命力旺盛，则社会公众的生存状态随之提升；反之，河流生命垂危，则社会公众的生存利益也将随之恶化乃至消失。从共同利益的特点出发，人与河流需要构建一个共同的利益团体，也是维系人与河流内部团结更多地取得利益分成的基础。

人与河流权利的关系是一种多元的关系，不仅涉及利益双方，更涉及到利益各方，这种多元的利益诉求，对那种基于过去时代、从政治的角度来对待这些利益矛盾和冲突方法，显然已不适用，而处于利益的简单安排，无疑会进一步激化人与河流的矛盾，忽视了全体社会成员共同关注的社会公正和各方利益的公正表达。

人们不能仅从自己的经济利益出发、局限在自己的利益范围内来感受河流，河流期待着一个超越各阶层利益冲突甚至是来自上层公权力的公平正义。天长日久，河流对于公平正义的期待，便构成了河流共同体对于公共需求的执著向往。

尽管流域内部的利益关系已经阶层化、群体化、多元化，但每一公民、每一阶层的利益关系无不具有公共特征和公平正义的诉求，而体现在一种公平政策及其制度安排上，这就是一种行为模式，制度化了的公平正义的诉求方式。为此，流域各方中的利益群体或权利阶层在这个公共性的制度安排之中，彼此互动、相互规范，促使利益阶层、权利个体能够在其中并通过它们体现自己的利益，获得行动的权利。

一个阶层或一个利益群体对于利益关系的规范或界定，必须是任何一个隶属于该阶层或群体的成员必须承认的权利。因为这是一个公共的要求，而这种要求的制度化形式就成为了社会公共的产品。即使是各个阶层之间、干群之间存在着利益冲突，也必须让冲突各方的特殊要求得到公开的表达和评价，能够在一个代表更加广泛的利益而不仅仅是代表各自利益的群体中被讨论并进行公断。此当为运用公正的方法、并以公正为中介,去协调各方利益关系或解决利益冲突的基本路径。

以法国罗纳河流域管理为例,流域机构董事会实行“三三制”:流域内市政当局选举产生的市政当局代表、有所有水用户选举产生的水用户代表、国家有关部门的代表各占1/3。水用户即公众积极参与流域管理决策过程,采取协商机制保证全面的水管理政策的顺利实施,既能满足各种水需求,又能保护水生态环境。

二、政府职能与决策

在公平正义以及根本利益一致的基础之上,流域各方及各阶层的利益矛盾甚至冲突,实际上是一种利益协调关系。面对着新时期人水的利益矛盾,这个方法则应配合或转变为“协调、公正、协调”的方法。其中,“公正”以及公正诉求的实现,至关重要,也是国家各级政府管理职责所在。

政府需要提供的公共服务,就是依据不同的利益关系,促使利益各方都能具有表达自己利益的法定空间,使可能构成冲突的利益关系,能够形成制度化进行解决。在人的权利与河流的权利出现矛盾时,要坚持推进资源利用与经济社会协调发展,以流域的可持续发展保障流域的食物安全、经济安全、健康安全、环境安全、社会安全,使河流永葆生机和活力。

政府应以水利可持续发展和维护河流健康为先导,统筹国民经济和水利发展,统筹流域、区域、城乡水利发展,统筹生活、生态、生产用水,统筹人口、经济、资源、环境协调发展,统筹上下游、左右岸之间的用水需求,统筹协调国家之间、地区之间、流域之间、单位之间、部门之间的关系,统筹解决不同领域水利发展和流域管理中的各种问题,坚持全面规划、统筹兼顾、标本兼治、综合治理,沿着生产发展、生活富裕、生态良好的道路不断前进,正确处理人类不断增长的需要与自然界有限供给能力之间的矛盾,合理协调人类社会与周围环境的物质交换,实现经济、社会和自然的可持续发展。

三、河流伦理道德的威力

河流作为一个自然系统，历来就是利益和象征性表达的整合。在新时代，我们需要有新思维，从分析性思维走向整体论思维，用生态学的方式思考问题。责任则是这种表达的主要工具。无论是河流立法、执法和守法，需要河流伦理道德的普及。河流权利的法律实现形式，是建立自然体的代理制度。在司法实践上，是靠人类对自身活动的规范与制约。因此，以法律为权威的河流制度体系的建立，并不意味着万事大吉，最根本的战略在于匡正世风，促使人们河流伦理道德水平的提高。

从环境法制观念的提出到公平正义，从河流伦理道德的提高到河流健康生命的维护的思想进步，说明了当代人在人与河流关系在观念意识上的一个变迁与创新。

作为两种社会规范，道德是自律的、灵活的、倡导性的，而法律则是他律的、稳定的、强制性的，由于约束力来源不同，道德对人类行为的调整往往较之法律更快捷、有效，同时，由于道德的评判标准会随着社会条件的变化而不断调整，源于道德的这些特殊性，法律必须以相关道德为基础，同时自然又不具有人类特有的自由意志，它对法律权利的要求与行使都无从谈起。人与自然的和谐关系不是仅由法律调整而得到。

人与自然和谐，就必须强化法制建设，我们应当进一步推进法律生态化，提倡法学的各个学科都更多地关注人与自然、人与河流的关系。明确规定责任和义务，公民享有良好的生态生活环境中生活的权利，又涉及环境自演的参与决策权、监督权和检举权等权利，同时负有保护自然，各有关部门、机构在保护环境上的职责。

人与自然的和谐，需要大力推进法律生态化，实现人与自然和谐，涉及到社会生活的各个方面的调整，因此需要将保护河流的理念贯穿到整个法律体系中，形成有利于河流保护的国家法律体系，充分反映环境诉求，保证依法治理河流。

通过道德、法律和文化建立有利于流域可持续发展的社会风气和法治秩序，以人道的态度对待河流，把保护与改善生态环境作为维护基本人权，维护人的价值与尊严的必要基础，使人人负有为人类整体利益和子孙后代保护和改善环境的神圣职责和义务，谴责和抵制那种贪图私利或眼前利益而制造、转移污染的反人道主义行为，把人类的伦理观、权利观扩展到自然界中去，从自然价值的确认，到自然权利的尊重，既承认人的价值又承认环境的价值，既尊重人的尊严又尊重大自然尊严，不再把自然作为剥削、统治的对象，而应该视为人类生存的基础和伙伴，建立一种追求人与自然以及人与人之间和谐为目标的新型价值体系和法律道德规范，以指导人们的行为方式，形成良好的社会氛围，实现人与河流的协调共生、和谐发展。

近年来，为了规范和调整人与自然的关系，一些国家进行了有益的立法实践。如美国的《国家环境政策法》、《田纳西流域管理法》，日本的《自然环境保护基本方针》，西班牙的《塔霍—塞古拉河联合用水法》，新西兰的《怀卡托流域管理局法》。在国际环境法方面，联合国制定了《世界自然宪章》。我国也先后出台了《环境保护法》、《野生动物保护法》等法律。这些法律，教育人们对自然有更深的爱，明确规定了应该尊重大自然，不得损害大自然的基本过程。肯定了自然界中非人类存在物的价值或生命，并对其生命和存在权利制定了予以保护的评判标准。它充分说明，在人类与自然的关系中，人的角色正在从自然的主宰者、征服者向自然界生命过程的捍卫者转换。

四、《黄河宣言》的启示

2004年，黄河水利委员会举办第一届“河流伦理”的理论研讨会，许多与会专家指出，“河流健康生命” 概念的提出是自然科学实践对社会科学提出的挑战，是对传统伦理学观点的挑战。为了可持续发展，人类应将道德规范扩大到人类之外的自然存在，包括人类在内的自然都具有内在价值，也拥有生存和发展的权利。

在2005年10月举行的第二届黄河国际论坛上，来自60多个国家和地区的专家学者以及20多个国际组织的代表聚集一堂，从当今河流空前的忧患出发，就维持河流健康生命的重大意义、恢复河流生态的途径与目标等问题进行了全面交流，对人类与河流的和谐相处有了更加深刻的认识，《黄河宣言》的发表，具有多方面的启示。

(一)启示一:河流的权利应得到尊重

人类总是不断地在危机中反思,在反思中提出新的思路,在反思中取得新的进步。当全球范围内生态环境危机日益加剧之时,人们不得不重新思考人与自然的关系。“维持河流健康生命”,这一新的理念已经渐被认同,正在国际国内有识之士间形成共识。保护河流的权利,已经鲜明地写在河流代言人的职责、镂刻在流域机构的意识里,已经在古老的中华大地上生根发芽。

宣言提出的尊重河流,善待河流,保护河流,是人类与河流之间达成的新的契约,是人类对人与河流关系的沉重反思及其成果。它表达了人类对长期透支河流的生命所进行的补偿和拯救;明确赋予了河流以主体地位和内在价值,使人与河流之关系成为了互动的价值主体。这无疑提出了人与自然的伦理关系问题,承认了人与河流之间伦理关系的存在,将人与河流的关系纳入了伦理学的范畴。人与河流关系中,人类所应承担的伦理义务以及应该遵循的基本价值尺度,揭示了人与河流和谐相处的基本要求,为合理规范人与河流的关系,有效调整开发利用和管理河流中的矛盾冲突,提供了基本原则和思维范式。这是人类对河流的郑重承诺,它反映了人与河流关系的重新定位和人类给予河流的道德关怀。维持河流健康生命,是人类在自然界中的警醒和回归,更是人类社会可持续发展的必然要求。

(二)启示二:遵循和顺应河流发展规律,治理开发和管理保护河流

人类首先应该努力保持河流自身的完整性、多样性、清洁性和可持续性,使其在地球上健康流淌。要充分尊重河流自身的特点和规律,遵循和顺应河流发展的规律去治理开发和管理保护河流,去实现以水资源的可持续利用来支撑经济社会的可持续发展。善待河流,是人类对于河流的行动与措施,是人类在河流治理、开发、管理和保护方面所作出的决策和执行的力量。

《黄河宣言》呼吁当代人负有保护河流资源和为后代人发展繁衍留存河流资源的责任,决不能成为河流的终结者。这是人类对于河流的一种基本态度,也是正确处理人与河流关系的一个基本起点。倘若没有这种尊重的态度,必然会带来决策以及行动措施上的混乱。

（三）启示三：河流代言人的使命

河流本身就应当是一种公共物品。但是谁来担负起保护河流的公正责任？这个时候河流代言人的角色日益凸现，它可以被视为一种河流共同体的“胶合剂”，通过把河流共同体成员联合到一起并提供集体共有的价值观于行动规范，以成功地稳定人与河流的关系。

公正是流域共同体的首要价值和基本取向，是确保社会成员生存底线的规则、机会平等的规则，也是人人共享、普遍受益的流域发展宗旨。

当河流受到污染，水质遭到破坏，甚至出现有河皆干，有水皆污，河流健康生命受到严重威胁的时候，谁来代表河流说话，这个代言人就是流域机构。流域机构充当河流的代言人，义不容辞，当仁不让。

在经济社会不断向前发展的新形势下，流域机构应从以水资源的可持续利用支持经济社会可持续发展这个总体目标出发，进行正确定位，按照维护河流健康生命的理念，当好河流的代言人，这是时代赋予流域机构的重要历史使命。

河流保护与管理需要权威高效的管理机构和有效的管理体制。河流保护与管理涉及流域内水土资源、森林资源、植物与生物资源，如果实行部门分割、多龙管理，势必严重妨碍了河流资源的统一规划、统一调配和统一管理，很难贯彻执行河流资源可持续利用的原则。需要多学科的合作，需要立法的支持，需要公众的广泛参与，更需要不同部门、不同地区及国际间的真诚合作。因此，必须建立起政府宏观调控、流域民主协商、准市场运作、用水户参与管理的权威、高效、协调的流域管理体制，实行统一管理、依法管理、科学管理，真正使流域管理走上良性发展的轨道，有效维护河流健康。

人与河流唇齿相依，休戚与共。然而，由于人类活动等因素的巨大影响，在当今，全世界范围内许多河流都正面临空前的危机：河源衰退，尾闾消失，河槽淤塞，河床萎缩，河道断流，水体污染等等，由此致使依赖河流动力的周边生态系统产生紊乱乃至崩溃！全球各民族的文明延续亦遭受沉重的质疑和巨大的挑战！

强化流域管理、树立新型治河观念，让河流代言人的作用和使命更加突出，加强对河流本体的维护和引导，在探索与实践中，以科学发展观统领全局，系统编制流域经济社会发展综合规划，逐步恢复河流的健康面貌，保持河流自身的完整性、多样性和清洁性，使其在地球上健康流淌，使人、河流、生态达到协调一致的理想境界。让我们重温《黄河宣言》，谨记河流代言人的职责和光荣，为河流权利的呵护、河流生命的健康努力。

（四）启示四：共同的责任与义务

只有珍视河流对人类文明的贡献，光大河流对人类文明的创造力，重塑流域内居民的相互认同，强化公众参与，世界各国政府、组织、企业、社会各阶层一道积极行动起来，有力出力，有智献智，才能共同推动社会文明的永续发展。

从河流生命到河流伦理学的提出、从河流权利到黄河宣言的发表，人类认识河流走过了曲折的历程，也在一步步深化着对养育人类文明的河流的认识，不断调整着人与河流的关系，河流的生命尊严进一步得到呵护。黄河宣言，一个超越功利认识的河流观，也是人类充满智慧的价值观，它标志着一个河流新时代的到来。

第六章 维持河流健康生命的基本途径

河流生命的发展是一个自然过程，这一过程有其自身的发展演变规律，并对外界行为产生巨大的反作用力。一旦河流生命系统发生危机，以河流为依托的其他生态系统也就失去了存在的基础。近年来，有关保护河流生态、维持河流健康生命的研究越来越受到国际社会的关注。人们日益认识到，河流不仅是可供开发的资源，更是河流生命系统的载体，没有河流的健康就没有人类的健康。为此，人们相继提出了"为河流让空间"、"为洪水让出空间"、"建立河流绿色走廊"等治水理念，目前这种理念正在许多国家和地区转变为实际的行动。

第一节　国内外拯救河流的行动

一、美国科罗拉多河生态系统恢复的探索

针对科罗拉多河出现的河道萎缩，河流环境、水质恶化，下游湿地

面积大幅度减少,不少野生生物濒临灭绝等问题,美国从重新审视河流治理开发战略、恢复河流生态系统入手,重新讨论了对科罗拉多河的分水协议,增加了环境和生态用水份额,并以法律的形式规定下来,同时大力兴建污水处理工程。

位于科罗拉多河胡佛坝上游的格伦峡大坝,基本控制了科罗拉多河的上游地区。该枢纽建成投入运用后,由于强调水库发电的要求,坝址以上的天然洪水基本呈均匀流量下泄。这种运行方式,使90%的泥沙淤积在库区。同时,由于泄水孔在坝体下部,下泄的水流均为水库底层水,使得坝下水温常年保持在8摄氏度左右,失去了天然状况下水温随季节的温差波动性。这些大大改变了水流的自然特性和河流的自然地貌特征,从而给科罗拉多大峡谷生态系统带来了严重的影响。

为了恢复大峡谷的自然地貌和生态系统,改善下游河道环境,美国垦务局自1982年启动了格伦峡环境研究计划,以研究水库放水对下游科罗拉多河河滨地貌及水生资源的影响。为此,美国地质调查局专门建立了一套包括实测数据收集、监控泥沙运动规律和模拟预测泥沙等功能的水流泥沙模型。1996年3月,在格伦峡水库正式开展了人工模拟洪水探索试验,以恢复下游河道地貌和生态系统功能。

1994年,美国宣布放弃以建水库作为水资源开发模式的政策,治水重点转向水资源管理与环境恢复。目前,全美已有1.6万公里的河段被联邦法律保护,许多河流得到州级的立法保护。同时,在美国还掀起一场颇有声势的废坝运动,到1997年全美已拆除500多座拦河库坝。1997年2月美国总统克林顿在其施政演说中,特别隆重宣布,将美国的14条河流列为遗产保护河流,并制定相应入选标准,要求全国民众广泛推荐遗产河流的提名。为了保护和恢复科罗拉多河格伦峡谷的生态环境,一些民间环保组织甚至提出废弃格伦峡大坝、彻底还科罗拉多河以自由的建议。尽管这一动议至今未能实施,但大量河流生态遭受破坏的事实,使更多的美国人认识到:由于河流生态系统极为复杂,人类活动影响对其产生的后果难以预测,像格伦峡大坝这样的工程今后不能再建了。

二、欧洲的莱茵河拯救行动

莱茵河，从古德语“清澈明亮”的美誉到披上“欧洲下水道”的恶名，曾对9个流经国的周边生态给予了毁灭性的打击。为使莱茵河重现生机，20世纪50年代莱茵河流域各国成立了保护莱茵河国际委员会，1963年保护莱茵河国际委员会与欧共体代表签订了合作公约，从而奠定了共同治理莱茵河的国际合作基础。

控制河流污染源，避免未经处理的工业废水和生活污水排入河流，是保护莱茵河行动的最重要举措。保护莱茵河国际委员会与各成员国都制定了相应法规，强行对排入河流中的工业废水进行无害化处理，严格控制工业、农业、生活固体污染物排入莱茵河，违者罚款50万欧元以上。1976年，该委员会又通过了防止化学物质污染莱茵河以及专门防止氯化物污染莱茵河的条约。

为了使法规条约落到实处，保护委员会通过“责任到户”的方法把治理工作具体化、可操作化，并设置若干个专门工作组，分别负责水质监测、恢复重建生态系统以及污染源监控等工作。随着水环境管理科学技术的发展，国际保护委员会在莱茵河国际界面和州际界面建立了水质监测系统和预警预报系统，在各干流段和重要支流上建立了多座国际监测站，及时进行监测公报。对于超标排污的企业，政府严令其纠正，否则将处于重罚，各个企业的环保意识都很强，都能自觉执行环保排污标准。

1987年10月，莱茵河国际保护委员会通过了重在全面整治莱茵河的“莱茵河行动计划”，其计划主要目标有：让珍贵鱼类重返莱茵河；保证莱茵河可作为饮用水源供水；持续减少沉积物污染；改善北海的生态状况等。在防洪方面，为克服莱茵河传统防洪措施的缺陷，研究制定了控制并逐步恢复莱茵河水文特性的策略。对还河流空间，禁止在蓄洪区、洪泛区进行建筑行为，增加城市和农业区的蓄水能力等，都作出了明确的规定。

经过多年一系列拯救措施，莱茵河生态逐步进入良性循环，恢复了生机。20世纪90年代莱茵河出现了失踪多年的标志性鱼类——大马哈鱼(学名鲑鱼)。为了进一步改善莱茵河的生态环境,保护莱茵河国际委员会制定了最具挑战性的项目“鲑鱼2000计划”,目标是让以鲑鱼为代表的洄游性鱼类于2000年重返产卵地——莱茵河,以此作为莱茵河生态系统恢复的标志。据2002年底的调查结果,莱茵河已经恢复到二战前的生物多样性。

从最初治理污染,到“莱茵河行动计划”的实施,再到寻求河流沿岸地区可持续发展,莱茵河的拯救行动取得了极大地成功。2002年,联合国教科文组织将莱茵河中游的宾根到科布伦茨的65公里长的河段,列为世界文化多样性景观自然保护遗产。莱茵河已经由20世纪70年代“欧洲最浪漫的臭水沟”变成世界上各大河流管理的样板。尽管如此,莱茵河的管理者和流域有关国家没有因此而止步不前,而是筹划着莱茵河未来的宏伟蓝图。

2001年,在法国斯特拉斯堡召开的莱茵河流域国家部长级会议,对莱茵河近50年的水环境综合治理的经验进行了总结,批准实施以莱茵河未来环境保护政策为核心的“莱茵河2020计划”,这是一项面向2020年莱茵河流域可持续发展的计划,综合考虑了生态、经济和社会这三个需要等同对待的方面,确立了莱茵河生态系统可持续发展的总体目标、具体目标、实施措施和步骤等,旨在改善莱茵河流域生态系统,改善洪水防护系统,改善地表水水质,保护地下水。

“莱茵河2020计划”将实现如下目标:一是改善生态系统。必须恢复以前莱茵河典型的生境网络(生境连通性),恢复莱茵河从博登湖到北海的生态特性,恢复适宜鱼类洄游的莱茵河支流的生境和生态闭合(上下游迁徙)。二是防洪保安。2020年,莱茵河低地的洪水破坏风险必须比1995年下降25%。莱茵河上游的蓄洪区以下,最高洪水水位必须比1995年的最高洪水水位下降70厘米。三是改善水质。水质必须达到:经过简单处理就可以生产饮用水。水中成分或成分之间的相互作用不能对植物、动物和微生物组成的生物群落产生不利影响。从莱茵河捕获的鱼类、贝类和小龙虾必须能适用于人类消费。在莱茵河沿岸适合的地方,水质能满足游泳的要求。对疏浚物质的处置必须不对环境造成任何不利影响。四是地下水保护。保护地下水是莱茵河保护国际委员会一个新的工作领域。它要求必须恢复优良的地下水水质,地下水的抽取和补充之间必须达到平衡。

此外,管理也是这项计划的重要组成部分之一。在执行期间,措施的分类和时间安排会根据实施情况而改变,必须确定不同行动领域的目标实现程度,还需要定期检查取得的结果。本计划的实施将分几个阶段,从2001年到2005年为第一阶段,实施费用为50亿欧元。有理由相信这一计划最终会让莱茵河的明天更美好。

莱茵河从传统的以单一的水资源为主导的流域管理向以可持续发展为目标的可持续管理转变过程,跨国协调的经验,以及由此提出的水管理战略和对策,对世界大江大河的管理有着重要的借鉴作用。

三、瑞士河流治理的前世今生

瑞士水资源丰富,环境优美,被誉为"花园国家"。但是在河流治理问题上,也走过了一段弯路。

早在1870年至1940年期间,瑞士的河流湖泊大多修筑了水坝,进行了沟渠化工程。这种开发河流的方法,由于在很大程度上改变了河流的形态,切断了河流湖泊与两岸的天然联系,使河流生态系统遭到了破坏。特别是进入20世纪下半叶以来,瑞士的河流污染问题日趋严重,1986年该国境内莱茵河污染事件的发生,使得瑞士政府深感切肤之痛。通过反思,他们认识到了昔日治理河流方向的偏差,认为,为满足维护人类和动植物健康生存对于河流的要求,确保河道形态的连续塑造、保证河流适当的最小流量是其重要的一环。只有具备"充足的河道最小流量",河流才能正常发挥水文循环的自然功能,水生物栖息地用水和生物生存环境才能得以正常维护。因此,要尽可能减轻工程运用对河道水流结构、泥沙输送造成的干扰,最大限度地减少人类活动对于水流自然特性的影响。同时,为保证良好的河流水质,必须下大力气对生活垃圾和废污水进行处理,阻止工业有机物或重金属排放,减少水体面源污染。认识的转变,使瑞士政府把重视加强水域管理提到了空前的高度。

为此,瑞士联邦政府于1991年颁布了《瑞士水保护法》,该法规规定，申请用水人为获得取水许可，必须编报最小流量报告，水管理机构以此判断申请用水人所申请的工程是否符合本法规定和要求。在“促进可维持性河道管理”理念的促进下，联邦政府还制定了《瑞士河道管理指导原则》，提出：“河道是人类、野生动植物的根本自然资源。河道需要保护，并长期维护其功能。”为实现“给河流留有充足的水流空间”的目标，政府安排了100多项工程，用以恢复河流水道原来迂回曲折的状态。为了满足河道洪水通道、水沙输送等自然功能所需要的最小宽度，国家确定了重要保护区，在河流冲积性地区，留有河道发生蜿蜒、分汊、河岸被冲刷的充足空间。

经过几十年努力，瑞士的河流重现出了健康、美好生态环境的新局面。

四、日本别具特色的“自然修复计划”

日本的河流治理走过了一个曲折发展的过程。为适应国土面貌和生活方式的急剧变化，20世纪80年代以前，日本曾一度将河流治理的重点放在以单纯防洪抗旱为核心的水利工程建设上，从而使河流的自然面貌与个性特征遭到了严重破坏。

随着河流生态问题的逐步显现，日本政府认识到，要使日本列岛成为一个完整的生态空间，无疑应高度重视和充分发挥为淡水和绿色植物提供载体的河流的轴心作用。由此，对河流建设的战略发生了重大转变。

20世纪90年代，日本在构建生态体系框架的指导下，开始实施以河道整治为中心的建设多自然型河流计划。其主旨在于，并非简单地保护河流自然环境，而是在采取必要的防洪抗旱措施的同时，将人类对河流环境的干扰降低到最小限度，谋求人与河流的自然共存。

在这一“面向自然修复计划”的指导下，日本开展了大规模“多自然型河流”建设。仅1991年就有600多处试验工程。经过几年的努力，多自然型河流的建设工作已在日本全国范围内迅速推广。

1997年，日本修改了《河川法》，在以往河流管理“治水”和“利水”的基础上，专门增加了“河流环境”内容。特别强调了在制定河流整治规划中,必须实施广泛的“公众参与”。进入21世纪,日本在河流管理上提出“以人为本”、“人水协调”、“尊重自然”等观念,强调流域内居民对于河流管理的参与权,为广大居民创造良好、安全的生产生活环境;尊重河流的自然属性,通过对河流的整治使其为人类造福,调整人类的生产生活方式,尽量减少对水循环的干扰;体现对于人类以外其他生命的尊重,等等。

五、以自然资源管理为核心的墨累—达令河治理模式

墨累河和达令河位于澳大利亚东南部,两大流域构成了该国最大的水系,墨累—达令河流域年均地表水资源总量243亿立方米,约占澳大利亚全国地表水资源总量的6%,可利用量123亿立方米。由于该流域地表水资源较为贫乏,用水量快速增加,水资源供需矛盾十分突出。1996年6月的调查显示,流域水资源总体利用水平已接近可利用极限,某种程度上甚至已超过极限。加之水土资源利用不合理,水污染和土地盐碱化等环境问题逐渐暴露,河道中水质下降,富营养化水体的面积增加,鱼的种类急剧减少。

为此,从20世纪60年代开始,墨累—达令河流域治理从以往以水土资源开发为主转向加强资源和环境保护为主,采取了一系列有效措施:

一是完善流域管理体制,加强流域机构管理职能,强调系统、全面管理。流域委员会协同各州,规划和协调全流域的自然资源管理,促进流域水土资源的综合开发利用和环境建设与保护。重视流域自然资源系统各部分和相互联系,将流域内自然资源的管理和流域经济社会的发展统筹考虑,制定经济社会发展的政策和自然资源的管理政策。首先是经过努力,联邦政府与流域各州就墨累—达令河的水资源分配达成协议,基本保证了水资源在各州之间的公平分配,有效控制了用水需求的快速增长。其后,通过总结实践经验,流域管理从单一分水模式发展为流域综合管理,分水协议也被流域管理协议所取代。

二是在流域管理中,从制定流域自然资源管理的战略、基础研究到具体措施,突出贯彻了可持续发展的观念。基础研究方面,开展了流域环境资源综合研究,建立了以水文为基础的模拟模型和专家决策支持

系统等；水质管理方面，推行国家水质管理战略，通过鼓励更适宜的土地利用方式及最好的废水处理和河流外水处理措施来提高水质；采取各种措施保护鱼类和滨河环境；制定防止盐碱化和排水计划；推动公众教育计划，宣传有关流域自然资源保护的理念与措施；制定有关管理政策中，贯穿流域资源可持续利用支撑区域经济可持续发展的思想等。

三是改革水权管理制度，控制流域用水需求的增长。为了有效改善水资源供需矛盾引发的一系列生态环境问题，20世纪90年代中期，对墨累—达令河流域各州用水实行了"帽子"管理，即用水上限管理。一些用水严重超限的州停止审批发放新水权证。为促进水资源利用效率的提高，澳大利亚政府对水权制度进行了改革，将水权与土地所有权分离，允许水权转让。在水权转让推行较早的维多利亚州的启发和引领下，其他各州积极尝试建立水权交易市场，水权转让已成为该流域水资源重新配置的一个重要手段。

然而，日益严重的水危机仍在不断升级。1998年，墨累—达令河干流断流时间累计长达10个月左右。2002年，澳大利亚遭受百年一遇的特大干旱。2006年，再次发生干旱。受旱灾影响最严重的墨累—达令盆地主要农产品急剧减产。据路透社报道，2006至2007年度这一区域的棉花产量从上年的近60万吨降至25万吨，水稻产量从上年度的160万吨跌至10.6万吨。据该国心理健康组织统计，由于旱灾加剧，很多农民背负沉重的压力，平均每四天就有一名男性农民自杀。由此产生的生态环境问题日趋严重，流域水事矛盾尖锐，严重制约了流域的可持续发展。

2002年，墨累—达令河流域部长级委员会启动了"生命之墨累河"计划，计划投资1.5亿澳元，通过增加河川的环境流量和洪水淹没几率，改善沿河的重要森林、湖泊、洪泛区湿地、河口和河流水域的生态状况。

2007年初，澳大利亚总理霍华德宣布了一个庞大的国家水资源安全项目，计划在输水管线、节水灌溉等方面投入100亿澳元(约合650亿元人民币)。在深受旱灾困扰的昆士兰州，政府总理彼得·贝蒂宣布：该州东南部的居民到2008年将不得不饮用再生水，即经过净化处理的循环废水，昆士兰将因此成为澳大利亚第一个饮用再生水的州。贝蒂接受媒体采访时说："干旱如此严重，我们已经别无选择。"在南澳大利亚，州政府鼓励利用拦蓄雨水和循环废水进行农业灌溉，州政府还与联邦政府，以及矿业巨头共同投资5亿澳元建造海水淡化厂。

六、韩国清溪川复原——城市生态恢复工程的典范

清溪川是一条自东向西穿越韩国汉城中心区的古老河道。由于地理位置的重要，在朝鲜时代的五百年和近现代的百年中，清溪川是汉城的历史、文化和市民日常生活中不可或缺的一部分。

清溪川从自然流态到城市下水道的功能转变，是伴随着城市的诞生与发展一起走过来的。由于战后经济和人口的迅速增长，使清溪川不堪重负，变成了垃圾覆盖、污水横流和贫民窟聚集的地方。在1955年后的几年里陆续被填埋了，这在当时的条件下不但解决了人口的膨胀问题，也是消灭城市污染与维持良好城市环境的办法。1967年又在覆盖了的清溪川上修建了高架桥，此后，污水横流的清溪川被柏油马路替代，上面是穿越城市中心的主要交通动脉，周边发展成为商业中心。随着时间的推移，清溪川逐渐成为首尔的嘈杂地区的代名词。

可持续发展理念的提出使得人们重新审视城市发展轨迹及城市建设、管理的方向。2002年汉城市长李明博上任后，提出了复原清溪川的计划，计划用二年时间将高架桥拆毁，重新打开河道并进行景观建设，将工业化时期的钢筋水泥还原为城市生态商业游憩中心区，使清溪川再生为人们享受自然的去处。这一复原工程2003年启动，中期目标到2008年，长期目标到2013年。

清溪川复原计划主要目标是：①生态环境恢复。恢复清溪川的河流的生态亲水环境。②历史传统文化再造。为了再现汉城600年的历史，恢复包括Gwang桥和Supyo桥在内的一系列古迹，挖掘文化资源，为人民打造一个文化空间。③繁荣经济。清溪川改造后将汉城变成具有清洁河道的环境友好型城市，以富有生机的环境，使汉城变成具有国际竞争力的金融中心、商业中心和高科技信息中心，增加汉城的整体价值。

清溪川的复原并非简单的原貌恢复，其中既考虑了河流本身的特点，又结合了历史和现代文化，包括对现代商业的考虑。西部上游河段流经该市的政治中心，在恢复建设中采用了花岗岩石板铺砌成亲水平

台，造型现代，最上游端设有高约2米的跌水瀑布，在两座桥之间设有连续跌水。中部河道流经商业活动中心，河道设计上体现了“古典与自然的结合”，河道恢复中南岸以块石和植草护坡，北岸修建连续的亲水平台，间隔设植草平台，并设有喷泉，为人们提供良好的休闲空间。东部下游河道流经居民区和商业混合区，在河道设计上体现了“自然与简朴”，河道的改造以自然河道为主。清溪川的水源主要来自于处理后的中水和汉江水，保证人们亲水活动的绝对安全。

清溪川复原工程建设中的大胆决策、人水相亲理念，工程建设与市民各阶层利益的协调很值得借鉴。

此外，英国从1994年开展的以可持续洪泛区和生物多样性保护为目的的河流修复计划，美国有关地区1998年签署的Puyallup河流域开发及保护水质协议，德国启动的旨在改进洪水控制措施、改善河流生态、娱乐功能的ISAR计划等积极维护和修复河流健康生命的行动，都产生了明显的效果。2000年欧盟颁布的《水框架导则》提出，要在未来10~15年内把欧盟的河流恢复到良好状态，包括为生物提供充足的栖息地、实现水质恢复目标和改善水文情势。

七、埃及把目光投向尼罗河以外

对于拥有悠久历史的文明古国埃及来说，尼罗河是大自然给予他们的馈赠。然而，随着埃及人口增长和人民生活水平的提高，这条贯穿全境的河流如今超负荷承载着社会发展的需求。埃及闻名世界的大型水利工程当属完工于20世纪70年代的阿斯旺水坝。修建大坝的初衷基于传统的防洪促农水利治理理念：控制尼罗河水流量，使其盈时不涝、缺时不旱，同时增加农业耕地面积，改善农产品结构，提高粮食和经济作物产量。大坝建成30多年来，阿斯旺水坝给埃及带来了巨大的经济效益和社会效益。尼罗河谷平均每年增加440万亩的灌溉农田，小麦由一年一季田转变为一年两季，显著提高了农业产量。

然而，埃及年均2.5%~3%的人口增长率弱化了阿斯旺水坝带来的经济效益和社会效益。6700万埃及人的生活和生产高度集中在占全国面积5%的狭长尼罗河谷和靠近地中海的三角洲地带，人均水资源的不断降低严重制约了埃及国民经济的发展步伐。

显然,传统的“靠山吃山,靠水吃水”的理念,已经不能适应埃及经济和社会发展趋势。埃及决策者逐渐认识到必须在水资源利用开发方面放弃“固守”尼罗河谷的陈旧理念,革新思维跟上时代步伐,把生活和生产活动从尼罗河谷解放出来。

为达到这一目的,埃及制定了面向21世纪的新的水政策,旨在综合利用尼罗河水资源的同时,开发新的水资源,变沙漠为良田,并为综合条件相对较好的地区改善环境,从而促进国民经济各部门的全面发展。

新政策将分两部分实施。第一部分旨在减轻对尼罗河谷地和尼罗河三角洲地区的巨大压力,改造西部和东部的沙漠地带为良田,改变埃及人口地理分布过于集中的现状,通过创建新居住地区来增加就业机会,缓解社会压力。这部分包括修建两个大型调水工程,即将尼罗河水跨苏伊士运河向东引至西奈半岛的“和平渠”,以及将纳赛尔湖水向西引至埃及西部新河谷地区的“图什卡世纪工程”。这两个巨大水利工程计划从20世纪末到2017年,将一部分居民迁至埃及东北部的西奈半岛和西部沙漠地区,建设新的“尼罗河谷”。“和平渠”和“图什卡世纪工程”的启用将为埃及新增210万费丹的耕地。

埃及水政策的第二部分是集中在北方三角洲地区的水利工程,其核心是根据该地区相对较好的资源分布情况、经济实力以及靠近地中海和周边地区经济实体的地缘条件,整合尼罗河资源,开发雨水及地下水等新的水资源,在大兴水利项目的同时配以航运、旅游、交通、服务、矿业和能源等各经济领域的建设,全面带动埃及国民经济发展。该部分的具体工程包括兴修地中海沿岸高速公路相关产业的配套水利设施等工程,总投资额达50亿埃镑(一美元约合5.87埃镑)。

根据这一计划的实施,到2017年,埃及的居住和可耕地面积将由现在的5%上升到25%。

八、拯救河流行动在中国

面对水问题的严峻形势,中国政府在科学发展观的指导下,通过认真总结半个世纪以来治水实践中的经验教训,提出了“由传统水利向现代水利、可持续发展水利转变，以水资源的可持续利用支持经济社会可持续发展”的治水新思路。据此，在黄河、淮河、海河、黑河、塔里木河等河流进行了生态恢复、水污染治理、水资源优化配置与调度等一系列重大实践，取得了显著效果。

黄河是中国的第二大河，也是世界上最为复杂难治的河流。20世纪90年代以来，在下游悬河形势严峻、上中游水土流失严重等问题尚未得到根本解决的情况下，又出现了水资源供需矛盾尖锐、下游河道断流频繁、二级悬河加剧、水质持续恶化等新的重大问题。为了拯救黄河，黄河水利委员会遵循中央的科学发展观和水利部提出的治水新思路，在总结古今治河经验教训的基础上，确定了“维持黄河健康生命”的治河新理念，并在全河水资源统一管理、优化配置与水量调度、调水调沙等方面进行了积极的探索和实践，取得了明显成效，引起了国内外的高度评价与广泛关注。对此，本章将有专门介绍和论述。

渭河是黄河最大的支流，历史上为古代中国的发展发挥过重要作用。但是20世纪后期以来，随着沿岸城市经济的快速发展，渭河流域的水环境及生态系统遭到了严重破坏。为了全面解决这一问题，2005年国务院正式批复了《渭河流域重点治理规划》，计划用10年左右时间初步建成渭河流域防洪减淤体系，确保重点河段和地区的防洪安全，缓解水资源短缺状况，改善渭河干流及支流水质，遏制人为造成新的水土流失。近期把渭河下游防洪减淤作为治理重点，同时坚持开源节流并举，加大节水和治污力度，努力解决水资源不足和水污染问题。

历史上，淮河流域曾经是一幅饮食富足、生活安逸的山园风貌，也是新中国成立后最早进行大规模治理的一条河流。但自20世纪80年代，随着沿河两岸工业迅猛发展和人口的增加，大量工业废水和生活污水进入干支流，给沿河居民的生活用水和生命安全带来了严重影响，不少地区出现了水生态灾难。

20世纪90年代中期，淮河水污染治理被提到中国政府的重要议事日程。国务院颁发了《淮河流域水污染防治暂行条例》，批复了《淮河流域水污染防治规划及“九五”计划》。力图通过《条例》和《规划》的贯彻实施，以污染源达标排放和关停严重污染的小企业为突破口，采取综合措施，努力实现淮河流域水污染治理的基本目标。

1997年末，在淮河流域工业污染源达标排放的最后期限，国家环保部门组织豫、皖、鲁、苏四省3000多名环保和水质监测人员，统一行动，对淮河流域干支流上7个断面与2个污染源进行了现场督查与水质监测，当即对1200多家排污企业采取了执法行动。被称为淮河治污“零点行动”。

至2000年，淮河流域水污染防治取得了明显成效。流域污染负荷大幅度削减，主要河段水质有了较大的改善。但由于城市污水处理建设滞后、流域经济增长方式未得到根本转变等原因，离水质根本改善的目标还有较大的距离。

黑河是中国第二大内陆河，其突出问题是，流域降水稀少，蒸发强烈，水资源严重短缺，特别是20世纪后期，由于流域人口增长迅速、水资源开发利用方式不合理，引发了河道断流、湖泊干涸，地下水位下降、林木减少、草地退化、土地沙漠化和沙尘暴危害等一系列生态问题。

针对黑河日益严重的生态问题，从2001年开始，国家加大黑河生态治理力度和投资强度，国务院正式批复了《黑河流域近期治理规划》，决定用3年时间实现国务院批准的黑河分水方案，尽快遏制流域生态系统恶化的趋势。为加强黑河水资源的统一管理和调度，保证既定目标的实现，国家批准成立了由黄河水利委员会领导的黑河流域管理局，流域内各省(自治区)实行区域用水控制行政首长负责制，按照编制的水量分配方案、年度分水计划，强力组织实施。通过艰苦的努力工作，实现了国家确定的水量分配方案的各项控制指标，黑河生态系统得到了逐步恢复。2002年7月，黑河下游结束多年干涸局面，尾闾湖泊东居延海重现碧波荡漾的景象。

新疆塔里木河下游长达300多公里的河道频繁断流，尾闾台特玛湖长年干涸，由此造成大面积柽柳、胡杨林死亡，沙漠化愈演愈烈。为了拯救塔里木河，2000年至2004年，国家投资300多亿用于该流域的生态建设，先后6次从博斯腾湖向塔里木河下游应急输水，从而结束了塔里木河下游河道断流近30年的历史，河道两岸再现绿洲生机。

四川岷江水系的沙河，20世纪末曾演变为一条承纳工业废水、生活垃圾的纳污河。2001年,成都市对沙河进行了以污水治理、环境治理为重点的综合整治。其治理以重塑原生态河流面貌为主要任务,在理念上突出了生态性、亲水性、可持续性和人与自然和谐统一。经过治理,沙河从昔日污水横流、臭气熏天的排污河,变成了一条“湾湾清水,处处绿阴”的生态河,人与河流的亲情关系得以重建。2005年,沙河作为亚洲唯一发展中国家的河流治理项目,获得了舍斯国际河流纪念奖。

除此之外,江苏、山东等地实施禁采、限采地下水及回灌补水等手段治理地下水严重超采,东北地区抢救扎龙湿地保护区生态环境,实施“引江济太”工程解决太湖水富营养化问题等,也都取得明显的效果。这些重大举措,充分体现了中国政府对于加强水资源管理、致力改善河流生态环境的高度重视。

第二节　理念、个性与流域一体化管理

长期以来,各个国家在各自特定的社会背景下,对本国或有关本国的河流进行了治理与探索。特别是一些发达国家,在经历了经济社会发展、生态环境遭到破坏、开始重视河流生态系统保护的曲折过程后,在实践中形成了各具特色的河流治理模式,这些经验,为丰富世界河流治理开发宝库增添了新的内容。

维持河流健康生命,归根结底,就是通过调整人类对河流的行为方式,构建人类与河流的和谐关系,从而使河流生命得以良性维持。这是一项极其复杂的系统工程,不仅需要科学的治水理念为基础,需要战略性的框架规划作先导,还需要行政、法律、技术、工程、经济等综合措施,互相配合,多措并举,分阶段实施。

一、人类治水理念的发展

治水活动的出发点无疑是为人类造福,但相对于所处的不同时代、不同的目标追求和认识水平的差异,人类治水的理念也有所不同。总体而论,人类在不同历史时期所采取的相应的治水理念,大体经历了三个阶段。

第一阶段，以解决人类生存安全和基本生活需求为主要目标的原始阶段。这一时期，人类生产力低下，对水旱灾害的控制能力很低，把水旱灾害这种自然现象看做人力无法抗拒的天或上帝的意志。特别是洪水的发生，既有季节规律性，又有很大的偶然性，因此每当灾难来临，人们往往乞求上苍的保佑。这一时期，人类以被动适应自然为主要特征，经历了极其漫长的历史过程。

第二阶段，以修建水利工程来改造河川、调蓄洪水、干预河流的治水阶段。这一时期，随着社会生产力水平的提高和人类对河流洪水认识的深入，开始以修筑堤防、防御水害为主要手段进行河流治理，与此同时，尝试对水资源在农业耕作中的利用。在具有悠久历史的古代中国，产生了郑国渠、都江堰、京杭大运河等著名水利工程以及贾让治河三策、《水经注》等治水典籍。这些标志着人类已经由被动地适应自然走向主动的挑战自然、利用自然。

第三阶段，工业革命以来以大规模修建水利工程为标志的兴利除害、征服河流阶段。动力工业的迅速发展，改造自然能力的增强，人口的增长，农业灌溉的扩大，极大刺激了人类迅猛增长的水资源需求和多目标开发。人类在尽享河流水资源之利的同时，也明显地改变着河流的形态，在很大程度上影响了河流生态系统。

目前，大部分发展中国家仍处于这一阶段。而在欧美等发达国家，大约在20世纪中叶就逐渐放慢了水利工程建设速度，缩小了工程建设规模。谋求人与自然相和谐，强调科学合理开发资源，加强生态环境建设，协调经济布局，调整产业结构，走可持续发展之路，这种经济社会发展模式，对于具有时代特征的河流治理新理念的形成，产生了积极而深刻的影响。

河流治理新理念，在水资源问题上，更加强调水资源在效益型、科技型、节约型社会发展体系中的合理开发利用，强调水的生存资源、经济资源、生态资源等多重价值属性，强调通过优化配置，实现水资源的高效利用。在处理洪水问题上，主张从一味追求战胜洪水、与自然抗衡，向控制与适应洪水相结合进行转变，主张由社会承担适度的灾害风险，建立工程措施与社会措施相结合的综合防洪减灾体系。

综观人类治水的发展历程,可以看出,人们对待河流行为方式的演变过程,实际上就是调整人类利益、河流利益和生态利益的平衡过程,亦即自然和社会的平衡过程。在这一过程中,维持河流健康生命的提出,是人们在治水理念上的一次重要革命。

二、因河制宜,分类推进

不同的河流有不同的自然规律,所处的社会环境与人文背景也各不相同,因此维持河流健康生命,必须根据每条河流的现状和具体情况,制定切合实际的目标,因河制宜,分类推进。

(1)对于洪水问题突出的河流,在防洪策略上,一方面要通过控制性工程和标准堤防的建设,提高洪水控制能力,趋利避害,防止洪水对人类的侵害;另一方面,要积极实行退耕还林(草)、退田还湖(河)等措施,尊重水流规律,给洪水以出路。

在保障措施上,一是大力加强和完善以堤防为基础、控制性枢纽工程为骨干、蓄滞洪区为保障的防洪减灾工程体系建设。二是要依靠科技进步,加强水文基础设施建设,通过采用现代化信息采集、通信、传输、处理与决策支持等手段,建设完善的防汛指挥调度系统。三是加强对防洪工程及重要基础设施的管理和维护,确保安全运行,避免垮坝等人为巨大灾害,确保沿河地区的防洪安全。

(2)对于资源性缺水的河流,首先要加强水资源的优化配置和有效管理,抑制用水需求的过快增长,提高水资源的利用效率。其中,对于跨国河流,要从河流生态系统的整体利益出发,积极寻求国际合作,谋求流域水资源的科学管理与分配。对于本国的河流,要实行全流域水资源统一规划,根据"先生活、后生产,先节水、后调水、先地表、后地下,先重点、后一般"的原则,实施水资源的统一管理与科学调度。

要坚持"开源、节流"并重,建立节水型社会,致力提高水资源的利用效率。农业用水,应积极开展节水灌溉,减少沿程损失,推广旱作农业,并充分利用天然水资源,积极实施人工增雨,建设雨水集流工程等。对于工业用水,加大节水改造力度,提高水的重复利用率,对耗水量大的工矿企业要采取强制节水措施。

资源型缺水往往与水质型缺水相伴而生。要从开展非传统水资源的角度入手，提高污水的处理能力，使污水经过处理后重复用于工业、市政、环境卫生及生态景观等。要根据流域水资源的环境容量和纳污能力来确定经济社会发展规模，最大限度地减少工业污染对有限水资源和水环境的影响。要以经济杠杆促进节水和治污，推行水费累进加价制度，提高污水排放收费标准，积极开展水库调度的研究，充分利用水文气象预报等先进技术手段，对水库进行动态风险调度，合理调蓄水量，挖掘水库兴利潜力。同时，对于条件成熟的，还可以实施跨流域调水，从总量上弥补本流域水资源的不足。

(3)对于水质污染严重的河流，要采取强有力的手段，以促进社会、自然、经济、环境的协调发展为主旨，遏制污染进一步发展，逐步修复已经被污染的河流生态，朝着建设"健康生命的河流"的方向迈进。

第一，科学调查测算，制定排污标准和具体指标。将这些指标进行细化分解，分配到各个河流界段，对不同污染物的排放量进行严格的限制与控制。

第二，限制污染物排放总量，按照水功能区对水质的要求和水体的自然净化能力，明确不同地区、不同部门的排污权，要核定水域纳污能力，监测实行排污总量控制和主要控制断面水质标准的排污权管理制度。

第三，加强流域水资源的配置与管理。针对流域水资源的突出问题，综合考虑开发利用与节约保护、流域与区域、经济社会发展和维护河流健康生命、人与自然和谐发展之间的关系。结合流域内建设的大型水库、河道低坝等水利工程的水资源配置功能，在认真分析水资源承载能力和水环境承载能力的基础上，科学确定流域水资源配置框架与水体调度运行实施方案。

第四，推进节水防污型社会建设。加大经济结构调整力度，转变经济增长方式，大力推行清洁生产，发展环保产业，彻底摒弃高耗水、高污染、高成本发展的陋习，以节水促减污、促生态建设。

(4)对于多泥沙河流，要通过"增水、减沙、调水调沙"等措施，着力解决水沙关系不协调的症结,保持河道畅通的水沙通道。增水的途径包括挖掘现有水资源潜力和从外流域调水。减沙的措施,主要依靠水土保持生态建设。调水调沙则是指借助河流自身的力量,利用大型水库的调度,创造“人造洪水”冲刷下游河床,减少泥沙淤积,使水沙关系变为协调。

(5)对于干旱缺水、土地荒漠化严重等生态环境恶化的河流,关键在于妥善处理社会经济发展用水、维持河流健康用水、生态环境良性发展用水之间的关系。要以水资源合理配置为基础,尽最大努力保护天然绿洲,防治荒漠化的持续蔓延。

三、推进流域水资源一体化管理

水资源一体化管理，是在1992年里约热内卢联合国环境与发展大会通过的《21世纪议程》的精神指导下提出的。它的定义是:以公平的方式,在不损害重要生态系统可持续性的条件下,促进水、土及相关资源的协调开发和管理,以使经济和社会财富最大化的过程。简言之,就是在经济发展(Economy)、社会公平(Equity)和环境保护(Environment)这三者之间寻求平衡。其中“经济和社会财富的最大化”的核心是提高水资源的利用效率。

河流流域是以淡水资源水系为支撑的自然地域和生态单元，是经济、社会和环境的复合体。河流的治理开发既涉及流域的自然属性,又与相关区域的人类活动密切相关。一方面，流域内部各种要素相互关联,河流水系中周而复始的水循环,把流域内的土地利用、资源利用、经济活动和生态系统等联系在一起。人们在某一地区、某一方面为满足需求所采取的活动和单方面措施,都会对关系河流其他方面产生影响。另一方面,实现人类和其他生物群共享水资源,实际上是流域利益相关者的利益再调整过程。这一过程的核心应在不过多损害河流的前提下,通过改进河流、土地和相关资源的管理和开发方式,使经济、社会和生态效益最大化。因此,推动流域水资源一体化管理既是促进经济发展、社会公平和生态保护三者均衡发展的重要战略,也是维护河流健康生命、实现人类与河流和谐相处的重要手段。

（一）健全的法律和法规是流域水资源一体化管理的保障

法律和法规是约束人们行为的强制性规范。控制洪水、水资源利用、生态环境保护等河流治理开发活动，和人口、资源、环境和经济社会发展等密切相关，直接涉及上下游、左右岸相关地区的利益，加之开发方式与社会需求的极大差异，各种矛盾错综复杂。要在河流保护与开发之间找到平衡，在流域内各方面的利益之间找到平衡，实现水资源的可持续利用，必须加强河流法规建设，坚持依法治水，依法调整和规范河流治理、开发、管理和保护中各方面的关系，明确流域内利益相关者之间的权利和义务，明确流域管理的职责，规定人们在流域内活动所必须遵守的规则，为流域水资源一体化管理提供有力的法律保障。

（二）统一、高效的管理机制是推进流域水资源一体化管理的基础

流域管理不但承担着水资源管理和河道管理的任务，而且负有对区域间利益等进行行政协调的职责。水资源的开发和管理需要打破部门、地区限制，统筹协调，实行联动。因此，首先要建立统一、权威的流域管理体制，有效协调各区域、部门之间的关系，更好地解决河流治理开发与管理中的重大问题。

其次是建立与之相适应的高效的管理运行体系，用制度来约束和管理水事活动，协调解决部门间的利益冲突。具体来说，要建立各利益相关者参与流域重大水问题决策的机制，并为之提供参与平台；努力改善公众参与流域管理的环境，建立流域信息披露和发布制度，培养和提高利益相关者参与流域管理的能力；不断提高流域机构的协调能力，并逐步走向决策权、执行权和监督权的分离。最终实现“统一规划、共同决策、分工负责、信息共享、经济激励、社会监督”的流域水资源管理运行模式。

（三）科学、合理的综合规划是推进流域一体化的重要手段

科学、合理的流域综合规划是水资源开发、利用、节约、保护和防治水害的总体部署，也是实施流域管理、从事水事活动的基本依据。流域机构根据区域资源、经济、环境状况，按照统筹兼顾的原则，实行统一、科学的流域规划管理，从全局得益上合理分配河流资源，这样才能有效地避免流域水资源不合理的开发利用和浪费，才能统筹协调好流域兴利与除害、开发与保护、整体与局部、近期与长远的关系，安排好防洪、供水、发电、航运、生态建设与环境保护等各项任务，实现流域水资源的优化配置、全面节约、有效保护和综合利用。这既是发达国家的成功经验，也是提高用水公正性和效率的必要保障。

第三节　河源区生态保护与河口三角洲治理

一、河流源区生态环境保护

河流源区的涓涓细流孕育了河流生命的源泉，是河流的重要组成部分。河流源区大都处于高山峡谷或高原湿地，其生态状况直接关系到河流生命的健康。但近年来，随着全球气候的变化及人类活动的影响，河源区生态环境出现不同程度的恶化。草场退化，湖泊湿地严重萎缩，水源涵养能力下降，生态系统功能减弱，一系列的生态问题已直接影响到河流生命的延续。因此，采取有效的措施，保护河源区生态，遏制其恶化趋势，应成为维持河流健康生命的重要任务。

河流源区生态保护应把握好以下几个环节。

（一）统一规划，综合治理

河源区大多人口稀少，开发利用程度较低，且缺乏完整的综合治理开发规划，存在盲目开发的状况。制定科学合理的河源区生态保护综合治理规划十分关键。要在科学考察、资源调查的基础上，应用先进的“3S”技术，在河源自然保护区内划分生态功能区，针对不同功能区的特点，确定具体保护目标，在保护区内，实行禁牧、禁猎、禁止开矿等活动。对于生产条件差、不适宜人类居住、生态环境较为敏感或生态环境退化严重的地区，应拟定生态移民规划及移民安置方案，将居民和牧民迁徙到条件较好的地区。

（二）完善法律法规，依法治理

河流源区生态系统是一个整体，一旦遭到破坏，将造成不可逆转的严重影响。生态环境保护涉及面广，难度很大，因此从国家层面上，应当把河流源区生态与环境保护和建设作为国家的一个重大生态安全问题来对待,制定有关生态与环境保护的法律法规。对于河流源区的重要地位、保护范围、保护政策、补偿机制、监管措施等,作出明确规定。

河流源区生态保护法规的制定，应针对生态保护区的特殊区位和人文社会状况,以解决现存的突出问题为出发点,综合考虑生态保护各方面的要求,突出恢复和治理当地生态环境的法律地位及其职责,建立有效的监督管理体制。需要生态移民、草原承包权等问题的,还要与相关法律法规相协调。同时,当地政府还可根据本地区实际情况,制定有关地方性法规、行政规章和规范性文件。只有这样,才能使河源生态与环境保护进入法制化,做到依法管理,依法监督,形成长效机制,从而保证河流源区的生态环境得以良性维持。

(三)转变经济产业结构

在河源非保护区,为恢复天然草地的产草量,应通过改良牧民现行生活、生产方式,改变传统的粗放型畜牧方式,从单纯“放养式”畜牧向“圈养和放养相结合”的生产方式过渡,逐步缩小放养牧场面积。要采取围栏封育、人工草场建设、轮牧、草场承包等措施,严格以草定畜,以减少对牧场的需求和压力,使草地能得以休养生息。应着力发展畜牧业生产综合配套技术,推广畜牧业优化生产模式,以科学养畜为中心,发展畜牧产品的深加工,增加畜牧产品的附加值,同时通过牧畜业的产业化经营,推动区域整体社会经济发展,提高整体生产效益。逐步使牧民从游牧转向定居、从放牧经济走向工业经济,实现经济社会结构的转型。

(四)建立生态补偿机制

河源区的生态问题,关系到全流域,其生态环境的恢复与保护,能有效提高水源涵养能力,可惠及整个河流上中下游地区。因此,要使河源生态环境的保护与改善能够持久进行, 应在对河源区生态价值评估的基础上,建立生态保护的补偿机制。所需补偿经费,可通过国家政策扶持、中下游地区补偿、社会捐助和有关国际组织资助等途径实现。一些地区为规范开发行为,促进生态系统恢复,尝试以收取资源开发生态补偿费的方法,也取得了较好的效果。

(五)完善管理体制

河源区生态与环境涉及地质地貌、气候、湿地、水文、土壤、草原和森林植被、野生动植物等多种环境要素和自然资源,急需统一管理,加强监督。由于各部门分散管理,缺乏对河流源区生态与环境保护整体性功能的认识,往往不能形成对生态环境保护的整体效应。因此,建立完善由有关方面组成的管理体制,对河流源区生态环境实行统一监督与管理,是非常必要的。

河源区生态与环境保护的监督管理应采用综合生态系统管理方法。承认人与河流源区生态与环境和自然资源的直接或间接的相互依赖性,重视河流源区生态系统各功能之间的关联,重视河流源区生态系统与人类社会经济和生产系统之间的关联,通过综合考虑社会、经济、自然和生物的需要和价值,综合考虑河流源区生态系统的各组成成分,调动各方面的力量,来解决河流源区生态与环境保护和建设的问题。这就要求必须综合运用行政机制、市场机制和社会机制(即非政府、非市场的调整机制),同时采取行政指导、行政协议、信息公开、经济刺激、官民合作、多方协商等手段,以实现河流源区生态保护和建设的目标,促进流域和区域经济社会、生态环境的可持续发展。

(六)切实解决好生态移民问题

生态移民是河流源区生态保护的关键性措施,必须切实搞好河源区生态移民工作。在思路上,应将生态移民工程与解决移民就业和城镇化发展结合起来,积极促使牧民从以往数量扩张型的牧业生产方式转变为效益提高型的城镇化生态经营方式,同时,通过完善生态移民有关法规和政策,统筹落实规划,使河源区生态移民走上致富路。

要加强技能培训,提高移民素质,加速替代产业的培育,结合产业结构调整,扩大移民就业门路。充分发挥河源独特的自然风光和民族风情,积极发展生态旅游业。政府要加大当地基础设施建设投入,建立移民最低生活保障制度,营造生态移民安置的长效机制。

(七)建立监测体系

掌握准确的环境现状与生态变化资料,是科学制定生态环境保护规划与措施的基础。因此,河源区生态环境保护必须高度重视环境监测工作,要通过整合各行业监测网站,构建生态与环境监测网络,尽快建立起完善的环境信息收集系统。

在监测体系建设中，监测站点的布设要有代表性，监测因子的选取要有针对性，能够反映区域环境特征。要形成河源区监测站网，保证环境因子观测的系统性，实现认识河源区生态环境变化的规律性。有关机构应在监测数据分析评价的基础上，健全河源区生态与环境质量评估和生态安全风险的预报、预警和应急机制。

（八）促进公众参与

河源区生态与环境保护要走向良治，应实行广泛的公众参与。通过公众参与，可以促进社会各界对河源区生态与环境保护达成共识，增强全社会的环境生态保护意识和自觉行为。同时，也是对生态环境这类公共资源的分配与控制的有效监督。

在公众参与主体上，应强化民间环境组织的作用。在公众参与措施上，政府部门对河源区生态与环境等有关监测信息，除涉及国家秘密外，应及时公开发布，保障公众的知情权；通过论证会、听证会等途径，实现公众各方面意见的表达与采纳。

河源区生态环境保护是一个复杂的系统工程，既需要采取工程措施，又需要采取非工程措施，需要政府和全社会的共同努力。只要持之以恒，坚持不懈，一定能够取得显著成效。

二、河口治理

河口泛指河流注入海洋、湖泊或其他河流的河段。河口是河流与海洋交汇的地方，河口是汇，河流是源，二者息息相关。河口是一条河流流域的重要组成部分，是流域的脉搏，河口状况是河流流域状况的具体反映。

河口是沟通陆地与海洋的纽带，大江大河的河口地区自然资源丰富、地理位置优越、气候条件良好，大多成为工农业高度发达的地区，在全流域乃至整个国家经济社会发展中举足轻重，发挥着“龙头”的作用。据有关资料统计，目前，世界大江大河河口三角洲面积占全球面积的3.5%，却集中了世界上2/3的大城市，养育着全世界80%的人口。珠江三角洲以只占中国0.43%的土地面积，容载了全国1.8%的人口，生产出占全国8%的经济总量。位于莱茵河三角洲顶端的的鹿特丹市，是具有

"欧洲门户"之称的世界第一大港，每年海运吞吐量达2亿~3亿吨，其中石油达1亿多吨，集装箱运输2000多万吨。

大河之治，终于河口。河流的河口健康与否，是一条河流是否健康不可或缺的重要参数之一。对于河口的治理，是所有河流流域治理的重要内容。整个流域治理的成败，大都可以通过河口的各项指标体现出来。随着经济社会不断发展和国际合作的广泛联系，世界各国十分重视大江大河河口的治理。20世纪美国、荷兰分别对密西西比河和莱茵河的成功治理，充分说明了河口治理在流域治理中的关键作用。

河口是河流上中下游水沙等自然物的最后归宿，河口的自然状况与河流上中下游密切相关。上中游的过度开发、水土流失，与下游河口地区的生态环境恶化、泥沙淤积、河道萎缩、流路不稳、海岸蚀退等诸多问题互为关联，因果相应。河口地区经济社会和生态、环境问题的叠加、发展和演化，使得河口存在的问题错综复杂，矛盾交织，难以解决。健康的河口，不仅要自身拥有良好的生态，还要能够造福人类，不断满足经济社会发展的需要。所以，河口治理不是单一技术措施或单一部门地区所能解决的。河口的治理必须与全流域的水资源统一管理联系起来，与上中下游地区的社会经济发展联系起来，统筹兼顾，各方协调，综合治理。维护河口健康必须遵循河口演变发展的自然规律，使河口的各项功能都得到发挥，使人类、自然各得其所，健康和谐，共同发展。

要制定和实施科学合理、因地制宜的河口治理开发综合规划，解决河口及其三角洲地区的洪水风暴潮威胁严重、水资源供需矛盾尖锐、生态环境日趋恶化等问题，以保证河口治理开发、区域社会经济和生态环境建设的协调发展。河口三角洲的开发与建设，也要充分考虑河口洪水的行洪要求，与河口治理自然条件相适应。在制定河口整体规划时，要遵循可持续发展战略的指导思想，考虑河口的开发治理与海域健康的关系，加强基础研究，完善河口生态与环境监测体系，促进人与自然和谐相处，保障经济社会的可持续发展。真正做到总体规划、统一管理、合理有序地开发。

对于流路不稳、左右摆动的河口，要把稳定入海流路作为首要治理任务。要运用多种工程手段加强河口的综合治理，减少河道淤积，保持河口河段有足够的排洪能力，使泥沙向深海输移，减轻溯源淤积的影响，按规划建设堤防、险工和控导工程，挖河疏浚，约束河流摆动。要统一管理各类河道工程，包括各类堤防、险工、控导工程、引黄涵闸等，以及与河道工程有关的附属设施，搞好日常维修养护和防汛抢险，搞好水沙资源的调度和利用。

对于河道淤积严重的河口，应遵循河口河床演变的规律，因势利导，稳定和发展有利河势，采用挖沙疏浚或整治措施，扩大过水断面，加深河槽，满足排洪和航运的要求，还可合理利用汛期洪水冲沙、拉沙，冲刷河道清淤。同时，还要加强流域水土流失治理，拦截进入下游地区的洪水和泥沙。法国塞纳河口1843年就已开始整治，因受科学技术水平和实际经验的限制，未取得预期效果。以后，在英国默西河口改用疏浚措施，取得了所需水深。随着海轮吃水深度增加，单靠疏浚难以满足航行要求。20世纪以来，河口治理大多采取整治、疏浚相结合的方法，如中国对黄浦江、海河、辽河和黄河等河口的治理，都取得了一定效果。但工程布置和实施主要依靠经验。后来采用河口水力模型试验进行研究，试验技术不断发展，河口治理效果也日益显著，世界上一些大河口航道水深逐步获得了较大幅度的增长，航运功能得到有效发挥。

对于水环境逐渐恶化的河口，要加大水污染防治力度。河口和近海水污染主要来自河流等陆源污染。三角洲城镇污水和禽畜养殖污水、农村面源污染和沿海滩涂水产养殖污染亦是重要污染源，需要重视河口三角洲广大河网地区内河的水污染防治。要按照河口和近海海洋水环境容量；江河径流、潮流和水体自净能力，确定纳污总量，然后逐级上推，限制江河河口和河道中、上游各段的排污总量，按流域进行水污染防治。

要维护优化河口地区生态系统良性发展，加大河口和近海环境、水生生态、湿地生态和自然资源保护，减轻人类活动对海口区域生态与环境的负面影响。河口生物资源丰富，滩涂湿地是生物多样性鸟类、鱼类、蟹、贝类、洄游等生物的产卵、孵化场所，一旦破坏，影响深远，需要大力保护，维护河口生态的完整性。在制定河口及三角洲地区经济社会发展规划时，要充分兼顾河口的生态安全，合理规划海陆发展，实施综合保护、综合开发、有序开发,协调各利益主体之间的关系,使水利、水运、水产、国土、城建、海洋、农牧业、环境、林业、旅游等方面科学发展,互为支撑。

要加强对河口综合治理研究工作力度,提高河口管理效率和河口治理的科学水平。一是要建设河口模型,包括数学模型与物理模型。国内外大江大河的河口治理大多通过河口物理模型试验来实现,通过模型试验,揭示河口内在的规律,提供综合治理开发方案。二是加强河口科学研究。治理河口是一项宏大的社会系统工程,还有许多没有解决的难题,需要不同领域、不同单位的科研力量,开展多学科的协作研究,联合攻关,紧紧依靠科技力量,多学科并举,研究河口的全面综合治理措施,付诸于实践,指导实践。

第四节　建立节水型社会

所谓节水型社会,就是奉行节约用水的思想理念、生产方式、生活方式和消费方式的社会,是以尽可能少的水资源创造更多的价值和服务的社会。节水型社会的本质特征是建立以水权、水市场理论为基础的水资源管理体制,充分发挥市场在水资源配置中的导向作用,形成以经济手段为主的节水机制,不断提高水资源的利用效率和效益。它包含三重相互联系的特征:效率、效益和可持续。效率的含义是降低单位实物产出的水资源消耗量,效益是提高单位水资源消耗的价值量,可持续是水资源利用不以牺牲生态环境为代价。

一、节水型社会建设的核心是制度变革和建设

节水型社会建设的核心是制度建设,依法建立节水型社会制度体系,是节水型社会建设的主攻方向,是实现水资源社会管理的基础。

(一)加强政府管理　建立水权制度

节水型社会建设是一项涉及社会各行各业、千家万户的系统工程,其基础是建立水权制度,而建立水权制度的前提是必须加强政府对水资源的管理,制定合理的水量分配方案。因此,必须通过加强政府管理,改革水资源管理体制,建立政府调控、市场引导、公众参与的节水型社

会管理体制。在节水型社会建设中,政府应发挥主导作用,保证公共利益和水资源可持续利用,切实保障公民的基本生活用水权利和用水安全,保障生态用水和环境用水。同时,建立水资源取、供、用、排、回用全过程的用水管理制度体系。健全取水许可制度和水资源有偿使用制度,建立健全排污许可制度和污染者付费制度,建立用水计量与统计制度,发展节水高效的农业和生态农业。

随着国际社会经济的迅速发展,供水需求增长极快,水资源成为经济发展的一个活跃因子,许多地区已步入极度或相对缺水区,用水矛盾日趋激烈,用水权逐步成为公众所关注的对象。由于水资源的社会公益属性,使得水资源如同土地一样,所有权的私有化受到限制。基于所有权和使用权分离的水权管理便逐步成为水管理发展的一种趋势。水权制度的建立,水权的明晰,特别是环境、生态等基于公众利益的用水权产权的明晰,更有利于缺水流域内水资源节约与保护等合理提高用水效率的措施的推行。同时,水权制度的建立和用水权产权(财产权)的明晰,也为水价真正走向市场化管理奠定了基础。

(二)处理好制度设计的关系

节水型社会的制度设计应注意把握以下几种关系:

(1)保护资源和经济发展的关系。资源的保护是为了实现可持续的开发利用,是为了使自然资源更好造福人类社会。在节水型社会制度建设中,既要达到杜绝水资源浪费与不合理使用的目的,同时也要有利于促进经济社会的发展。因此,在制度的设计上应当松紧适度、宽严得当,通过科学合理的制度促进经济社会快速、协调发展。

(2)行政管理与市场机制的关系。节水型社会制度建设,一方面要引入市场机制,另一方面要加强行政管理,发挥政府应有的作用。

(3)价格杠杆和社会承受力的关系。节水型社会建设既要运用价格杠杆,实现水的合理使用,让公众少用水,用好水,用得起水,又要根据各地实际情况和承受能力,建立合理的水价机制。

(4)统一管理和分类指导的关系。节水型社会建设应在坚持水资源统一管理的模式下进行,同时,还要对不同行业、不同地区分类指导。

(5)开源和节流的关系。在节水型社会制度建设中,开源和节流是两个重要环节，节流是首要的，但是水资源的节约是相对的，需求是绝对的，因此在节流的同时，必须采取适当的措施合理开发新资源，做到开源与节流并重。

(6)节水制度建设和节水能力建设的关系。节水制度和节水能力是生产关系和生产力的关系，前者需要后者的体现和落实，后者也同样需要前者的推动。

(三)制度的创新与发展

作为节水社会建设的核心，节水型社会制度并非一成不变，应随着形势的发展而不断创新和发展。

节水型社会制度建设包括正式规则和非正式规则，正式的规则包括水法规、水政策，非正式规则是水文化。水法规体现一种政治规则，具有法的绝对强制力，具有相对的刚性；水文化包括与节水型社会相关的社会规范、习俗、惯性以及道德规则，反映社会的个体层面，是一种软约束；介于二者之间的是水政策，它包括在水资源的开发、利用、治理、配置、节约和保护等一系列过程中的相关条例和章程，代表了社会结构层面，具有较大的弹性和张力。

在当前节水型社会建设的初级阶段，政府的主导作用在节水制度的创新和发展中是勿庸置疑的。节水制度的创新发展要充分把握水法规、水政策和水文化之间的关系，政府出台新的水法规、水政策必须确保其与水文化之间的兼容。

制度的创新与发展还需要正确处理个体理性与集体理性的关系。政府具有集体理性，力求保证全社会对水资源的公平、高效和可持续利用；而每个用水单元具有个体理性，追求在既定约束下的用水效用最大化。个体理性与集体理性会不一致甚至相冲突，这就要求正确处理二者之间的关系，设计一种新的机制，在满足个体理性的前提下达到集体理性，只有二者的统一，节水型社会建设的制度创新与发展才能有效开展。

二、节水型社会建设的基本途径

(一)建设水权和水市场

面对有限的水资源和日益增长的用水需求，要想有效地合理配置水资源，建设节水型社会，必须充分发挥经济杠杆的作用，建设水权和水市场就是一种有效的办法。

1.明晰分配初始水权

初始水权是国家根据法定程序，通过水权初始化而明晰的水资源使用权。水权有广义和狭义之分，广义的水权包括水的所有权、使用权、经营权、转让权等。在中国，水的所有权属于国家，国家通过某种方式赋予水的使用权给各个地区、各个部门、各个单位。因此，配置初始水权，就是按照一定的原则分配用于经济目的的水资源使用权。具体来说，应该体现以下原则：

（1）优先考虑水资源基本需求和生态系统需求原则。流域水资源可利用量在按人口分配各地区基本需求、考虑生态系统需求的基础上，由流域管理部门对多样化的经济用水需求进行水权初始配置。

（2）保障社会稳定和粮食安全原则。保护粮食安全和社会稳定是水资源配置中需要优先考虑的目标，不能只考虑经济效益，不考虑社会效益。

（3）时间优先原则。以占有水资源使用权时间先后作为优先权的基础。

（4）区域优先原则。与下游地区和其他地区相比，水源地区和上游地区具有使用河流水资源的优先权，距离河流比较近的地区比距河流较远地区具有优先权，本流域范围的地区比外流域的地区具有用水的优先权。

（5）合理利用原则。申请水权的地区必须能够证明所申请的水权是节约使用和合理利用的。

（6）公平与效率兼顾、公平优先的原则。作为确定初始水权的水资源配置，必须充分体现公平性，这样落后和欠发达地区才能在发展阶段通过转让水权获得发展资金，而发达地区可以通过在市场上购买水权满足其快速发展对水资源的需求。在满足公平性的前提下，应把水资源优先配置到经济效益好的地区。

（7）留有余量原则。由于不同地区经济发展程度各异，需水发生时段不同，人口的增长和异地迁移也会产生新的对水资源的基本需求。流域水资源配置在考虑生态系统需水的前提下，还要适当留有余地，以备不时之需。

配置初始水权要注意把握以下几点：

(1)要以流域为单元，通过流域的水资源规划，进行初始水权的分配，再确定各区域的用水权指标。

(2)对于省(自治区)际河流，水资源管理权、经营权和使用权要在流域层面的初始水权分配阶段进行界定、规定和明晰。要根据水资源承载力，保证生态用水和环境用水需求，协调好上下游、左右岸，特别是行政区划之间的关系，协调好发达地区和相对落后地区、城市和农村、工业和农业之间的关系，注意保留一部分用水权指标，作为经济社会发展的水资源储备。

(3)分开考虑现状用水权和发展需水总量控制指标，区别对待生活用水、河流生态需水、农业生产用水、经济发展与城市环境用水、政府预留水等不同类型用水。

(4)依据取水许可制度获得的取用水权利、现存实际用水状况、流域协商形成的分水定额相协调，明晰现状用水权。

同时，要将初始水权分配与流域水资源规划相结合，将水权分配与纳污总量、治污相结合。水权分配还应鼓励社会公众以各种方式广泛参与，使得相关利益者能够充分参与政策的制定和实施过程。如成立用水户协会，参与水权、水量的分配、管理、监督等。

2.确定两套指标体系

明晰初始水权是水权管理的第一步，还要建立两套控制指标体系，一套是水资源的宏观控制指标体系，一套是水资源的微观定额体系。

宏观用水总量控制，就是要按照水权分配原则，从源头上控制总用水量，按照分配的总水量不能超过水资源与生态环境承载能力的要求，来配置水资源的使用权，用于明确各地区各部门乃至各企业、各灌区等各自可以使用的水资源量，即把水量分配到不同层次的用户，根据资源的总量，做到“以供定需”和“以供定产”。

微观定额管理就是从需水的角度看问题，它将水资源宏观指标体系具体化，用来规定每一项产品或工作的具体用水量要求。通过控制用水定额的方式，来提高水的利用效率，达到节水目标。

3.建立水权市场

从市场经济观点看，水资源作为一种特殊商品应有偿使用。水资源市场化就是构建一个让水权流动起来、运转起来，以高效节水、节约用水为目的市场体系，从而促进水资源的合理开发与利用。

区域间的水资源配置作为一项政府行为，只能是一次性的，而水资源配置的方案应该通过法规或协议的形式固定化。在通过水资源配置确定初始水权之后，就要通过水市场实现水权所有者之间的水权转让与交易。

通过水权转让的市场机制，交换双方的利益同时增加，一个地区总用水量通过市场机制得到强有力的约束，使该地区内各区域之间、各部门之间用水得到优化。一个流域上下游之间也增加了约束机制，使上下游用水成本增加。上游多用水意味着要损失水权转让带来的潜在收益，用水付出了机会成本；下游地区多用水要付出购买水权的直接成本，同时也有了节水的激励机制。

水资源配置市场化，还要根据"补偿成本、合理收益、优质优价、公平负担"的原则建立合理的水价形成机制，打破垄断，全面开放水务市场。

资源市场化配置的核心是水费体制，这就要兼顾水的经济效益、环境效益与社会效益。水费体制包括水费类别、标准（基准）系列及收费制度。应改变目前简单化的水费类别、比较单一的水费标准，建立各种水费类别与标准，全面推行浮动、累进收费制度。水费体制的建立，应在政府统一领导下有计划地逐步推行，应采取系统优化与社会公平原则，应考虑不同地区及其城市的水资源特点，应有利于提高供水部门的自我发展能力，促进供水事业的发展、水资源利用和水污染防治的良性循环。

水权也可以在市场化配置中有偿转让：占用了他人的水权，需要付费；反之，出让水权，可以收益。通过水权交易市场进行用水权的有偿转让，买卖双方都会考虑节水，社会节水的积极性被调动，水资源的使用就会流向高效率、高效益的领域。

(二)转变经济增长方式,调整产业结构

当前,水资源不足和水污染问题已成为建设和谐社会、实现经济和社会可持续发展的严重制约因素。而传统的经济增长方式是一种粗放型的经济增长方式,在这种经济增长方式之下,为了追求增长速度,不惜以过度消耗资源和严重损害环境作为代价。由此引起的人口、资源、环境的矛盾越来越尖锐,环境的恶化必然导致生活条件的恶化和生产条件的恶化,而资源的不足(包括土地资源、淡水资源、草场资源等)又必然加剧了这种矛盾。目前的产业结构中农业、轻工业、重工业之间,第一产业、第二产业、第三产业之间,工农业和交通运输业等各产业、各部门的比例关系在国民经济发展中需要根据时代发展进行调整。建立合理的产业结构,是保持国民经济协调发展,提高社会效益的客观要求,也是世界新技术革命发展对产业结构变化的要求。如农业的产业结构调整,大力发展节水型农业,积极培育耐旱的优质高效农业品种。在缺水地区减少水稻等高耗水农作物种植比重,就可以合理地控制用水、节约用水。

大量事实表明,转变经济增长方式、调整产业结构已成为节水型社会建设不可缺少的条件。只有建立转变经济增长方式以及经济结构调整的节水型社会体制和机制,对水资源进行合理开发,高效利用、优化配置、全面节约、有效保护和综合治理,下大力气解决水污染问题,才能真正转变经济增长方式,调整经济结构,才能实现由粗放型经营方式向集约型经营方式的转变、由主要依靠增量解决资源短缺向更加重视节约和替代的转变、由一般性资源认识向战略性资源认识的转变,才有真正的节水型社会、节约型社会和和谐社会的建设。

(三)法制保障,科技先行

建设节水法律保障体系,是节水型社会建设的客观要求和重要组成部分。要结合实际,在现有法规的基础上,还应加快出台并健全、完善水法规体系,从体制上、机制上,保障和加快节水型社会的建设步伐,并推进普法宣传教育,付诸行动。只有这样,人与水才能和谐共处,社会才能可持续发展。

在市场经济条件下,经济手段是调节资源的有效手段。节水型社会建设要特别注重经济手段的运用，按照补偿成本、合理收益、优质优价、公平负担的原则，制定科学合理的水价政策，“超用加价，节约有奖，转让有偿”，充分发挥价格对促进节水和防污的杠杆作用，合理确定和调整回用水价格，促进中水回收和再生水利用。

建设节水科技体系，是节水型社会建设稳步推进的有力支撑。只有依靠科技进步，推动现代节水技术的发展，才能提高水资源利用率和利用效益。因此，应加强节水科技的研究，加大节水技术研究的投入，提升现代节水技术自主创新能力，创新体制、机制，调动社会各界力量的参与。要加强现代节水农业进行技术集成和综合示范，在科技支持和项目实施中，为节水农业发展提供强大科技支撑。工业节水应结合产业结构调整和生产工艺改进，进一步提高工业用水效率和效益。

节水型社会建设为节水产业发展提供了广阔的发展空间，节水产业的发展是节水型社会发展的必然产物，对节水型社会建设有极大的推动作用。节水产业的顺利健康发展需要各行业、各部门的共同努力。其中，政府是节水产业发展的牵引力量和保证主体，企业是节水产业发展的最终策动力也是执行主体和需求主体，公众是节水产业发展的影响力和舆论主体。激活节水产业的有效需求，促进节水产业又快又好的发展，有利于节水工作的进行、提高用水效率，必将推动节水型社会的健康发展。

三、节水型社会建设中应注意的问题

（一）丰水地区也要进行节水型社会建设

节水型社会建设不仅缺水的地区要大力推进，在水资源相对丰富的地方也要积极实践。这是因为：第一，丰水地区的水资源丰富是相对的，任何地方都没有浪费水资源的权力。丰水地区粗放的用水方式是粗放的经济增长方式的表现，节水型社会建设，可以推动产业结构调整，促进经济增长方式转变，降低发展成本。第二，如果不搞节水，就会产生大量污染，出现水质性缺水，丰水地区虽然水资源相对较多，但也会导致守在水边没水吃，从这个层面看，节水就是减污，就是减少污水处理成本。

(二)重视地表水与地下水的相互转化,开发保护地下水资源

地表水与地下水之间相互联系,相互转化。在我国,尤其是在西北地区,地下水资源绝大多数是由地表水转化形成的。

在大规模开发利用的情况下, 人类活动增加了中下游河道两侧径流的侧支循环,通过引地表径流和开采地下水进行农田灌溉,多次垂向水量交换,最终使河流水量趋于衰减,甚至枯竭。随着社会经济的高速发展,水资源的开发利用规模和方式变化,已导致了水资源数量、质量及其时空分布和内部分配关系等发生了变化, 并引起了一系列的生态环境问题。

坚持"开源与节流、生态环境建设与保护并重"的原则,合理开发利用地下水,实现水资源的优化配置和统一管理,是解决当前缺水地区水资源短缺、建设节水型社会的重要途径。

一要加强部门合作,严格科学审批地下水取水许可证,从源头上控制地下水的开发利用。

二是充分利用浅层水更新快的特点,以浅层水开发为主,促进地下水与生态及环境向良性方向发展。

三是加强地下水调查与监测,认识和掌握其演化过程和规律,保障地下水资源合理利用。

四要调整用水结构,实现地下水资源的优质优用;农业及生态用水首先使用地表水,适当利用地下水,优质地下水要优先保障城镇供水,限制严重缺水地区的高耗水企业建设。

(三)节水与防污要相结合

建设节水型社会建设不仅仅是节水,防污也是一个重要方面,防污的目的也是为了节水,节水与防污是紧密结合在一起的。

节水需要分析水资源承载力,防污则需要分析水环境承载力。水资源承载力体现在水的使用权上,水环境承载力体现在排污权上。水权和排污权,实际就是水资源承载能力和水环境承载能力的具体化。有水的使用就有水的排放,取水和排水是辩证的统一。在节水的同时,必须研究水的排放。用水以后产生的污水排回水域后,如果超过了该水域的水环境承载力,那么节水的效果就受到了影响。

只有把节水和防污结合起来，在节水的同时，加强防污，节水型社会建设才能加快进度，真正实现节水型社会建设。

（四）建设绿色水利

绿色水利是指在水资源开发、利用和废弃全过程中保护生态与环境且节水高效的利用水资源的行为与文化。建设节水型社会，解决水利发展过程中对生态和环境造成的冲击，必须走绿色水利之路。

绿色水利是一种新的理念，包含环境保护思想、生命周期思想、节约高效利用水资源思想和绿色+水利+文化的思想。它是人与自然和谐的思想在水利中的具体体现，是节水型社会的发展方向。

（五）节水型社会建设需要全社会的共同努力

节水型社会建设涉及到不同地区、不同行业、不同产业、不同用户，涉及到人口资源环境的协调发展，涉及到千家万户的根本利益，需要政府强有力的领导，需要各部门的密切协作，需要全社会的共同行动，社会公众广泛参与。

政府要发挥主导作用。一是要把建设节水型社会作为任期目标，建立健全水资源节约责任制。二是要制定规划，抓好试点，分步推进。三是要加大政策支持力度。四是要加大投入力度，拓宽投融资渠道。

社会公众要发挥主力军作用。在节水型社会建设工作中要实现全过程、全方位的管理，必须重视群众参与，充分发挥社会大众的积极作用。一是提高公众对水情的认识，深刻认识到水资源短缺的严峻形势，增强节水意识。二是社会公众应参与节水型社会建设的规划、政策制定，主动配合实施，并努力倡导节水行动。三是倡导文明的生产和消费方式，强化自我约束和社会约束。

第五节　水污染防治对策

水污染是指水体因某种物质的介入，而导致其化学、物理、生物或者放射性等方面特性的改变，从而影响水的有效利用，危害人体健康或者破坏生态环境，造成水质恶化的现象。水的污染有两类：一类是自然污染；另一类是人为污染。

一、水污染——严重制约国民经济、社会发展的“瓶颈”

近年来,随着世界各国经济建设的高速增长,人口增加,城镇化进程加快,给环境造成了巨大的压力,水污染问题尤其突出,江河几乎都受到了严重的水质污染,有的甚至影响了城市饮水,直接关系到社会经济的可持续发展和人们的生活质量。

世界各国的水污染,以泰晤士河黑臭缺氧为代表的第一代水污染,以及重金属、有毒化学品为代表的第二代水污染,营养元素超量为代表的第三代水污染在世界各地同时出现,造成水污染情况越来越重,甚至出现国际河流重大突发性水污染事故。1986年的莱茵河水污染事故,造成约160公里范围内多数鱼类死亡,约480公里范围内的井水受到污染影响不能饮用。2000年的多瑙河污染事故,使匈牙利、南斯拉夫等国深受其害,国民经济和人民生活都受到严重影响,污染带沿岸世代靠打鱼为生的渔民丧失了生计,流域生态环境也遭到了严重破坏,一些特有的生物物种灭绝。

我国水污染也相当严重。七大水系中近一半河段污染严重,86%的城市河段水质普遍超标。全国被污染水系,比较严重的是淮河、海河、松花江、辽河、长江中下游以及珠江三角洲等工业比较发达地区。水污染和地表水资源贫乏,又加速了对地下水的掠夺式开发,全国目前已形成地下水区域性“降落漏斗”149个,“漏斗”面积15.8万平方公里,有的“漏斗”中心水位埋深已达60至80米。而且,高强度的地表水及陆源污染的渗漏,使得地下水水质日益恶化,许多地方的井水不能食用。甚至有23%的河段由于水质污染严重,灌溉农田都不行。45%的河段鱼虾绝迹。对我国118个大中城市地下水的调查显示,有115个城市地下水受到了不同程度的污染,其中重度污染约占40%。在中国,水污染已突破了最后的防线。

预计到21世纪中叶,我国人口将达16亿,经济状况将达到世界中等发达水平,水污染问题已成为影响和制约我国本世纪乃至下一世纪社会经济持续、稳定、健康发展的主要制约因素之一。

水污染主要由人类活动产生的污染物而造成,它包括工业污染源、农业污染源和生活污染源三大部分。

工业废水为水域的重要污染源，具有量大、面广、成分复杂、毒性大、不易净化、难处理等特点。1998年中国水资源公报资料显示：这一年，全国废水排放总量共539亿吨（不包括火直电流冷却水），其中，工业废水排放量409亿吨，占69%。而实际上，由于许多乡镇企业工业污水排放量难以统计，排污总量远远超过这个水平。

在农业污染中，农药、化肥、粪便为主要污染源。据有关资料显示，在1亿公顷耕地和220万公顷草原上，每年使用农药达110.49万吨。大量农药、化肥随表土流入江、河、湖、库，造成不同程度的污染。同时，富营养化污染的危害，造成藻类以及其他生物异常繁殖，引起水体透明度和溶解氧的变化，从而致使水质恶化。

生活污染源主要是城市生活中使用的各种洗涤剂和污水、垃圾、粪便等，多为无毒的无机盐类，生活污水中含氮、磷、硫多，致病细菌多。据调查资料，我国每年约有1/3的工业废水和90%以上的生活污水未经处理就排入水域，全国有监测的1200多条河流中，目前有850多条受到污染，90%以上的城市水域也遭到污染，致使许多河段鱼虾绝迹，符合国家一级和二级水质标准的河流仅占32.2%。污染正由浅层向深层发展，地下水和近海域海水也正在受到污染，可见，河流污染是河流健康的最大威胁。

二、水污染防治对策

水污染防治是一个庞大的系统工程，涉及到国家政策、管理技术、市场调节、全民配合等方面，要综合运用工程、经济、技术、行政和法律等各种手段，促进水资源的保护。

（一）加强法制建设，依法治污

目前，许多国家都加强了水污染防治方面的立法，制定了较完备的水污染防治法，如日本的《水质污染防治法》、美国的《水净化法》等等。我国在20世纪50年代开始注意水污染的防治，1959年制定了《生活饮用水卫生规程》，1984年5月通过了《中华人民共和国水污染防治法》，此后又制定了《水污染防治法实施细则》、《饮用水水源保护区污染防治管理规定》,以及一系列水质标准、水污染物排放标准和地方性水污染防治法规,使我国的水污染防治法初步形成了体系。

同时还要加大监督执法力度和普法宣传，提高社会大众的水污染防治法律意识。有法可依,有法必依,通过建立有效的法律体系,加强监督管理制度和对各类污染物排放的控制等措施，保护地表水和地下水免受污染。

(二)科学划分水功能区

水功能区划是根据社会经济发展需求、水资源开发利用及水环境状况,在科学合理地确定水域功能的基础上,对水域按功能进行分区。其目的是通过对水域进行具体和更具针对性的划分，使水资源管理和保护的目标更明确,管理和保护措施针对性更强,更利于对措施实施效果的评价,最终通过强化水功能区管理,逐步达到水资源的优化配置、合理开发、高效利用、有效保护的目的。

水功能区划的意义，单纯从水的层面上来讲是使水质达到水功能区划规定的水质目标和实现对水域的分类使用。延伸一点来说,水功能区划要协调不同区域之间或者是同一区域内不同部门之间的用水矛盾,协调水资源开发利用与水资源保护之间的矛盾。可以说,水功能区划是水资源合理配置的基础，是实现区域水资源系统与其社会经济系统、环境、生态系统可持续发展的前提。

我国水功能区划分采用两级体系,即一级区划和二级区划。一级功能区分为保护区、保留区、缓冲区、开发利用区,主要是宏观上解决水资源开发利用与保护问题,协调地区间用水关系,长远考虑可持续发展的需求;二级水功能区划是在一级区划的开发利用区中划分,分为饮用水水源区、工业用水区、农业用水区、渔业用水区、景观娱乐用水区、过渡区、排污控制区,主要协调用水部门之间的关系。

水功能区划要从合理开发和有效保护水资源的角度，依据国民经济发展规划和水资源综合利用规划，全面收集并深入分析区域水资源开发利用现状和经济社会发展需求,以流域为单元,科学合理地在相应水域划定具有特定功能、满足水资源开发、利用和保护要求并能够发挥最佳效益的区域(即水功能区);应以确定各水域的主导功能及功能顺序，确定水域功能不遭破坏的水资源保护目标。在水功能区划的基础上，可提出近期和远期不同水功能区的污染物控制总量及排污削减量，为水资源保护提供制定措施的基础，同时制定水功能区管理办法，为水资源保护监督管理提供依据。

(三)控制排污总量，加强水质动态监测

污染物总量控制是以区域水环境承载能力为依据，控制区域排污总量，使污染物排放控制在区域水环境的承载能力之内，这是保护和恢复水环境质量的根本措施之一。总量控制的实施弥补了浓度控制所带来的不足，体现了污染控制理念的进步。排污总量控制建立在水体自净能力的基础上，从受污染的对象出发，而不是从产生污染的主体出发，这样才能更加科学地控制污染、保护水体。

当然，排污总量控制的灵活性对管理部门提出了更高的要求，一方面要在对所管理流域的排污现状、功能区划进行细致分析的基础上，科学地规划排放总量及其分配；另一方面要建立完善的水域污染监测体系和应急响应机制，当流域发生重大污染时能及时发现问题所在，查找污染源，制订处理方案。在我国，根据《中华人民共和国水法》的规定，黄河干流、辽河流域、松花江流域、淮河流域、海河流域、太湖流域、长江三峡库区等江河水域提出了限制排污总量的意见。

在控制排污总量的同时，还要根据水源污染的类型进行定期调查，收集排污资料，预测污染发展的趋势，防止排污总量超标，为再次确定排污总量提供依据。

(四)污水处理引入市场机制

市场是调节资源的有效途径，污水处理市场化同样是防污治污的一个重要途径。因为其牵涉地方多，资金量大，因此污水处理不能全靠国家财政，而要将水污染处理费计入生产成本，实现市场化运作。污水处理市场化在许多国家刚刚起步，但有的国家已经找到了合适的道路：在收取水费的同时收取水污染处理费，甚至收取的治污费可以超出水费。只要这条路走开了，收益有了保证，就能吸引投资者，只有实行市场化，水污染防治工作才能走上良性发展轨道。因此，污水处理市场化是一项非常重要的措施。

水权可以交易已是大家的共识，排污权也同样可以引入市场机制进行交易。确定了排污总量之后，就要对排污总量进行更加清醒的认识和最合理的使用。可以说，污染物排放总量是一种经济资源，一种关键的生产要素，是生产要素就要放到生产力最高的地方去，这就需要市场的调节。排污权卖方通过技术改造治理污染，减少排放总量，从而出售剩余排污权以获得经济回报；而那些没有按照政府规定减排或因减排代价过高而不愿减排的企业，就要按照市场价格，向市场或其他企业购买指标，就要付出经济成本。这样，就可以兼顾经济发展和环境保护之间的矛盾；反之，如果没有这个市场化资源配置的过程，排污总量这种宝贵的生产要素就会被浪费。

国际上，特别是美国，近年来，主要是在二氧化硫的排放控制上，排污权市场已经取得了效果，提供了经验。

（五）从单纯水质管理向生态管理转移

水功能区划在水环境管理中具有极其重要作用，但在水功能区划具体操作过程中，因缺乏统一的河流、湖泊、近岸海域的区划技术体系，缺乏水生态系统完整性体系，缺乏流域上下游、左右岸、河海之间协调的科学基础等，也成为实施流域水环境管理的难点。

因此，水环境管理理念要从单纯水质向水生态管理转变，要从水、陆并行管理向水陆综合管理转变。水生态环境分区是根据流域地理、水文气象和生态一致性划分的水环境管理分区。水生态环境分区是实施流域水生态管理的空间单元，根据水生态环境区制定河流、湖泊、水库的水生态监控指标，制定各分区不同类型水体水化学标准、富营养化标准、生物监测标准；以水生态环境分区为基础进行污染负荷的计算和管理；以水生态环境分区为基础进行河流、湖泊的生态系统完整性评价；建立土地资源和水资源的关系，预测土地利用变化和污染控制变化的效果。同时，水生态环境分区是水功能区划的基础，为水功能区划提供生态背景要求，结合人类需求对水环境的利用进行功能区划。

美国是最先制定水生态环境分区的国家，并且形成了水生态环境区划为基础的水环境管理方法与技术体系。美国流域水生态分区由专家在定量和定性综合分析的基础上划定，并建立了专家系统。美国分区方案于1987年发布，为三级区划体系；北美大陆：一级分区15个和二级分区52个区；美国大陆：三级区划分为84个区。为了加强非点源污染的管理和监测，正在进行第四级区划，目前还只在几个州进行了四级划分。水生态环境分区可代表流域生态系统的类型，也反映出人类活动与水环境的相互影响和作用。水生态管理方法成为水环境综合管理的发展趋势，也是水环境管理理论基础。

（六）变末端治理为源头控制

从西方国家的发展阶段看，综合污染防治在先，河流生态建设在后，治污是河流生态建设的前提和基础。通过河流生态建设提高了河流系统的自净能力，反过来又增强了治污效果，而中国与发达国家在河流保护方面的差距至少有50年。中国现阶段维持河流健康的首要任务是水污染治理与控制，针对严重的工业污染，我国的防治战略正在发生重大变化，逐步从末端治理向源头和全过程控制转变，从浓度控制向总量和浓度控制相结合转变，从点源治理向流域和区域综合治理转变，从简单的企业治理向调整产业结构、清洁生产和发展循环经济转变。

具体来说，国家要通过各种政策措施大力发展循环经济，建立以循环经济为主线的经济发展模式，以提高资源利用率，降低污染物的排放量。继续加快产业结构调整的步伐，加大技术进步的力度，淘汰落后生产能力和技术，加快发展高新技术产业和实行传统产业的改造，降低产品的消耗，推行清洁生产和绿色消费，为从源头控制污染和保护环境提供有力支持。要对规划和建设中的企业由环保评估机构评价其污染物排放量水平，对超出河流纳污排放标准的坚决不予上马，已建成的必须配套相应的减污工程措施，从根本上扭转被动治污的局面。

（七）完善“联合治污”机制，积极防范突发水污染事件

水污染防治是一个复杂的系统，仅靠单个部门和个人难以解决问题，必须走“协调配合，联合治污”的道路。

对于国际性河流，各国要协商一致，对本国内河段的水体，采取法律、工程、技术等各种措施有效防污、治污，水体才能得到保障，一个国家措施不力，就有可能功亏一篑。对于国内河流，要充分发挥流域内水利、环保等不同机构的作用，组织流域与区域相结合、水利与环保相结合的联合治污机制。联合治污机制的建立和运行,改变了过去各行业主管部门各自为战的管理方式和工作方式，找到了一条适合我国水资源保护和水污染防治新途径。

突发性水污染事故近年来在国际社会上屡屡出现,危害极大,有的甚至造成严重的国际影响。2005年11月爆发的中国松花江水污染事件,造成松花江吉林市以下河段严重污染,对沿河经济、群众生活带来了严重影响,污染水带也跨界入俄,造成俄罗斯水域污染,使沿河俄罗斯居民备受惊恐。因此,应采取各种措施,有效防止突发性水污染事故。加强对各排污单位、企业的监察力度，提高企业人员对水污染重要性的认识,防患于未然;加强水污染防治的监测和管理,建立水环境保障体系,实现统一管理、科学管理、民主管理,环保部门要对河流各排污口加强监测,对来水及水质变化趋势进行预测,对各水体情况定期通报,引导社会关注,共同防范;政府有关部门应制订相关应急预案,一旦出现事故,立即采取措施,控制事态发展。

随着人们对水资源认识的不断提高和科学技术水平的进步，水污染必将能得到有效控制,河流也将恢复其应有的功能,为人类社会的可持续发展发挥推动作用。

第六节　正确处理水电开发与河流生态保护的关系

一、水能开发的利与弊

水能即水体运动产生的能量,是地球上最具活力的再生能源,也是河流资源不可分割的组成部分。水能开发的基本手段和主要途径就是修建大坝进行水力发电,水电提供了世界上20%的用电量,并构成95%的可再生能源电量。假若使用火力发出这么多的电能,就会增加21亿吨二氧化碳。研究表明，水力发电比现代火力发电释放的温室气体少40倍。因此,在既要满足人类日益增长的电力需求、又要控制温室气体的排放的当今社会,优先发展水力发电,成为世界各国能源发展的重要方针。

水电在能源供应中的优势和促进经济社会可持续发展的作用举足轻重。地球上生活的60亿人口，需要足够的能源维持和发展。以美国为例，据统计，美国有水坝82000多座，水能资源开发达80%。这些高坝大库，从著名的田纳西河流域治理，到西部荒漠的开发利用，大大提高了河流梯级开发利用的程度，对河流水资源的综合利用，提供经济社会发展所需要的清洁能源以及生态环境的改善，产生了积极而重要的作用。

事实上，目前在发达国家几乎所有技术及经济可行的水力资源都得到了开发利用，开发程度在60%以上。在许多发展中国家，通过水电开发，对于减轻贫困、改善经济状况也都发挥了十分重要的作用。但是，总的来看，发展中国家对于水电的开发率仍然很低。据调查，目前世界上仍有2/3的经济可行的水电资源待开发，其中90%在发展中国家。因此，优先发展水电对于全球、特别是对于发展中国家极为重要。2004年11月，联合国水电与可持续发展国际会议通过的《水电与可持续发展北京宣言》认为，对于发展中国家以及经济转型的国家，巨大的潜在的水能资源能被开发利用，以造福人类。并强调水电开发在社会、经济、环境方面必须具有可持续性，要促进对环境友好的、对社会负责的和经济可行的水电发展。

在中国，目前的一次能源结构中，煤炭资源储量第一，水能资源第二，能源消费中过度依赖煤炭，已造成了严重的环境问题。另一方面，国家权威部门提供的资料显示，中国水力资源理论蕴藏量为6.94亿千瓦，技术可开发装机容量为5.42亿千瓦，经济可开发装机容量为4.02亿千瓦，年发电量为1.75万亿千瓦时。当前中国的水电开发程度仅为可开发水能资源的20%。因此，中国优先发展水电是能源发展必须坚持的重要方针。

然而，任何事物都具有两重性。水能开发在为人类提供清洁能源和巨大效益的同时，也会带来一些负面影响。回顾人类近百年的建坝历史，一些国家开始反思水坝的是与非，重新审视水能开发的利与弊。

水能资源开发的负面影响，主要表现在环境生态失衡、引发地质灾害、淹没土地迁移人口、文物古迹损失等。对河流水能资源不合理的开发，将造成河流的局部河段断流，对原有鱼类和生物物种等造成毁灭性打击，从而引发区域性的生态问题。在多泥沙河流上，由于大坝的修建、人工湖泊的形成，泥沙过于集中，从而使水库的使用年限面临严峻挑战。水电造成的河流生态系统和生物多样性的破坏，常常是很难补救和恢复的。

总之，如同任何一种人类活动都会对生态环境产生影响一样，水坝的建设既有利也有弊。但是综合考虑，由于人口的增长和社会进步的需要，在一定发展阶段，世界各国特别是发展中国家，水电开发的社会效益、文明效益以及生态效益都远远大于负面影响。关键的问题在于必须开发有序，规划设计合理，统筹兼顾，把可能带来的生态、人文等负面影响降低到最大限度。

二、怒江水电开发方案引起的争论

2003年8月，中国云南省编制的《怒江中下游流域水电规划报告》引起了一场颇具声势的激烈争论。

该规划报告的总体布局为，拟以松塔和马吉为龙头水库，包括丙中洛、鹿马登、福贡、碧江、亚碧罗、泸水、六库、石头寨、赛格、岩桑树和光坡等坝址组成两库十三级开发方案，对怒江水电资源进行较大规模的开发。由于这一问题涉及到环境生态、能源战略布局、当地群众脱贫、引发泥石流、诱发地震、利益分配等诸多问题，因此从一开始便存在着支持建坝和慎重建设两种截然不同的意见，而且这种争论越演越烈，从学术界延伸到公共领域，逐渐演变成一个社会公众的热门话题。

（一）主张建坝开发者的意见

（1）以当地政府为代表的支持者认为，怒江拥有得天独厚的水能资源，仅其中下游可开发装机容量就达2100万千瓦，在中国水电基地中，其可开发容量居第六位，占云南省全省水资源的47%。《怒江中下游水电开发规划报告》显示，拟开发的13个梯级电站，发电装机相当于目前全国水力发电装机的20%，规划2030年前全部建成，届时每年产值将达到360亿元，为国家和地方财政实现利税107亿元。这一梯级建设工程总投资896.5亿元，可带来44万个长期就业机会，还将带动当地建材、交通等二、三产业的发展，使电力成为新兴支柱产业，并带动和支持矿业和其他产业的发展，成为经济社会发展新的增长点，其经济效益、社会效益十分显著。同时，由于怒江的地势开发条件良好，用较小的投资就能产生较大的回报率，技术经济比较合理。

（2）水电开发也是为了更好地保护生态。长期以来，当地群众为了维持生存，砍柴烧火，目前怒江地区海拔2000米以下地面植被只剩下稀疏的灌木，生态环境受到了严重破坏。如果建了水库大坝，当地老百姓不需要刀耕火种来维持生存，可以更好地保护怒江的生态环境，也促进了可持续发展。

（3）怒江地区少数民族占总人口的92%，在战争年代当地群众为了中国革命胜利和保家卫国做出了贡献，和平时期不能忘记他们，应该给予优惠政策，促进这一地区优先发展。

（4）对巩固与西亚、南亚国家的友好关系有利。中国是个能源消耗和进口大国，在这里建起水电基地，一部分电力送往华东、华中地区，一部分输出西亚南亚地区，可以用水电换石油，从国际形势看，有其战略意义。

（二）反对建坝者的意见

（1）认为当地政府主张建坝的目的主要是经济利益驱动，角度既不全面，理由也不充分。从全国水库移民的现状看，大多数移民的贫困问题并没有得到很好解决，由于移民丧失了原有的土地和生活方式，反而出现了新的生存问题，完全用救济的方式解决移民问题并非长远之计。因此，所谓修了水电站就可以使当地群众致富的理由，不足以服众。

（2）水库大坝寿命和环境污染问题。一般来说，由于泥沙淤积，一座大坝用来发电、灌溉的寿命不会超过200年。200年后，当大坝被泥沙淤满报废，子孙后代怎么办？水库环境污染问题是一个普遍存在的问题，国内建成的水库电站这类问题不乏其例，应予以高度重视。

（3）保护自然遗产问题。怒江地区具有独具特色的民族传统和多类型生活方式，被人类学家称之为“民族的走廊”。而怒江的文化、信仰及艺术，是与这一带的土地环境、生物多样性密不可分的。据了解，这一地区的“三江并流”已经全部具备了申报世界自然遗产的4个标准。如果修建大坝进行梯级开发，将使这一自然景观受到不可逆转的损害。

(4)怒江地区不依靠水电开发,发展旅游业同样也可以。对于经济基础薄弱、贫困人口较多的怒江地区来说,旅游业具有产业结构调整、吸纳农村富余劳动力、扶贫攻坚、保护生态环境等功能。把旅游业培育成特色经济和优势支柱产业,应是其最好的选择。在不过度开发生态的情况下,旅游业具有长期效益,产业链价值高,符合可持续发展的方向。

在中国建设社会主义和谐社会、强调以人为本、人与自然和谐发展的今天,围绕怒江水电梯级开发的这场争论,实际上是一场有关人与自然、经济社会发展模式的争论。从中透射出了民主决策的趋势,反映出了人们对生态环境的关注。至于这场争论的结果,将来自有论断。但毫无疑问,它理念上,对于正确处理水电开发与维持河流健康生命,经济社会发展与河流生态和谐的关系,将产生重要而积极的意义。

三、综合评估,合理开发

水电开发是人类合理利用自然资源、满足人类社会能源需要、实现人类自身发展和社会进步的必然选择。水电开发涉及到能源、水利、航运、国土、生态、林业等诸多方面,是一个复杂的系统工程,需要科学规划,统筹兼顾,综合平衡各方面的利益关系,和谐有序地进行。

第一,在水电建设中,要处理好经济社会发展与自然生态保护的关系,处理好开发建设与自然生态承载能力、当前利益与长远利益的关系。在发挥工程特定功能的同时,尽可能维护河流的天然流态,维护河流健康生命,确保人口、资源、环境、经济、社会协调发展。要坚持科学规划、持续开发、充分利用、协调配套的原则,从水能资源的现状、可开发条件以及市场需求情况出发,科学规划水电开发的规模、速度以及相关的配套设施,同时要与电网、水资源综合利用、生态和环境保护有机结合起来。规划要体现全面性、科学性,突出持续性和可操作性。

第二,要统一流域大型水电项目的开发主体。和谐的水电开发实质上是流域区域经济的综合开发,使水力资源在干支流、上下游的梯级电站充分利用,满足发电和防洪、航运、灌溉等多项需求。因此,水电项目的投资主体不仅要追求经济利益,而且要兼顾社会效益,服从统一调度，使全流域和相关电网安全和谐运行。只有国有企业作为开发主体，才能实现这样的要求。美国、加拿大等发达国家的大型流域水电工程，至今仍是政府为主投资建设运营管理。

第三，制定水力资源综合利用规划，实施流域综合开发。要充分考虑水资源承载能力和水环境承载能力，把水电开发与水力资源综合利用、生态工程建设、航运交通开发和地区经济发展有机结合起来，将流域水电开发与电能送出超高压、特高压输电网的建设相结合，实现流域水力资源的合理开发、高效利用、有效保护和协调发展。

第四，要建立科学合理的水电开发管理和利益分配机制。充分发挥政府综合管理部门的作用，高效协调水电开发中涉及防洪、发电、航运、移民、国土、生态、环保等方面的关系，明确中央与地方的管理权责。加强管理，依法审批，避免由于部门之间、中央与地方政府之间的矛盾影响水电开发的进程。要建立投资和运营成本在社会效益与发电效益中合理分摊的机制，建立同流域龙头水库电站与下游梯级电站之间的利益分配机制，研究制定鼓励和谐开发水电的财税政策。

第五，要坚持保护优先、开发有序的原则，严格控制未纳入开发规划的不合理的水力资源开发活动，加大环境保护投入和管理力度。在水电项目的建设前期，要严格进行水电项目环境影响评价，深入做好项目勘测和论证工作，优化设计，尽可能避免对于动植物、水生物和小气候的影响，并制定相应的保护和补救措施。在工程建设期间，使生态环境保护工程优先于水电工程建设，严格控制工程建设过程中的粉尘、污水排放，减少植被破坏和及时恢复开挖面。在工程建成运行期间，要充分发挥水库防洪调蓄洪水、抵御自然灾害的生态效益，要控制泥沙排放，加强库区崩塌、滑坡灾害预测预报，减小水电对于生态的负面影响。

第六，依靠科学技术提高水电工程的安全可靠性。要着眼全局和长远，提高水电工程的技术标准，从勘测、规划、科研、设计入手，为水电工程的长期安全和谐运行打好基础。要完善设计理论，广泛运用现代计算技术，增加科研投入，攻克复杂地质条件下高坝抗震、防裂、渗透稳定性和大埋深、长洞线隧洞设计施工等技术难题。

拦河筑坝建库减轻了严重洪水和持续干旱给人类带来的自然灾

害，提供了供水、发电、灌溉、水产、航运、生态支持等多种服务功能，但不合理的筑坝建库对生态与环境也造成了一些负面影响。如水库建设对生态与环境的影响，水库运行对生境及生物资源的影响以及污染干扰对水库环境的影响等。

特别是水库的运行，由于是一个长期的过程，对环境与生物资源的影响往往更为深远。这主要体现在，水库蓄水使原河流生态景观消失，水域系统成为次生环境，从而影响了理化特性。水库阻断了河流的连续性，阻隔了珍稀洄游性鱼类的通道，严重影响下游水生生物的繁殖和生长，对重要生物资源产生了影响；建库改变了河流的生境多样性，改变生物栖息地，导致生物多样性水平下降，对生物多样性水平产生了影响。另外，还有对生态系统生产力变化的影响、对生物群落结构变化的影响以及工程运行对生态系统平衡的影响等。

针对水库运行中的这些问题，要加强三个方面的研究。

第一，研究污染干扰下水库生态系统的内在变化机理。重点是各种污染物在水生态系统中的危害方式和变化规律，水生态系统受到污染干扰后产生的反应及其内在变化规律，污染性干扰效应在水库生态系统内不同组分间的相互作用，水库受污染干扰后出现的生态效应及其对人类的影响等。

第二，环境容量及水功能区划的研究。环境容量是水库允许纳污的最大负荷量，包括稀释容量、迁移容量、净化容量。水功能区划研究重点是区划分类系统及指标体系及保护区、保留区、开发利用区和缓冲区的作用，研究饮水水源区等7类分区划分特征及水环境容量模型的建立等。

第三，水环境保护措施的研究。包括以源头控制为主的综合防污减灾战略，加强点源、面源和内源污染的综合治理。开展水库防污减灾的生态对策研究，就是利用生态学原理和工程学手段防治水库环境污染，包括生物操纵、生物过滤、生物膜法处理、人工湿地处理、土地处理、综合氧化塘、生态修复及生态管理等。重视水库环境质量监测管理模式研究，研究建立水库水质数学模型。

目前，关于水电开发对河流生态的影响，人类的认识尚有许多局限性。因此，必须以十分慎重的态度，以对当代、对后人的高度责任感对待这一问题。应加强研究区域性生态环境影响评价，逐步建立并完善区域和流域生态、经济、社会等评价指标体系，解决好水环境、鱼类保护、陆生珍稀动植物保护、施工期水土保持等环境问题，最大限度地减少对河流生态和环境的不利影响，在开发中保护，在保护中开发，努力实现水电开发与河流生态和谐共进。

第七节　关于河流生态需水的探索

水是生态与环境保护建设过程中的重要生态因子，特别是在干旱半干旱地区，水资源状况往往决定一个地区生态保护和建设的目标和方向。如何协调好人与水的关系，加强生态需水的研究与实践，推动社会经济与生态环境的持续、协调发展，已成为当前的一个重要课题。

一、生态需水研究进展

生态需水、用水的研究最早是从20世纪40年代美国鱼类和野生动物保护协会对河道内流量进行研究开始的，20世纪40年代初期美国全面调整对流域的开发和管理目标，在此期间形成了生态需水分配研究的雏形。在国外，早期的研究主要针对河流枯水流量进行，是为了满足航运功能对枯水流量的需求；随后是关于最小可接受流量的研究，主要是为了满足排水纳污的需求。最近，考虑了生态系统可接受的流量变化，主要是为了恢复河流生态系统的整体性功能。

在中国，生态需水研究从20世纪80年代开始，主要是针对西北地区干旱缺水地区展开的。有专家在分析新疆塔里木盆地水资源与绿洲建设问题时首次提出了“生态用水”问题。到了90年代后期，中国“九五”科技攻关项目“西北地区水资源合理利用与生态环境保护”的实施，真正揭开了我国生态需水研究的序幕。2000年，在包括43位院士和近300位院外专家参加完成的《中国可持续发展水资源战略研究报告》中初步提出了生态需水理论。中科院院士刘昌明进而提出为保证生态系统的可持续发展必须保证系统内水热平衡、水沙平衡、水盐平衡、区域水量平衡与供需平衡，即“四大平衡”理论，探讨“三生”（生产、生活、生态）用水之间的共享性，方向性地指明了生态需水研究的范畴和框架。目前，对生态需水的研究主要集中在河流、湿地等生态系统上，其中对干旱区河流的研究较为深入。

二、生态需水的内涵及特性

由于生态需水涉及面广泛，包括生态学（生态系统生态学、景观生态学）、环境科学、系统科学和水力学等多种学科，各个学者研究的角度不同，因而对生态需水的界定存在差异，出现了基本生态需水量、生态用水、环境需水等提法。

在国外，1998年Gleick提出了基本生态需水量的概念，即提供一定质量和数量的水给天然生态环境，以求最大程度地改变天然生态系统的过程，并保护物种多样性和生态完整性。此外，其他学者也提出了一些和生态需水量相关的概念。总体上看，目前国外关于生态需水的研究大多集中在河流生态系统方面，通常使用最小流量或最佳流量等术语。

在国内，不同的学者对此也无一个确切统一的定义。刘昌明院士在《中国可持续发展水资源战略研究综合报告》中指出：从广义上讲，维持全球生物地理生态系统水分平衡所需的水都是生态用水；狭义上讲，生态用水则是指为维护生态不再恶化并逐渐改善所需要消耗的水资源总量。也有学者认为，生态需水应指为维护生态环境不再进一步恶化并逐渐改善所需要的地表水和地下水资源总量。

王芳等专家认为，生态需水是指为维护生态系统稳定、天然生态保护和人工生态建设所消耗的水量，根据水分来源的不同，又将生态需水划分为可控生态需水和不可控生态需水。

中国农业大学康绍忠教授则认为生态需水的定义是：能够维持全球区域生态系统和谐稳定与修复脆弱生态系统使其形成良性循环，在单位生态用水提供最大生态服务条件下所需要消耗的最小水量。它包含两个方面，一是要维持现有生态系统的和谐稳定，二是修复脆弱的生态系统。目的是形成一种良性循环，并能够发挥其最大有益功能，提供最大的生态服务，达到物理、化学平衡以及水与生物的平衡。

总之，生态需水是为生态系统提供合适的生境、保证生物体自身需求的水，是保证生态系统健康发展的基础之一，生态需水是水量和水质的综合体。生态需水从本质上讲关系到生态系统的保护、建设以及水资源的合理开发利用两方面内容。一方面通过生态需水的研究，明确特定生态环境质量要求下水资源开发利用的方式和程度；另一方面则是根据生态需水的情况，对于生态退化或脆弱地区的生态环境保护和建设提供水资源配置的依据。

从特性上分析，生态需水具有时空性、阈值范围和复杂性等特点。

(1)时空性。生态需水具有空间性。首先，不同区域的地理位置、光照水平、可利用的水分、营养、动植物种类以及再生资源量等都会有所差异，这些因子的差别，会造成生态系统对水需求的显著不同。其次，在相同的区域内，生态系统的分布具有立体空间性，水资源在立体空间上拥有不同的存在形式，如大气水、地表水、土壤水和地下水。

生态需水有时间概念。首先，生态系统修复、重建和改建等需要长期的过程，在不同阶段下，对于水的需求是不同的。其次生态系统本身的机构和外貌会随时间不同而变化，反映出生态系统在时间上的动态，如植物在生长季节与非生长季节、白天与夜晚、晴天与雨天等对水的需求就不大相同。再次，针对城市生态系统的特点，公园的水体主要功能是景观娱乐，不同的季节随着娱乐项目的不同，其需水的差异不言而喻。

(2)阈值范围。对于一个特定的生态系统，生态需水具有一个阈值范围，具有一个上限值和下限值，超过上、下限值都会导致生态系统的退化。如水量对于植物的生长具有最高和最低两个基点——低于最低点植物萎蔫，生长停止；高于最高点根系缺氧，窒息烂根。可见，如果可供利用的水资源低于下限，则导致水质或水量不能满足生物基本生长或存活的需要，生态系统进入病态；而如果供给的水量过多或水质过好，也会影响生态系统的健康发展，像鱼类如果在微生物过少的水中，可能会因为缺少食物而不能生存。

(3)复杂性。水在生态系统中是基质和介质，生态系统各部分的水是相互作用、相互联系、相互制约的，所以研究生态需水不能将各部分需水分割开来。而且水一直处在循环过程中，从生态系统的一个部分转移到另一个部分，从一种状态转移到另一种状态。水在常温下即可进行气态到液态的相互转化，不同条件下转化的方式和数量变化都很大，并且具有高度的流动性、扩散性，在生态系统的各个部分间不断进行转化和转移，而水在生态系统中的循环机理研究并不成熟，生态需水理论尚不完善等，都增加了生态需水研究的复杂性。

可以看出，生态需水量是在特定时间和空间为满足特定服务目标的变量，它是能够在特定水平下满足生态系统诸项功能所需水量的总称。一方面，生态需水量可以随时间和空间变化，表现出动态变化的特征；另一方面，生态需水量具有协调生态系各项基本功能的内涵，表现出在特定时空单元内最大限度地满足生态系统主要功能的优先选择性。

三、保证生态需水呼唤建立新机制

随着生态需水与生活用水、工农业用水之间矛盾的日益凸现，“生态有价”的概念逐渐为各方所接受。如何既能实现区域经济协调发展，又能够保持良好的生态与环境，专家学者纷纷呼吁：充分发挥政府职能，建立生态保护补偿机制。

生态保护补偿机制就是通过一定的政策手段，让生态保护成果的“受益者”支付相应的费用。建立生态保护有偿机制的目的是解决生态产品有效供给问题。通过建立生态保护补偿机制，由经济比较发达的下游地区“反哺”上游地区，使上下游之间的从生态依存向经济互补转变，最终实现区域经济的协调发展，这无疑是值得期待的“共赢”治本之策。同时，生态保护补偿机制有助于从生产源头上促进经济社会发展同环境保护相协调，为经济的可持续发展提供制度保障；有利于为保护生态与环境筹措资金，也有利于树立全民生态意识，解决人的发展同环境的矛盾与对立；它可以通过各种资源税费的征收，使生态意识深入到人们生产和生活的各个环节，潜移默化地影响每一个人，使环境保护成为人们的自觉行动。因此，建立生态保护补偿机制的好处是不言而喻的。

在我国，生态虽由社会共享，但通常是由贫困山区、由西部担负着保护江河上游生态的重任，而流域上游生态保护直接影响着下游地区的生态质量，上游生态保护好了，受益的是整个流域；西部自然环境美化了，受益的是全国，可见生态保护和环境建设并非是一个局部的事情，而是整个区域甚至全国层面上考虑的问题。目前，从中央到地方都在探索生态补偿的机制，要推进这项工作，需要制定相应的政策，采取多种形式筹集资金，实现生态补偿的社会化、市场化和法制化。

首先，应该确立生态效益和经济效益互补偿的机制。比如要通过发展节水农业，减少农业用水的比例，来满足生态用水的需求，修复脆弱的生态系统。这个节水的目标是一个国家的战略目标，通过农业节水获得的生态效益是国家和全社会的利益，不能简单地转换或者等同于当地的一种目标和利益，在这种情况下，受益者是国家和全社会。因此，国家应该通过减少农业用水所获得的生态效益来补偿农民采用农业节水的投入。

第二，要建立区域用水转移的效益补偿机制。比如黄河流域为了给下游供水，保证生态需水和河流不断流，上游就需要采取一些办法付出代价，在一个流域之间，应该建立这种补偿机制，让受益的下游区域拿出一部分钱来补偿上游，从而更好地促进生态修复。

第三，建立行业用水转移的效益补偿机制。比如当行业用水占用农业用水，就要用一部分钱去补偿农业，像有专家提出的“工业补偿农业”等。总之，国家要建立一个行业用水转移的补偿机制，公平对待生态用水、农业用水、工业用水等之间的关系。

四、环境流量与生态需水

环境流量，是指在用水矛盾突出且水量可以进行调度的河流、湿地或沿海区域，为维护其正常生态系统及功能所拥有的水量。它和生态需水是从不同角度考虑的同一个问题。

目前，人类从河川大规模引水，盲目发展经济，使得河流生态系统中生物群落的繁殖地、栖息地和迁徙地受到很大影响，进而影响了生物群落的繁衍生息。因此，人们提出“环境流量”概念，旨在通过约束人类对河川径流的过度索取，在河道内留下足够的水，使得河流生态系统中的生物群落能够正常繁衍生息，同时又能满足社会经济可持续发展的需求,也就是要对生态用水和发电、灌溉、工业、饮水、娱乐等其他用水进行统一管理，协调好它们之间的关系，制订一个平衡各方利益的方案。环境流量是一个具有生态、环境和自然属性的概念,既反映了水生态系统的可持续性、水环境系统的承受和恢复能力,又反映了水生态系统维持社会发展的能力,其数量值是动态的,取决于自然水体功能、水资源数量、质量和时空分布特征及开发利用深度、排污、社会发展和技术水平、人类认识水平和社会文明进步等诸多因素。

根据水资源承载能力和水环境承载能力的约束，尽可能提高水资源的利用效率和效益,防止资源浪费和环境破坏,是实现人与自然和谐相处、坚定不移地推进可持续发展水利的必然要求。

人类开发与保护河流，要充分尊重河流的演变规律及其与相关生态系统的关系;必须统筹流域上下游、左右岸、干支流之间不同区域的利益需求,同时还必须遵循代际公平的原则,为子孙后代留下源远流长的河流;要立足于河流价值与人类需要价值之间的有机统一,既承认河流的自身价值,同时又强调这种价值是与人类的需要相联系、相适应的互动依托。一条健康的河流,既是生态良好的河流,也应是造福人类的河流。

环境流量的目标是要满足河流和其他水生生态系统在质量和时间方面持续健康发展。在21世纪的今天,如何能够既满足社会经济可持续发展对水资源的需求,又能维护河流、湿地等淡水生态系统的健康,达到人类与河流的和谐相处,是当前面临的严峻挑战。

要实现这一双重目标,需要确定明确的河流保护指标、取水和用水方案,从而成为水资源合理配置的依据。鉴于河流保护目标的确定具有很强的社会性,应该有不同利益团体的代表以及有关专家参与,以寻求对生态环境流量的基本认识。在今后的河流开发保护中,应当考虑整个河流水系环境以及相关的经济、社会和文化价值。

五、水库调度与河流生态

现行的水库调度往往只注重防洪和兴利的调度，而对下游生态和库区水环境的影响很少考虑。近年来,河道断流、河槽萎缩、河流污染、水体富营养化、河口咸潮入侵等河流生态环境问题的突出显现,对河流水资源开发利用与优化配置提出了新的要求,水库的调度作用也随之出现了新的转变。在国外,人们已经开始通过改变水库调度方式来恢复流域生态与环境的尝试。例如,美国在科罗拉多河利用格伦水库进行人造洪峰改变河道形态,在田纳西河进行包括满足生态和环境要求的水库群调度策略的研究和实践,俄罗斯在伏尔加河和德涅斯特河改变水库调度进行鱼类和生态、环境保护等。

水库调度的生态化趋势,使水库的作用范围超出了原有的服务对象,提出了以河流生态健康为目标的调度要求,这是人们近年来关注的一个新的研究课题。

(一)水库生态调度,必须了解河流生态问题,有的放矢

水库生态调度是以河流生态健康为目标的。要开展水库的生态调度,必须认识和了解河流生态问题,掌握其规律和发展的特点。解决河流生态健康,实质上是一个系统的复杂的多维调控问题。水库群生态调度只是其中的一个环节,调度实施后,必须对河流生态的健康程度进行识别和评价,并确认其调控力度和措施,以此循环调节和控制河流的活动过程,保证河流生态的健康水平。因此,必须要加强对河流生态健康的评价研究和调控措施的研究,进而形成一个河流生态健康的调控体系。

近年来,中国在这方面进行了许多有益的尝试,取得了显著的成效。如实施黄河水资源统一调度,使黄河连续8年不断流,进行了6次调水调沙,将3亿多吨泥沙送入大海,提高了河槽过流能力。对黑河、塔里木河实施水资源的统一管理和调度,促进了下游地区的生态恢复。向南四湖、扎龙、向海、白洋淀等湖泊或湿地实施应急补水,保护和修复生态系统。开展引江济太和淮河闸坝防污调度,改善水体水质,减轻水污染损失。启动桂林、武汉等城市水生态系统保护与修复试点。在这些重大举措中,水库调度对于实现以上水生态修复目标发挥了至关重要的作用。

(二)亟待开展水库群生态调度研究

在水库的生态调度中,干支流水库的同步蓄水、放水,下游河道水量大幅减少或增加，将对流域中下游的生态与环境产生重要的影响。因此，开展以库群为主的联合调度方式研究，急需抓紧进行。

（三）关键在于确定生态调度控制点

控制水库下泄流量，是通过水库解决生态与环境问题的基本方法。常规调度是把防洪、兴利条件作为约束，设置汛限水位、供水要求等来限制泄量。而对于生态调度，则须要研究泥沙淤积、生态系统变化、水体富营养化等与流量、流速、水温的相关关系，确定水库生态调度控制点。通过研究，确定不同阶段的临界期，控制点的控制流量取决于其上游若干水库泄量的组合。

（四）新使命带来的新问题

水库调度作用发生转变后，随之将产生一些新的问题。如，现有水库的调度方式如何进行调整?发电收益是水库的重要经济来源，按照生态与环境要求改变水库运行方式，将直接影响水库发电效益，如何重新调整各方面的利益？同时，水库采用生态调度方式，还会产生新的利益相关对象，如可能引起水库下游防洪投入的增加和洪灾损失风险、增加库区塌岸等。针对这些新的问题，要研究建立水库实行生态调度后相应的补偿机制，水库生态调度的生态与环境响应机制等理论技术体系，制定相应对策措施。

专家预测，未来水库的生态调度将成为水库调度工作的重点，水库调度的趋势将是以防洪为约束，以河流生态健康为目标，通过协调各兴利因子达到目标的一个均衡优化问题。

第七章

构建城市与河流的和谐

第一节　河流:城市的重要生态因子

人类诞生伊始濒水而居,近水而种。河流与城市的发生、发展息息相关,河流或穿城而过,城市或滨水一侧。在远古时代河流就为城市提供了稳定的水源和肥沃的土壤,后来,随着水上交通工具的发展,河流成为了城市物资运输的重要通道;在近代工业化阶段,河流对城市的作用更加重要,不仅成为水源地、动力源、交通通道,而且是污染净化的场所;在现代,城市生态化成为城市建设的主流,在其生态建设过程中,河流显示出不可替代的作用,河流对城市的繁荣与衰落,对城市社会、经济、环境协调发展有至关重要的意义。

一、河流:城市的灵魂

在城市形成和发展中,河流作为关键的资源和环境载体,关系到城市生存,制约着城市发展,是影响城市风格和美化城市环境的重要因素。城市的河流犹如城市的灵魂,百转千折之后犹在低吟千年传奇。而有了河流的城市仿佛添加了灵气的画面,愈发活灵活现地游曳于生活中。北京护城河演绎千年的历史,广州的珠江不啻于海上丝绸之路。现代化的上海将与黄浦江唇齿相依……城市河流一边记取着历史,一边扮演着举足轻重的角色。

一个城市因为有了河流的穿越蜿蜒才会灵动起来，彰显出与众不同的气质。它是曲折流动的音乐，与精美建筑的凝固音乐共同奏出都市的诗意乐章。世界上的伟大城市，诸如伦敦、巴黎、圣彼得堡等，莫不从河流的脐带中获取绵绵不尽的生命力。北京拥有众多穿过城市的河流，护城河、通惠河连接北海等湖泊，不仅是首都的自然生态经络，更是一种彰显城市文化魅力的血脉。随着城市的发展，清河、亮马河、京密引水渠等以前的郊外河流也“农转非”，成了创造无限情趣的城市河流。可以说，有了水，才有了城市的灯红酒绿、高楼林立，才有城市的经济繁荣和人们的安居乐业。

世界上城市河流经营成功的典范首推在伦敦市中心穿城而过的泰晤士河。它集城市景观、环境、交通及经济结构于一身;水利功能、水路运输功能、旅游娱乐功能,形象功能,自然生态功能样样俱全。以北京为例,境内没有长江黄河这样的自然宏伟之作。但是,北京城北有潮白河、西有永定河、南有大清河,三个水系周边环绕,大体说来,在一定的社会、人口条件下,是个水资源相对丰富的地方。自金代开凿通惠河,使军需皇粮由大运河北端的通州直达京城;明初又挖北、中、南三海,引河水注入城市。北京由此成为有河流穿过的城市,宫殿、城垣、民居、闹市、楼宇,与运河上的舟船并行,使得城市的经济、自然和文化生机盎然,宛然南方水城。

二、河流:城市景观环境的重要依托

河网水系是城市生态系统和景观体系的稀缺资源，同时又是城市的生命之源、活力之源。在现代城市规划中，河网是城市生态系统的绿色生命线，是城市生态平衡的重要因素。城市河流具有供应水源、提供绿地、保护环境、自然保护、旅游娱乐、交通运输、文化教育等各项生态功能，对城市生态建设有重要意义。

城市河流作为城市系统中的一种自然地理要素，对城市生态建设意义多种多样：包括为城市生活和生产提供就近水源，可以减弱城市热岛效应和洪涝灾害，为城市绿地的建设提供基地，丰富城市景观多样性和城市物种多样性，为市民创造文体娱乐、亲近自然的空间。

目前城市河流作为城市生态系统的重要要素，已经和正在被城市建设者所关注，其生态功能的应用，也逐渐被引入到生态城市的建设中。良好的河流景观与滨水环境是现代化城市的重要内容，而营造城市景观环境离不开大自然中与城市关系最密切的河流和水面。当代国际大都市环境建设的价值观念趋向表明，都市人与大自然的关系已由疏离、隔绝变为亲近和融合。开阔的水面和流动的水体所形成的自然风貌，无疑能给城市增添许多魅力。从19世纪英国人欧文提出的“田园城市”理论到20世纪90年代中国科学家钱学森提出的“山水城市”设想，无不反映了城市人对城市优美景观环境的向往和追求。

城市滨水空间规划是城市景观规划的重要内容。城市滨水空间是城市中一个特有的空间地段，它是由城市到水域而形成的过渡空间，既是陆地的边沿，又是水体的边缘，包括一定的水域空间和与水体相邻近的城市陆地空间，具有自然山水景观和丰富的历史文化内涵，是自然生态系统和人工建设系统相互交融的城市公共的开敞空间。城市滨水空间按其毗邻水体性质的不同可分为河滨、江滨、湖滨、海滨等。城市滨水区不仅是联结城市陆地和水体的中间地带，而且是协调宏观环境和微观环境的中观环境；不仅包容了丰富的自然景观，而且蕴含着城市滨水区的物质空间和人文景观。它是城市居民活动的公共空间，是城市形象的景观节点，是旅游观光的重要场所，是城市发展的历史缩影。

第二节　打造良好的城市河流环境

一、城市河流的存在问题

城市河流治理与开发作为城市建设的重要内容之一，行进在城市发展的快速轨道上，辉煌一时的河流却有着些许说不清道不明的尴尬，也面临着许多新的问题。不恰当的城市开发使许多河流的河道越来越窄、河网越来越被分割，废物倾倒使河床越来越高，河流正常的自然地理过程被打乱，严重影响了河流本来所具备的泄洪功能，加剧了洪涝灾害。

归结起来，我国城市水环境面临三大问题，一是污染负荷远远超过水环境容量，二是江河湖泊普遍遭受污染，三是生态用水缺乏，水环境恶化加剧。目前许多城市河流是晦暗的，其生命力微弱甚至干枯。除了为数甚少的河流保持洁净之外，城中所见之河常常成了没有生命力的死水，颜色墨绿，甚至发出恶臭。一些城市已到了"有水皆污、有河皆干"的境地，水环境形势异常严峻，一条条穿过城市的河流亟待我们的拯救。

二、城市河流发展方向

我们的河流该如何发展?如何有效开展城市水污染防治工作，打造良好的城市河流生态环境已成为社会普遍关注的热点问题。城市河流治理事业正从过去单纯的水利治理型转向经济建设、生态建设、人文建设合一的方向。

(一)加强城市生态建设

城市生态建设就是城市模拟自然生态系统，创建一个物质循环畅通、能量流动高效、系统过程稳定、结构和功能协调的生态系统，为城市人口提供一个与社会和自然发展相匹配的、持续稳定的物质环境，保证城市人口的身心健康发展。河流本身所具备的物质静态和动态特性为城市生态提供了一定的基础。

河流作为城市的一个自然地理要素，是城市规划与建设中必须考虑的一个重要因素，而城市建设反过来对河流也有显著的影响。沿河的土地利用方式既受河流的影响，也对河流的各种功能产生作用。在城市规划与建设中既要尊重河流的自然规律，也要充分开发河流的各项生态功能，使其更好地为城市发展服务。这就要求综合规划河流，对河流进行适当的功能定位，在功能定位的基础上协调各类功能，让河流的自然规律与城市发展相匹配，保证城市的可持续发展。河流具有供应水源、提供绿地、保护环境、自然保护、旅游娱乐、交通运输等各项生态功能，对城市生态建设有重要意义。河流的自然地理规律是河流生态功能发挥的基础。尊重河流的自然规律、维持河流的地貌和水文特征、保证河流水质、协调城市建设与河流的关系，是城市生态建设过程中的基本方法和出发点。

（二）建设城市河流绿地

城市绿地诸多生态功能，受到城市绿地量微小的制约而不甚明显，城市绿化土地的机会成本高，使得城市绿地建设也受到土地的限制，且城市环境的变化也使得城市绿地建设和管理技术难度加大，而河流两岸、河心沙洲为城市绿地建设提供了有利的自然条件和社会经济条件，将河流两岸建设成为城市绿带，已经成为许多城市绿地建设成功的基础。伦敦的泰晤士河、巴黎的塞纳河便是成功的典范。可以说河流的绿化基地功能在未来会变得越来越明显。

城市物种多样性的保护已成为全球生物多样性保护的组成部分之一。河流与城市常见景观有较大差异，形成城市中特殊的生物生境，也形成城市中物种多样性较高的区域。河心沙洲和河流两岸的绿地，为较多种类的动、植物提供了栖息、生存和繁衍的场所；同时河流本身又为城市带来了大量的水生动、植物生存的自然环境。河流已经成为城市生物多样性存在的重要基地。保护河流的物种多样性，对维持城市生态系统的持续、稳定和发展有支持作用。

恢复城市河流的生机固然要靠更充沛的河水，但是，它更考验这个城市如何集水、用水的智慧。应该清楚的是，城市河流应该恢复的是自然生机，并非都是四季流水丰沛，船行舴往的景象。北方的城市河流注定只有少数才能建成可以通行游船的畅通河道，或者维护成本高昂的精致公园，更多的是要修复、维持河流以及两岸植被的自然维护能力，这样的河道与自然形成的绿色地带，是面向大众，尊重地域降水植被生态特点，从而人工维护费用很低的天然公园。清澈的河水不一定需要常年丰盈，只要它保养出茂盛的水草，滋养出几尾小鱼，甚至水少时有泥鳅的摆动，而渗透的河水使两岸的灌木和参天大树更加繁茂，这些的自然河道创造的美景与诗意，虽然造价低廉，却更为自然，更能化解城市的单调和生存焦虑。

（三）还复河流本色

不再把城市河流当做排污的下水道，敢于拿起铁锤，敲掉自以为是给河流穿上的混凝土盔甲，才能逐步唤醒河流的自然生命。去掉三面混凝土“护身罩”的河流也许会加快地下渗透，但是，那些跑掉的河水并没有浪费，它进入的是这个城市的生机循环系统，河水将逐渐能够自我净化，两岸的树木绿草会更加茁壮，城市地下水位缓慢恢复。就算因此河流水量下降，甚至有时会干涸，也是一种别有生机的湿地景观。

第三节　构建城市河流文化

河流穿过现代城市，在带来生命之水和两岸的风景之外，更多时候作为一种精神、文化的存在物，成为焦虑中生存城市人的精神诉求和文化向往。

“逝者如斯夫”，智者乐水的境界，生命的起源，鱼与小鸟的歌唱，蝌蚪与青蛙的故事，水中的月亮与建筑倒影，这些河流的自然与文化多重衍生物，是水泥森林与车流喧闹中的城市生活中宝贵的诗意安慰。

一、河流是城市文明的发祥地

世界上每一个文明的发源地，都是傍依江河湖泊，并依靠必要的可供水源而发展起来的。古代早期的城市，也都选择在有河流、有水的地方。许多民族和国家都把河流比做自己的母亲，如中国的黄河、印度的恒河和俄罗斯的伏尔加河。古代的四大文明古国都发源于大河流域，黄河流域是中国古代文明的发祥地，尼罗河孕育了古埃及文化，印度文化起源于恒河和印度河流域，古代巴比伦也是在幼发拉底河和底格里斯河形成的两河流域发展繁衍的。河流以其丰富的乳汁孕育了人类早期的伟大文明，并在河流两岸崛起大批的繁华城市群。凡是河网水系发达的地区，都是城市文明最发育的地区。

河网水系对传承城市历史文化起着非常重要的作用。没有城市水系的点缀，丰富的水面与城市的其他景观相映衬，形成优美的自然景观和人文景观，城市的文化内涵和深厚的文化底蕴就不会充分展现。以京杭大运河为例。目前，运河沿线已经公布注册的文物保护单位有654处，其中109处为全国重点文物保护单位，另有9座城市被公布为国家级历史文化名城。有人形象地比喻大运河是活着的、流动的文化遗产。

二、河流是城市文化的重要内涵

如果一个个河流都是被混凝土衬砌、三面光溜溜的"三光"河道，失去的不但是洁净的河水，河水无法与大地亲昵互动，失去了大地滋养的河流在水体无法更新的同时，失去了保持生命力的最后机会。对于这个城市，文化的、诗意的损失虽然无形，却同样严重，并更加难以恢复和弥补。恢复河流的自然生机，也是在重建这个城市的文化生机与魅力。

在城市，一两条水量四季丰沛游船通行的河道主奏，众多自然河流公园不可或缺的协奏，将会演绎出21世纪的河流自然情趣与诗意文化，这是一个现代都市中必不可少的流动音乐。

城市景观多样性对一个城市的稳定、可持续发展以及人类生存适宜度提高均有明显的促进作用。河流影响和丰富人类精神领域的最突出表现是其景观效应，或者说河流除作为物质资源——水源外，还是一种刺激感观、活跃情操、平心静气的精神资源，是分布广泛而又作用突出的景观资源。河流及其自然特征，明显有别于以水泥和钢材为主要材料的街道、楼房和汽车等的城市景观，河流的物质特性、形态特性、功能特性的介入，将提高城市景观的多样性，为城市的舒适性、稳定性、可持续性提供了一定的基础。这也是城市河流文化的重要内容之一。

第四节　城市河流环境的无害化与自然化

在城市中保持自然是当今国际上先进的城市治理准则，河道的治理也不例外。自20世纪90年代以来,采用混凝土施工、衬砌河床而忽略自然环境的城市水系治理方法,已被各国普遍否定。修建生态河堤,恢复河岸水边植物群落与河畔林，已成为河堤建设在国际上发展的大趋势。

一、建设生态河堤

城市河流治理主要就是减轻或避免水灾对人类及其生产活动造成的损失,而当今城市河流治理所追求的另一个重要目标,就是河流景观与其人类、生物及周围环境的和谐，维护人类与自然生态环境的和谐性。目前国内大多数城市中心区河道的堤岸整治,由于土地原因,大都采用单调的浆砌条石垂直断面或水泥堤岸,只考虑了泄洪、排水功能,基本没有考虑生态功能。从城市生态环境建设出发,在河道治理方面,生态河堤建设要给予充分重视。

生态河堤是融现代水利工程学、环境科学、生物科学、生态学、美学等学科一体的水利工程。作为一种新概念河堤,它以“保护、创造生物良好的生存环境和自然景观”为前提,在考虑具有一定强度、安全性和耐久性的同时,充分考虑生态效果,把河堤由过去的混凝土人工建筑改造成为水体和土体、水体和植物或生物相互涵养,适合生物生长的仿自然状态的护坡。

目前世界上一些发达国家都在进行河流回归自然的改造。瑞士、德国等于80年代末提出了全新的“亲近自然河流”概念和“自然型护岸”技术。所谓“自然型护岸”技术,就是放弃单纯的钢筋混凝土结构,改用无混凝土护岸或钢筋混凝土外覆土植被的非可视性护岸。

德国的莱茵河,1993年和1995年发生两次洪灾，洪水淹了一些城市,造成的损失估计达几十亿欧元。分析洪灾原因,主要是莱茵河流生态遭到破坏，莱茵河的水泥堤岸限制了水向沿河堤岸渗透所致。因此，德国现正进行河流回归自然的改造，将水泥堤岸改为生态河堤，重新恢复河流两岸储水湿润带，并对流域内支流实施裁直变弯的措施，延长洪水在支流的停留时间，减低主河道洪峰量。

日本在90年代初就开展了“创造多自然型河川计划”，1991年开始推行重视创造变化水边环境的河道施工方法，即“多自然型河道建设”。仅在1991年，全国就有600多处试验工程。日本建设省推进的第九次治水五年计划中，将对5700公里河流采用多自然型河流治理法，其中2300公里为植物堤岸，1400公里为石头及木材护底的自然河堤。2000公里不得已使用的混凝土，都将按“多自然型护堤法”进行改造，覆盖土壤，并种植植被。实践表明，该技术有效地促进了地下水的渗透和水的良性循环，提高了水边环境的自然净化功能。

美国的南佛罗里达州在70年代修建了很多人工河道，但逐渐发现周围湿地越来越干，生物多样性也急剧减少，进入90年代开始改造，目前已恢复曲流河道的状态。著名的洛杉矶河也正在拆除衬砌。

二、还河流以空间

作为城市防洪的对策措施，在国际上非常重视“堵疏结合、蓄泄并重”的治水理念，给河流以空间，增加河流的过水断面，给洪水以出路。

在欧洲，1993年、1995年莱茵河和默兹河发生洪水，对荷兰的防洪策略与河流治理产生了重大影响。1995年洪水使莱茵河沿岸低洼地（圩垸）疏散25万人，虽然没有垮堤，但是影响深远。荷兰对已沿用几十年的河流堤防加固计划作了审查和修订，河堤均按抵御1250年一遇洪水的标准进行加固。但是荷兰人知道，无论如何加高河流堤防，安全保障总是有限度的。历史经验表明，随着安全水准的提高，土地利用也发生很快的变化，总体风险（发生洪灾的概率）也在增加。洪水概率的降低很快被可能出现的更大的洪灾损失所抵消。土地利用和提高防洪水平的相互作用，已使荷兰主要河道沿岸的自然景观受到很大负面影响，进一步加高加固堤防，已得不到社会的普遍赞同。

近年来，荷兰人提出“还河流以空间”的新理念，使河流在流量、泥沙输移、宽深比等方面达到动态平衡。这可能要求放弃几百年前筑围堤形成的滩地。目前荷兰人正在研究的措施包括疏浚河道、挖低漫滩(与自然开发相结合),甚至退堤、扩大漫滩。在莱茵河的一条支流上,正考虑拆除现有挡水堰,这并非完全出于航运方面的考虑。

三、控制污水直接排放,减轻河流污染

世界上一些发达国家城市河流治理的经验表明,要发挥城市河流的生态功能,控制污水直接排放入河,是减轻河流污染的根本措施,英国泰晤士河的治理就是一个成功的范例。

18世纪末期,英国产业革命后,沿泰晤士河两岸工厂企业如雨后春笋般出现,伦敦人口迅速增加,大量的工业废水和生活污水排入河中。19世纪开始,泰晤士河逐渐变成河水浑浊、污染严重的臭河。到了20世纪50年代末,泰晤士河污染更是严重,它的含氧量等于零,除了少数鳝鱼幸存外,其他鱼类几乎绝迹;污黑的河水臭气熏天,令人不堪忍受,尤其夏季,泰晤士河的气味腐臭难闻;面临河畔的英国议会大厦的窗户,不得不悬挂由消毒水浸泡的窗帘。河水污染还引起疾病流行,1849年到1954年,滨河区共有2.5万人因霍乱而死亡。

在社会舆论的强大压力下,英国从1964年开始,对泰晤士河进行全面治理。通过立法,控制工业废水和生活污水排放,重建和延长了伦敦下水道,建设了453座污水处理厂,形成了完整的城市污水处理系统,每天处理9.44亿加仑污水,使排入河流废水由污水变成清水。

30年来,泰晤士河的污染已减少90%,河水逐渐变清。水质明显改善,水生生物数量不断增加,1979年已有104种鱼类在河中畅游,有人还捕到对河水污染极其敏感的大马哈鱼,还见到海豹沿着泰晤士河道逆流而上。甚至,成群水鸟在河面上飞翔觅食。现在,泰晤士河河面河水清澈,鱼儿穿梭,运动健儿浪击飞舟;河岸老人垂钓,儿童嬉戏。泰晤士河重新成为伦敦一道风景线。

四、建设城市滨水环境

城市滨水空间往往是一个城市能见水、近水、亲水的特色景观环

境，也是一个城市建设和开发的热点。城市滨水空间规划是对城市滨水空间的功能、空间、景观、环境、设施等各方面所进行的综合性设计，其目的在于创造生动、优美、富于特色的城市水空间形象。自60年代以来，世界许多国家特别注重城市滨水空间的综合利用，使其原有的码头、工业区等逐渐变为公共活动繁忙、环境良好、地价不断上升的综合功能开敞区。

60年代欧美广泛开展以充实改善水空间功能为目的滨水区建设，拉开大规模城市水空间规划建设的序幕。以日本东京、横滨滨水区建设和美国巴尔的摩内港建设为代表的遍及世界的滨水区开发，从根本上改变了水空间的形象，重新恢复了它作为城市空间的活力。华盛顿波多马克河绿带规划及日本各地的亲水公园建设，使城市河流再次展现了河水清清、绿树成荫的良好自然风貌。

日本80年代响起“亲水”的呼声，90年代提出了面向21世纪的河流治理方略。其目标是建成一个具有健康富裕的生活条件与美丽自然环境相协调的富有活力的社会。提出要改进并确立有关管理体制，确保一般河流的水量，恢复洁净水流，保护水质，形成良好的河流景观与滨水环境，建设城市水网并加强绿化，要求水边空地具有舒适开阔的空间，为各种娱乐活动提供适宜的场所，并重视它的生物多样性，将城镇改造成与滨水环境成为一体的居住区。

遍及世界的城市滨水空间规划设计与建设活动，使我们清晰地看到，恢复城市水空间，还其优美、宜人、充满生机的原貌，创造适应现代城市生活的城市滨水空间形象，是当今世界城市建设发展的一大潮流趋势。

第五节　城市用水指标与价格定位

我国经济总量的快速增长必将带来城市用水量的大幅度增加。城市特别是北方城市供水短缺的问题将会更加突出。城市化决定了未来我国经济发展和社会生活的重心更加集中在城市里，城市经济承载量的大幅度增长，城市居民生活水平的不断提高，城市环境的日益改善，使得单位水量的产出和效益明显提高,城市对缺水的敏感性越来越强。

一、按照市场供求法则,制定用水指标和价格

城市水价完整的构成应该是发生在水资源循环利用所有环节(原水-商品水-污水-再生水利用)耗费的构成。水价应立足于改善和提高居民生活质量、满足特殊需要的原则制定。水价上升需水量将下降,收入增加需水量将增加。对供水行业来说,忽略价格因素而不对需水量加以约束,不计成本地向城市无偿供水是不可持续发展的。因此,在我国这样一个人均水资源极为有限的国家加强水价和需水量管理应作为城市可持续发展战略的重要内容。水价不仅应当反映供水企业的财务成本,更重要的应是向用户提供水资源丰缺的信号。当水价受到限制(管制价格),水价不仅低于市场的均衡价格,而且低于供水的长期边际成本时,用户体验不到水资源的紧缺,用水量远远大于实际需水量,依据这种低水价时的用水量预测未来的需水量,城市必然将面临严重的水资源紧缺。

二、建立梯级水价

拉开水量的价差,各级水价级差按一定比例进行核定。一级水量基数和价格,应充分考虑老百姓的承受能力,根据确保居民基本生活用水的原则制定,适当降低一级水量和收费价格,同时,对低收入阶层出台相关补贴标准,鼓励居民在生活用水方面厉行节约。调整工业企业用水定额时,进一步拉大超计划超定额累进加价价差,完善相关条例以及通过政策引导,限制高耗水行业,政府通过价差鼓励企业使用中水等。

水价上涨固然能促使用水户把用水量降下来,但在一定时期里,用水户用水量的下降是有限度的。按目前的二级阶梯水价,不足以准确反映城市水资源的供求矛盾。合理定位城市的水价计价标准,适当拉开居民基本生活用水与特殊需要用水之间的价差,以及非居民生活用水实行超计划超定额累进加价价差,根据城市不同时期水资源的供求关系调整提高污水处理费征收标准,已成为建设节水型城市的当务之急。

第六节　河流环境治理的主要对策

一、政策层面

(一)在决策中控制新的水环境问题的产生

区域经济发展和区域环境容量不相适应，是造成城市水环境污染的重要原因之一。以往在确定地区产业发展方向、地区生产力布局时，往往忽视区域环境容量。盲目发展高耗水型工业，造成地下水位下降；一些资源丰富的地区发展单一的资源型产业，不发展与之相配套的加工业，产业结构雷同，形成严重的结构型污染。因此，区域经济的发展要充分考虑水资源保护，限制缺水地区发展耗水型产业，调整缺水地区的产业结构，严格控制高耗水、高耗能和重污染的建设项目。

(二)资源的开发和利用要坚持开源节流并举的方针

制定单位产品用水定额和水重复利用率考核指标，建立工业用水考核制度；明确规定冷却水及工艺用水等工业废水必须循环利用和再生利用；大力发展水的闭路循环使用新技术，最大限度地减少废水排放量。

流域治理的重点在城市，城市工业废水和生活污水的治理，要走集中与分散治理相结合和废水资源化路子。因地制宜地建设污水处理设施，处理后的污水要用于工业冷却、城市景观和园林绿地用水等。

(三)完美环境经济政策

污染事件的发生，归根到底，是利益作祟。如今守法成本高，而违法成本太低，经济处罚奈何不了一些企业。因此，要抓紧制定有利于环境保护的环境经济政策，进一步强化市场经济体制下的环境经济手段。尽快提高排污费标准，使之高于污染治理成本；制定水污染防治相关政策，建立资源更新的补偿机制；全面实现“污染者付费”的原则。

二、生态层面

发达国家从20世纪50年代开始，我国从70年代始进入以河流水质恢复为重点的河流保护阶段。90年代，许多西方国家开始意识到应该缓解对河流生态系统的压力,注重发挥河流生态系统的整体功能,在通过物理、化学、生物和工程等措施,并充分发挥生态系统本身的恢复功能,恢复河流生态系统被破坏的结构、功能和面貌,开始进入河流生态恢复阶段。

(一)河流自然化

在承认与确保河流防洪、水资源利用等功能的同时,遵循自然法则,尽可能不改变或少改变生物赖以生息和生长的良好环境,提倡把属于自然的地方还给自然,保育和恢复河流良好生态环境,通过河流地貌及生态多样性的恢复,建设一个具有河流地貌多样性与生物群落多样性的、可动态稳定的、可自我调节的河流系统,让自然与人类共存共荣。如20世纪50年代,德国正式创立"近自然河道治理工程",20世纪80年代,在欧洲各国以及美、日、韩等国提出"与自然亲近的治河工程"理念;日本的"近自然工事"或"多自然型建设工法",美国的"自然河道设计",瑞士、奥地利的"近自然河流治理"工程等均属河流的生态恢复。

(二)生态与整体最优

河流是水、河床及其中的物理的、化学的、地理的无机环境要素,生物(生产者、消费者、分解者)有机要素,人为的水利,给水、排水、污水处理、人为景观等各种工程、设施组成的一有机整体,一类社会-经济-自然复合生态系统。

过去国内许多河流的治理,仅着重水质恢复,分别采取如清淤、截污等一些措施,实践的结果是水质改善效果不能持久或不显著。并非这些措施不好或不适用,其根本原因是单纯地孤立地应用,未能充分顾及所用措施的前因后果及与其他因素的相生相克作用,对水体生态系统结构和功能某一部分改变所引起的正负反馈作用考虑不周,头痛医头,脚痛医脚,用还原论的方法来处理系统的问题所致。

河流生态恢复要以科学发展观为指导,遵循自然规律和经济规律,结合整体论和还原论的方法论,注重发挥河流生态系统的整体的结构和功能,生态过程中相互制约、相互影响、相生相克、互为因果关系,发挥生态与整体最优。不是单个措施或技术的堆砌,而是针对河流生态失衡和破坏的实质和具体原因,按当地社会、经济、自然的具体条件,因时、因地、因类制宜地、人工治理与自然修复相结合,生物措施与工程措施相结合,重点防治与区域防治相结合,综合与优化多种技术、措施、多个环节,从整体上循序渐进地协调河流生态系统的结构间、功能间和结构与功能间的和谐关系。增减的每一措施均作为生态工程中的一个环节,与其他环节的如通过人工栽种(或放养)、引种与保育一些能适应当时环境的植物和动物,改善无机环境、植被、生物群落、生命亚系统的结构,以增加污染质的迁移、转化和输出的途径、速率和量等功能;同时协同截污分流,清淤等,从而改善水质、底质等无机环境,创造和改善适应更多种生物生活、繁殖、发展的条件,逐步促进更多种、更多量的生物的发展,进一步促进更多量的污染质的迁移、转化和输出。这样循序渐进地,因地、因时、因类地逐步协调,不断改善河流生态系统结构、功能和环境质量,形成良性循环,不断改善河流生态系统结构、功能和环境质量。

(三)维护结构与功能协调

结构是完成功能的框架和渠道,直接决定与制约系统和组成系统各要素接受、迁移、交换、转化、积累、释放和输出物质、能量、信息等功能的方向、方式和数量,决定功能及其大小。它是系统整体性的基础。功能是维持结构的存在及发展基础,又是通过结构这一框架和渠道来实现的。协调水体生态系统结构间、功能间、结构与功能间的和谐一致是维持动态的生态平衡,相对稳态、生态恢复的重要措施。据此,调整生物群落(如水生植物等)和无机环境(如营养盐等)的组成和比量,在功能上抑制与减少该河段内营养盐、有机质等输入;疏通它们在生态系统内的迁移、转化和输出途径及总量,维持动态平衡。

(四)发挥河流自我调节作用,提高生态承载力与环境容纳量

一个河流生态系统的生态承载力和环境容纳量是对其利用、发展的有益约束和规定。对一河流或河段的开发、利用、规划、设计必须基于当地的生态承载力和环境容纳量,维护生态承载力和环境容纳量。

对生态阻滞导致污染的河流,增加阻滞物质输出的途径和量:如截污分流,截断原流入该河段生活和工业污水的途径和量。恢复和发展沿岸带的植物;扩大沿岸地面绿化面积,植草种花;加强流域内水土保持等,以发挥和改善它们拦截、过滤与减少随雨水漫流入河的污染物质。

疏通与增加河流生态系统中有机质、营养盐、藻类等物质的迁移、转化、输出途径和量:物理工程措施,如清淤,增加蓄积河内淤泥中的有机质、营养盐等的输出量,减少内源性污染。

水生植物的修复,增加水体中吸收、转化滞留的营养盐的环节、途径和量,并通过它们与浮游藻类的竞争,抑制藻类的生产量和现存量。但当水体污染已不适水生植物生长、生活时,要逐步改善和创建水生植物的必要和基本条件, 循序渐进地扩大植物的覆盖面积以及生产量和现存量。如河水的透明度过低,制约较深河底的沉水植物生长所需光照条件和光通量时,就得先种植一些耐污、净化水质能力强的漂浮植物,或在生物浮岛上用水培法种植一些陆生的花卉、蔬菜等植物作为先锋植物,与浮游藻类竞争光和营养盐,提高透明度,改善和为沉水植物生长创造条件;当沉水植物生长、繁殖、发展后,通过它们对底泥的固着,减少和防止底泥的再悬浮;加以吸收、转化、积蓄水中营养盐,与浮游藻类竞争,降低藻的生产量和现存量,又进一步、不断提高透明度,再扩大和改善适宜沉水植物生长的河底深度和面积, 促进与扩大沉水植物的发展,如此良性循环,使透明度不断改善、逐步扩大适宜沉水植物生长的河底深度和面积。

要及时直接收获或通过食物链网中一些动物摄食、转化植物而间接输出河中生长后的植物,防止生长后的植物留存河中,二次污染。常用的方法是放养一些食浮游藻类的鱼蚌等经济动物, 另有控制地放养一些草食性水生动物,防止破坏水草的正常生长繁殖。

(五)加快城镇污水处理厂建设

改革现行城市污水处理体制, 实现污水处理厂建设和运营的社会化、市场化、企业化。污水处理厂的建设要引入竞争机制,按照"谁投资谁所有,谁管理谁受益"的原则,建立多元化投资建设、企业化运营管理、社会共同负担费用、政府给予必要的政策扶持的模式。积极探索城镇给排水建设和运营一体化的管理体制。逐步使政府从直接管理污水处理设施的建设和运行中解脱出来,让污水处理真正走向市场。严格的饮用水源保护制度,可以简化水处理工艺,降低水处理成本,更可以保证出水水质。

第八章

河流与湖泊

河流和湖泊作为地球水体重要的存在场所，在人类文明发展过程中起着不可磨灭的作用，虽然它们形体不同，但同样都参与地球水循环，都为人类源源不断提供生产生活用水，人们常把河流称为大地的动脉，把湖泊誉为大地的明珠，可见河流与湖泊在自然界中的重要地位。

第一节　湖泊分类及其生命过程

一、湖泊的分类

湖泊是由湖盆、湖水和水中所含物质——矿物质、溶解质、有机质和水生生物等组成的统一体。湖泊的成因是多种多样的。由于地壳运动引起的地壳断陷、拗陷、沉陷所形成的构造盆地，经潴水而成为湖泊，通常称为构造湖。由于火山喷发，喷火口积水成湖，称为火山口湖，或因火山喷发的熔岩壅塞河床，抬高水位而成的湖泊，称为火山堰塞湖。由于冰川的挖蚀作用和冰碛泥的堆积堵塞作用而形成的湖泊，称为冰川湖。由易溶性碳酸盐类岩层的溶蚀洼地积水而成的湖，叫喀斯特湖。沙漠地区的沙丘受定向风吹蚀成的丘间洼地，被潜水汇聚成的风成湖，多以小型时令湖的形式出现。沿海平原洼地由于沿岸流所挟带的泥沙不断淤积，海湾被沙嘴封闭而形成的潟湖。此外亦有因河道的横向摆动而残留的河迹湖，或随河流天然堤而伴生的堤间湖等。不少湖泊的成因具有混成的特点。例如长江中下游的五大淡水湖，其湖盆的形成与地质构造有关，但又与江河、海洋的作用有联系。这些湖泊之所以还保留一定的面积，还与新构造运动的活跃以及沿袭老构造运动的性质等分不开，否则，位于多沙性河流沿岸的湖泊早已变为历史的陈迹了。又如云南湖泊虽属构造类型，但碳酸盐类地层的溶蚀对湖泊的形成和发育也起着明显的作用。

(一)构造湖

构造湖是由地壳构造运动形成的凹陷积水而形成的湖泊，一般湖水较深，容积较大。

中国的构造湖，主要分布在下列地区。

云南高原的湖泊，与地质构造的因素有关，除异龙湖和杞麓湖位于滇东山字形构造的弧顶，受东西向断裂控制，湖泊长轴作东西向延伸外，其余的湖泊大多受南北向断裂的影响，均呈南北向条带状分布。滇东的湖泊带，是由于地面断裂系统的强烈发育，形成了许多地堑式断陷盆地和断陷湖泊，如滇池、抚仙湖、阳宗海、杞麓湖和杨林湖等，都是在断陷盆地基础上发育成的构造湖。这些断陷湖泊都保留有明显的断层陡崖，附近常有涌泉或温泉出露，沿断层两侧的垂直差异运动至今未曾停息。在纵贯全区的大断裂系统上，曾发生过多次比较强烈的破坏性地震，新构造运动对湖盆的发育仍起着一定的影响。位于元江大断裂带附近的洱海、剑湖、茈碧湖等，新构造运动的迹象也颇明显，断层两盘间——点苍山与洱海仍有相对的升降，形成地形上的强烈切割。金沙江以北的程海，川滇界上的泸沽湖和川西的邛海，也都是地壳断陷而成的湖泊。

分布在柴达木盆地中的众多湖泊，大多位于构造盆地的最低洼处，这些湖泊都是第三纪柴达木古巨泊的构造残留湖。盆地东缘的青海湖原是个向斜构造，后因东部发生断块上升而成为内陆湖泊。札陵湖和鄂陵湖是因巴颜喀拉山褶皱隆起，并受到北北东、北西西和北东向几组断裂的影响而形成的构造湖。

西藏高原盆地众多，湖泊星罗棋布，那些近东西向、北西向和北东向的纵形谷地的谷底洼地，每有纵向延伸的湖泊带分布。湖泊长轴走向与构造线基本吻合，说明湖盆的形成受区域构造线的控制比较明显。这些湖盆的起源可追溯到第三纪。它们都是在第三纪喜马拉雅运动中由构造断陷作用所形成的。如色林错就是在早第三纪始新世晚期（大约在5400万年前）第一期喜马拉雅运动活跃时形成，并延续至今的残留湖泊，因此湖盆有巨厚的下第三系、上第三系和第四系的沉积。而其余的湖盆目前只发现上新统（大约在900万年前）的沉积，可能是在中新世中晚期（大约在2600万年到900万年前）第二期喜马拉雅运动期间形成。此外，分布于滨湖的断层三角面，在一些湖泊中至今仍清晰可见。

内蒙古的呼伦池、岱海、黄旗海、安固里淖和查干诺尔均属于构造湖。新疆的赛里木湖、艾比湖、乌伦古湖和博斯腾湖等，也都是在断陷盆地基础上发育而成的内陆湖泊。

长江中下游所分布的洞庭湖、鄱阳湖和巢湖等，因位于大地构造单元的转折地带，所以受构造差异运动和新构造运动的影响显著；但湖盆轮廓不及山间断陷盆地的湖泊明显，它往往是断层构造截断山系而形成的湖泊，一般与南北向断裂构造活动的关系密切。

此外，位于山西地台南缘、渭河地堑东段的运城解池，它是由中条山北麓及峨眉台地南缘两条平行断裂形成的地堑式构造湖。中俄国境上的兴凯湖，是远东最大的淡水湖，它亦是在第三纪地壳陷落基础上形成的湖泊。

(二)火山口湖

火山口湖是由于火山喷发后的火山口，天长日久，积水成湖。长白山区是中国典型的火山地貌区域，在玄武岩高原与台地之上突起一座雄伟秀丽的休火山——白头山，在凹陷的火山锥顶部周围，环绕着16座高达2500米以上的山峰，其中形如盆状的火山口，已积水成湖，称为白头山天池。它是中国目前已知的第一深湖，是松花江支流二道白河的源头。湖水主要来自天然降水和湖周岩层的裂隙水，年水位常年无大变化，水温较低，湖水偏碱性。据历史记载，有史以来白头山火山口曾有过3次喷发（公元1597、1668年和1702年），最终形成为今日如此规模巨大而雄伟的同心圆状火山锥地貌景观。

第四纪火山喷发时，在长白山区还形成另外一些小型火山口湖，它们是长白山小天池和靖宇县龙岗火山群的6个小火山口湖。此外，在大兴安岭东麓鄂温克旗境内哈尔新火山群的奥内诺尔火山顶上也有一个火山口湖。德都县五大连池火山群的南格拉球火山口，湖水较浅，已长满苔藓植物。台湾宜兰平原外的龟山岛上，龟头及龟尾也各有一个火山口湖。云南腾冲打鹰山和山西大同昊天寺火山，山上原来都有火山口湖，后已被破坏而消失。唯腾冲大龙潭火山口尚积水成湖。

(三)堰塞湖

堰塞湖是由于山崩、地震、滑坡、泥石流、冰碛或火山喷发熔岩阻塞河道而形成的。中国堰塞湖主要有两类，一类是由火山喷发的熔岩流拦截河谷而形成的，如东北的镜泊湖、五大连池和内蒙古的达里诺尔等；另一类是由地震或冰川、泥石流引起的山崩滑坡物质堵塞河床而形成的，如藏东南的易贡错、然乌错和古乡错等。

(四)冰川湖

冰川湖是由冰川磨蚀作用和冰碛物（随冰川运动被搬运和堆积下来的碎屑物质）堆积而成的湖泊。我国青藏高原就有这样的冰川湖分布。

(五)风成湖

由风力作用形成的风蚀洼地或沙丘间的低地形形成的湖泊，叫风成湖。中国沙漠地区有成百上千个被称做“明珠”的大小湖泊，它们中有淡水湖，也有咸水湖或盐湖。如毛乌素沙地分布有众多的湖泊，大小计170余个。腾格里沙漠内部分布了众多面积很小的季节性的草湖。乌兰布和沙漠西部古湖积平原，分布有兰泰盐池等盐湖。这类湖泊的成因，部分是风蚀洼地的底部低于潜水面而形成，部分是残留的古湖泊，也受风蚀的影响。这些湖泊的滨湖地区，由于牧草茂密，大多成为优良的天然牧场，是沙区少数民族劳动生息的地方。

（六）河成湖

由于河流的演变而形成的湖泊称为河成湖。

此外，按泄水情况，可将湖泊分为排水湖和非排水湖；按含盐量的多少，可将湖泊分为咸水湖和淡水湖；中国的淡水湖主要分布在大兴安岭—阴山—贺兰山—祁连山—昆仑山—唐古拉山—冈底斯山脉一线以东，与外流区域基本吻合。长江中下游的鄱阳湖、洞庭湖，长江三角洲的太湖，淮海流域的洪泽湖、巢湖，被称为中国五大淡水湖。中国的咸水湖也很多，其中最著名的有青海湖、纳木错湖、色林错湖、乌伦古湖、羊卓雍错湖，习惯上称为中国五大咸水湖。

二、湖泊的演变过程

（一）湖泊的演变

湖泊一旦形成，就受到外部自然因素和内部各种过程的持续作用而不断演变。入湖河流携带的大量泥沙和生物残骸年复一年在湖内沉积，湖盆逐渐淤浅，变成陆地，或随着沿岸带水生植物的发展，逐渐变成沼泽；干燥气候条件下的内陆湖由于气候变异，冰雪融水减少，地下水水位下降等，补给水量不足以补偿蒸发损耗，往往引起湖面退缩干涸，或盐类物质在湖盆内积聚浓缩，湖水日益盐化，最终变成干盐湖，某些湖泊因出口下切，湖水流出而干涸。此外，由于地壳升降运动，气候变迁和形成湖泊的其他因素的变化，湖泊会经历缩小和扩大的反复过程，不论湖泊的自然演变通过哪种方式，结果终将消亡。

湖泊从形成到消亡这一漫长的演变过程中，由于所处的地理环境的不同，其变迁的历史也很不一样。初生期的湖泊，周围自然界对其影响较小，湖盆基本上保留了它的原始形态，岸线欠发育，湖水清澈；湖水的有机质含量低属贫营养型，湖里的生物种类不多，几乎没有大型水生植物分布。处于初生期的内陆湖或外流湖，多属淡水湖。当湖泊发展到壮年期，周围的环境因素参与了湖泊形态的改造，发育了入湖三角洲，湖盆淤浅，湖岸受到侵蚀等等；加上入湖径流携入的盐量不断增加，湖泊由贫营养型演变成中营养型，内陆湖往往发育成咸水湖。老年期的湖泊，基本上已濒临衰亡阶段，此时湖水极浅，湖面缩小，湖水多属富营养型，大型水生植物满湖丛生，湖泊日渐消亡。外流湖常演变为沼泽地，内陆湖演变为盐湖或干盐湖。

（二）影响湖泊演变的主要因素

自然界的任何事物，都有其产生、发展和消亡的过程，湖泊亦不例外。湖泊形成之后，在汇集流域来水的同时，也汇纳了一定数量的泥沙。天长日久，大量泥沙沉积于湖底，使原来湖岸陡峭、烟波浩瀚的大湖逐渐向小型化演变，岸坡渐趋平缓，洲滩逐渐发育，水域不断缩小，湖盆日渐浅平，为各种大型水生植物的生长创造了条件。大型水生植物由沿岸向湖心迅速蔓延，不仅加速了泥沙的淤积，而且水生植物和其他生物残体的不断堆积，使湖泊向沼泽化发展，走向自己的消亡阶段。而分布在中国广大内陆地区的湖泊，其演变过程则有所不同。内陆湖区为典型的大陆性气候，干旱少雨，蒸发强烈，时有劲风。因此，风沙成为湖泊演变过程中不可忽视的重要物质来源。再者，内陆湖泊不仅是流域内的聚水盆，也是流域内的聚盐盆，有大量盐类随径流汇入湖中。由于盐分不断积累，湖泊就会由淡水湖逐渐演变为咸水湖，进而演变为盐湖。湖泊终因大量盐类年复一年地沉积而趋向消亡。以上所述仅是中国湖泊演变的梗概。在湖泊演变过程中，由于气候的变化和新构造运动的影响，都会引起湖泊水量平衡诸要素以及湖盆形态的变化，直接或间接地导致湖泊消长。所以，湖泊的演变是要经历相当复杂和漫长的过程。人类大规模的经济活动，如筑堤建闸、围垦种植、渔业捕捞、罱泥积肥和开采盐类资源等，对湖泊的演变都会产生巨大的影响，加速或延缓湖泊的消亡过程。

影响湖泊演变的主要因素有：

1.泥沙影响

入湖泥沙量的多少直接影响到湖泊寿命的长短。位于中国东部平原上的湖泊，一般都与大江大河相通，湖泊为泥沙提供了良好的沉积环境。如黄、淮、海流域在历史上原是湖泊洼淀星罗棋布之地，它们的逐渐消亡与含沙量高的河流的发育是分不开的。海河流域由于支流众多，下游河床受泥沙淤积而不断抬高，尾闾又排水不畅，因此湖盆受泥沙淤积十分严重。加上黄河在公元10世纪以前，流经现在的海河，河床并多次改道，影响了湖泊的寿命，如文安洼、安晋泊等湖泊均由于这一原因而成为历史陈迹。黄河自1194年开始南徙以后，泗、淮二水被黄河所夺，泗、淮地区的湖泊淤积更盛，历史上的水泊梁山——东平湖和苏北射阳湖的消亡以及洪泽湖大淤滩的形成，均是黄河泛滥所引起的直接结果。

江汉平原湖群原是古云梦泽的一部分，是古云梦泽淤积消亡过程中因泥沙堆积的局部差异而造成的洼地积水。古云梦泽演变到泛滥平原阶段，已经是古云梦泽消亡和江汉平原形成的前夕。古云梦泽虽已被长江、汉水等携带泥沙停积而分化、消亡，但江汉平原上还是大湖连片，河湖不分，到处湖水茫茫一片，只是后来由于长江、汉水及其大小支流携入泥沙的进一步堆积，才使湖泊分离，缩小成众多的湖泊水荡，有的则被淤积而消亡。

2.气候影响

气候趋向干旱，易使湖水蒸发，湖面缩小乃至消亡，或由外流湖演变成内陆湖；气候趋向湿润，入湖水量增加，湖面扩大，湖水也日渐淡化。由于气候因素在一个湖区的变化是波动式的，在湖泊地貌形态上往往留下一些有力的证据。

位于中国青藏高原和蒙新高原的大多数湖泊，由于气候干旱、蒸发量大于补给量，使湖面普遍发生退缩，湖水亦不断浓缩，而向咸水湖或盐湖方向过渡，这些特点在湖泊地貌上的反映也是多方面的。例如，西藏高原一些内陆湖的古湖岸线一般可达一二十级，若从最高一级古岸线来恢复古代湖泊的面积，据推算，比现代的湖泊面积要大10倍以上，多道古岸线的产生，与区域气候的变迁以及高原新构造隆起有一定的关系，但每个湖泊具体的演变历史并不完全一致。在干旱地区，有些湖泊受气候影响，会引起入湖河道的断流和湖水位的下降，使原来完整的湖泊被分解成若干彼此相连或不相连的湖泊。如著名的居延海，因额齐纳河补给水量的减少，引起湖泊退缩，被分成嘎顺诺尔和苏古诺尔两个湖泊。又如西藏的色林错及其附近的错鄂、班戈错、吴如错、格仁错等以及柴达木盆地中的众多湖泊，历史上均是色林错古巨泊和柴达木古巨泊的完整湖体。

3.人为影响

湖泊围垦对湖泊演变的影响,是人类经济活动所造成的。据长江中下游湖南、湖北、江西、安徽、江苏五省湖泊资料的统计,新中国成立初期原有湖泊面积达28859平方公里,而目前湖泊面积仅为20134平方公里,消亡了8700多平方公里,不仅是自然消亡,而大部分是人们的盲目围垦所致,因为三四十年时间对湖泊演变历史来说仅是很短暂的一瞬间,自然消亡的因素影响很小。如素有“千湖之省”的湖北,现有湖泊面积不足新中国成立初期的1/3,30余年共围垦湖泊面积近6000平方公里。被誉为“水乡泽国”的江苏,自1957年以来,因围湖造田所削减的湖泊面积达700多平方公里,著名的鄱阳湖和洞庭湖,新中国成立以来围垦的面积均在1500平方公里以上。云南是中国南方淡水湖泊分布集中的一个省份,前些年也因围湖造田成风,使一些淡水湖受损。华北平原上的一些洼淀湖泊,也由于明末清初的大规模筑堤围垦,到1881年(清光绪七年)洼淀湖泊面积只剩下清朝初期的1/10,结果使大多数湖洼趋于消亡。

此外,新构造运动也影响到湖泊的沧桑变迁。如随着青藏高原的不断隆起,一些外流湖变成为内陆湖。羊卓雍错在古代曾是个巨大的高原外流湖,湖水通过墨曲汇入雅鲁藏布江;班公错西部原与印度河支流约克河相通,历史上也曾经是外流湖。随着高原隆起,湖水被袭夺流失,亦可形成干涸的古湖盆。如藏东的下秋卡盆地、孔马盆地、那曲盆地,藏南的吉隆盆地、定日盆地、夏雄盆地,青海的共和盆地以及云南的曲靖坝、蒙自坝、保山坝等,都是历史上的古湖泊。

中国湖泊众多,共有湖泊24800多个,其中面积在1平方公里以上的天然湖泊就有2800多个。湖泊数量虽然很多,但在地区分布上很不均匀。总的来说,东部季风区,特别是长江中下游地区,分布着中国最大的淡水湖群;西部以青藏高原湖泊较为集中,多为内陆咸水湖。

第二节　河流与湖泊的生命联系

作为地球上两类重要的水体场所,河流与湖泊就像一对孪生兄弟,密不可分,相互作用,相互影响。

一、由河流发育而成的湖泊

一些河流在发育变迁的过程中逐渐形成了湖泊，这类湖泊称之为河成湖。一类是由于河流挟沙在泛滥平原上堆积不匀,造成天然堤间洼地积水而形成的湖泊,如江汉湖群与河北洼淀多属此类成因;一类是支流水系因泥沙淤塞,不能排入干流而壅水形成湖泊的,如安徽省境内淮河流域的湖泊,就是由于黄河南徙入淮顶托,使泥沙壅塞入淮支流的产物。

还有一类是洪水泛滥时,主流侵入两岸高地间的低洼地,形成河湾,在湾口处沉积大量泥沙,洪水退后形成堪堤湖,如武昌县的鲁湖。也有由于河堤决口时，水流猛烈侵蚀形成的河堤决口湖，如湖北洪湖县的螺山潭。

在黄河干流以南至徐州间的运河线上，有一条呈近南北向的狭长湖群,沿鲁南山区西侧断层线分布,此系1194年黄河南徙后,泗水下游被壅塞,流水宣泄不及,潴水形成的一系列湖泊,由北而南为南阳湖、独山湖、昭阳湖和微山湖,总称为南四湖。所以,南四湖的形成实与黄河决口有关,是黄河淹没泗水部分河槽所致。黄河夺泗入淮不仅打乱了淮北水系,与此同时,也使得泗淮二河宣泄不畅,再加上一系列人为因素的强烈影响,如借黄济运、人工筑堤等等,遂又在淮河中下游形成洪泽和高邮、宝应、邵伯诸湖。

华北平原的海河流域,沿着大运河两侧的广阔地区,分布着众多的季节性洼淀、湖泊。这些季节性的洼淀和湖泊,系由于海河干支流在河流演变过程中因泥沙堆积不匀、河流改造,而在一些堤间洼地或被废弃的河槽中经潴水形成的。在历史时期,这些洼淀和湖泊的数量是相当多的,后因泥沙的不断淤积,使不少湖泊被淤成平地。

此外,还有一类是因河道横向摆动,在废弃的古河道上积水而形成的湖泊,如长江自黄石至大通间一些沿江分布的湖泊,以及嫩江、海拉尔河、乌尔逊河沿岸星罗棋布的咸泡子串大多属这类成因。也有河流自然裁弯取直,在原来弯曲的河道上形成牛轭湖,如湖北的尺八口和原有的白露湖及排湖。

二、大部分湖泊是由河流为其源源不断提供水源

湖泊是在一定的地理环境下形成和发展的，并且与环境诸因素之间进行着相互作用和影响。世界的湖泊千姿百态，其形成有多种多样形式，但不论湖泊是如何形成的，使其赖以长期存在的只有靠水，而且大都是由河流为其源源不断地提供水源。

太湖是中国东部近海地区最大的湖泊，位于江苏和浙江两省交界处，长江三角洲的南部。也是中国的第三大淡水湖。湖区总面积约为3100平方公里，水域面积约为2420平方公里。流入太湖的河流主要有东茹溪、南溪、合溪等水系。

苕溪水系是太湖流域内最有代表性的山区性河流，发源于浙西的天目山南北麓，分东苕溪和西苕溪两支，两溪在湖州会合后由小梅口、新港口、大钱口等注入太湖。苕溪水系向东通过塘等河道与杭嘉湖平原水网相通。南溪水系发源于宜溧山地和茅山丘陵地区，主流由东坝以下的南河、宜溧河、北溪组成，经西氿、团氿、东氿，于太浦口注入太湖。洮滆水系发源于江苏茅山山脉，汇镇江、丹阳、金坛一带丘陵岗坡径流，经洮滆湖调蓄后由宜兴百渎港、直湖港等入太湖。合溪水系发源于苏浙皖交界的界岭山地，汇合界岭南坡各路山水，由夹浦港等注入太湖。

洪泽湖，位于江苏省洪泽县西部淮河中游的冲积平原上，是中国第四大淡水湖。洪泽湖是一个浅水型湖泊，水深一般在4米以内，最大水深5.5米。湖区总面积为2069平方公里。湖水的来源，除大气降水外，主要靠河流来水。流入洪泽湖的河流有淮河、濉河、汴河和安河等。

巢湖，位于安徽省江淮丘陵中部，是中国第五大淡水湖。总面积为753平方公里。其源头起自英、霍二山，主要入湖河流有丰乐河、杭埠河、兆河等。

滇池位于云南昆明西南，海拔1886米，湖面南北长39公里，东西宽13.5公里，平均宽度约8公里；湖岸线长约200公里；湖面积318平方公里；湖水最深度为8米，平均深度为5米，蓄水量约15.7亿立方米。是云贵高原最大的湖泊。湖西岸逼近山岭，多断崖峭壁；湖东岸为丘陵区，有盘

龙江等20余条河流汇入。

三、有些湖泊成为河流的发源地

有些湖泊吸纳了河流或者溪流后，又成为河流的发源地。在我国的青藏高原湖泊尤其明显。

青藏高原湖区共有大小湖泊1437个，其中，面积1平方公里以上的湖泊1091个，面积44993.3平方公里，大于10平方公里湖泊有346个，总面积为42816.10平方公里。约占全国湖泊总面积的49.5%，湖泊补水以冰雪融水为主，该区为黄河、长江水系和雅鲁藏布江的河源区。

其中黄河源头地区湖泊众多，有大小湖泊5300多个，面积大于0.5平方公里的有48个，水面面积1664.6平方公里。位于巴颜喀拉山北麓的玛多县城60余公里的扎陵湖和鄂陵湖，是黄河流域最大的天然淡水湖。

扎陵湖居西，鄂陵湖居东，两湖直线距离约10公里，湖面高差约20米，中间的巴彦朗玛山将它们相连，如同一对同胞姐妹，人们形象地称他们为“双生湖”或“姊妹湖”。原来，在地质年代的上新世末，青藏高原在一次大规模的隆起中，巴颜喀拉山与布尔汗布达山之间，形成相对陷落的宽谷湖盆，扎陵湖和鄂陵湖是一个连在一起的大湖，湖面西达星宿海，东连星星海。进入晚更新世后，在东西有差异的沉降运动中，统一的大湖逐渐退缩，分离成两个中间有河道相连的湖泊。在汉文史籍上，两湖的名称早在1300多年前就有记载。《旧唐书》称为“柏海”，是指扎陵湖。《元史》上记载，河源有“二巨泽，名阿剌脑儿”。“阿剌脑儿”是蒙古语的音译，意为“花海子”。1315年成书的元朝潘昂霄的《河源志》，最早出现了“鄂楞”(即鄂陵)这一名称。清代曾多次探查河源，1704年康熙命拉锡、舒兰穷河源，在他们进呈的报告中，出现了“扎陵”、“鄂陵”的称谓。乾隆二十六年(公元1761年)，齐召南编写的《水道提纲》将两湖又称为“查灵海”、“鄂灵海”。这只不过是音译上的用字的不同。“扎陵”、“鄂陵”都是藏语，分别意为“白色的长湖”和“蓝色的长湖”。皆以水色、形态命名。

两湖海拔高度4300米左右。扎陵湖平均水深8米左右，最深13.1米，面积542平方公里，蓄水量约为40亿立方米；鄂陵湖平均水深20米左右，最深30.7米，面积608平方公里，蓄水量约为120亿立方米，它们丰富的水量，可以用于发电和灌溉草原。巨大的湖盆，可以作为调节下游水量和南水北调的天然蓄水库。两湖中的小岛，是鸟类翔集的天堂，每年4月初春，一群群斑头雁、棕头鸥、鱼鸥、鸬鹚等候鸟，从遥远的我国南方和南亚次大陆飞到两湖中的小岛上，营巢产蛋，繁育后代。到10月深秋，又纷纷结伴南飞。湖滨的沼泽地带，还栖息着青藏高原特有的珍禽——黑颈鹤。两湖还盛产花斑裸鲤、扁咽齿鱼、黄河裸鲤、骨唇黄河鱼、厚唇重唇鱼等鱼类，储量极丰。

四、湖泊往往成为河流的调蓄池

有些湖泊与河流是紧密相联的，甚至成为河流的一部分，这些湖泊就像一个调节池，当河流的水量大时，湖泊吸纳洪水，河流的水量小时，湖泊又可为河流补充水量。

长江中下游平原湖泊表现的比较明显。长江中下游湖泊面积为14073平方公里，约占全流域湖泊面积的93%；100平方公里以上的湖泊有13个，依次为：邵阳湖、洞庭湖、太湖、巢湖、华阳河水系湖泊、梁于湖、洪湖、石臼湖、南港湖、西凉湖、长湖、武昌湖、菜子湖等。

长江中下游湖泊的成因主要是在构造断陷的基础上，由河流或河海冲淤而形成，或者是河流泥沙淤塞古河道的结果，它们都与长江有密切的关系。这些湖泊大多数与长江相通，湖水位随长江水位高低而涨落。大水年时，长江洪水峰高量大，经过这些通江湖泊的吞吐调蓄，可削减干流洪峰，减少洪水量，使洪峰时间滞后，缓和洪水过大与中下游河槽泄洪能力不足的矛盾，对中下游平原防洪有利。

其中鄱阳湖是中国第一大淡水湖，位于江西南昌和九江之间。面积3913平方公里。湖周主要有赣江、抚河、信江、饶河（鄱江）、修水5条河流汇聚，北端与长江相通。湖泊最大深度16米，总容积近300亿立方米，相当于洞庭湖容积的1.6倍。由于鄱阳湖地势高于长江，主要对“五水”起调蓄作用，一般汛期可调蓄洪水100亿立方米，枯季入长江水量可达200亿立方米。每当长江流量最小的一二月份，鄱阳湖可以400~500立方米每秒的流量补充长江的水量，对长江下游枯水季节航运十分有利。

洞庭湖是中国第二大淡水湖，位于湖南北部，南有湘江、资水、沅江、澧水“四水”汇入，北有松滋、太平、藕池、调弦（1959年已封堵）“四口”吞纳长江洪水，湖水由东面的城陵矶附近注入长江，1825年面积约6000平方公里，历来是长江最大的吞吐湖。长江洪水通过洞庭湖调蓄，一般可削减30%左右，因此对长江中下游平原防洪起着重要的调洪、滞洪作用。

东平湖水库位于陶城铺对岸山东省梁山、东平和汶上县境内，地处黄河下游宽河道进入窄河道的转折点，是一个调蓄黄河与汶河洪水的自然滞洪区。1958年改建为能控制运用的平原水库。库区分老湖区和新湖区，库区有人口28万，总面积627平方公里，总库容为40亿立方米。实行两级运用，控制艾山站以下泄流量不超过10000立方米每秒，保证艾山以下河道堤防安全。东平湖水库在战胜1982年的大洪水中发挥了重要作用，经过分洪削减了洪峰流量，减轻了下游的防洪负担。

第三节　严重的湖泊生命危机

随着全球气候变化及经济社会发展，湖泊陆续出现了萎缩与剧减、水体富营养化、水质污染、湖水咸化等问题，湖泊显现的严重危机令人堪忧。

一、湖泊萎缩与干涸、水面积锐减

中国有两万多个天然湖泊，过去50年来，中国平均每年有近20个天然湖泊消亡，造成湖泊消亡的主要原因是对天然湖泊的无秩序围垦、水体污染以及富营养化问题。

中国的湖泊主要分两大湖群，一个是东部的长江流域，另一个是西部的青藏高原。西部主要是咸水湖，而东部主要是淡水湖。西部地区的湖泊出现萎缩状态是因为全球气候趋暖，降水减少，造成湖泊水位下降。甚至很多湖泊消失。由于青藏高原气候有变干的趋势，冰雪融水补给量减少，蒸发旺盛，湖面日趋缩小，湖水矿化度增加，目前不仅内陆湖全为咸水湖或盐湖，大多数外流湖也因入湖径流减少或枯季与外流河隔离，而演变为咸湖。

错仁德加位于江源地区北部楚玛尔河上游，承纳楚玛尔河源区水流，然后由湖东端出口再汇入楚玛尔河。由于湖面渐趋缩小，枯季出口断流，涨水时方有湖水溢出，以致湖水矿化度增高成为咸水湖。另外，在青海湖等湖泊沿湖过度开发，特别是农业和工业的开发，使得注入湖泊的水源减少，造成湖泊的萎缩。

在东部地区，过度围湖造田，将大面积湖泊分割成小湖泊，是造成天然湖泊及其湿地面积锐减的主要因素。据统计，1949年长江中下游湖区湖泊面积共有25828平方公里，到1977年仅余14073平方公里，减少了45.5%。被誉为“千湖之省”的湖北，1949年时，在江汉平原上有湖泊609个，面积达4707平方公里，目前仅余湖泊300个左右，面积仅2050平方公里，减少了一半以上。

湖泊是人类饮用水源和生产、生活的水源地。湖泊逐步消亡将导致水源地和水资源持续减少以及水质量因污染而持续下降，给生产生活用水带来很大的困扰。另外一方面，湖泊和湿地是多样性生物的宝库，它们为很多水生生物、两栖生物和陆生生物提供了栖息地。湖泊水位持续下降、面积日益萎缩以及质量不断下降造成栖息地丧失，给生态环境带来很大影响。湖泊面积的萎缩使得洪灾的风险增加。以整个长江中下游的湖泊为例，首先湖泊是一个蓄洪区，长江发大水时它们会吸纳洪水，洪水退去后，这些水会慢慢地释放出来，然后回归长江的主河道。如果湖泊的面积缩小，蓄水量也就相应减少，将造成长江中下游更多的洪灾。

二、污染严重、湖泊富营养化加剧

调查显示，20世纪70年代，中国34个重点湖泊中富营养化的湖泊仅占评价面积的5%，到20世纪90年代，中国东部湖泊全部处于富营养化状态。全国75%的天然湖泊和人工湖泊出现富营养化，湖泊水质污染非常严重。2002年，监测的8个大型淡水湖泊水库有6个处于富营养状态，滇池属于重度富营养化。内湖水质普遍较差，全国统一监测的五个城市内湖中，西湖、昆明湖水质为Ⅳ类，玄武湖为Ⅴ类，东湖和大明湖劣Ⅴ

类。主要作为大城市饮用水源的10个大型水库中有2个水质为劣Ⅴ类。2007年6月发生在太湖的蓝藻水污染事件再一次向人类敲响了警钟。

与此同时，湖库水生态环境仍在恶化。湖区越来越多的直立式护岸破坏了波浪形态，加大冲蚀和掏蚀强度，破坏了湖滨带与浅水区水中植物的生长条件。一些人造湖库，特别是平原水库因占地面积大、水浅、渗漏和蒸发量很大，不仅水资源浪费严重，而且造成下游次生盐渍化。一些平原水库缺乏对生态环境的系统考虑，往往导致下游河流流量锐减，甚至断流，地下水位下降，造成天然林草枯萎以及土地沙化等生态环境问题。许多湖库被过度开发利用，修坝、大量引水、调度不科学致使水体交换能力大大减弱，水体功能失调或丧失，加剧水体污染和富营养化。此外，农业和农村面源污染严重，威胁湖库水质的安全。

三、湖泊围网养殖过度、生态系统受损

在长江中下游地区的湖泊基本都是浅水湖泊，加上适宜的气候条件，湖泊生产力高，为有效开发利用大水面产生经济效益，20世纪70~80年代，开发并逐渐普及应用围网养殖技术，为解决当时的食物短缺、改善人们的食物结构起到了一定作用。随着经济的不断发展和饮食消费水平的提高，利用低廉的开敞湖面进行高附加值的水产养殖成为百姓发家致富之路，加之宏观管理的失控，湖泊围网养殖泛滥，面积不断扩大，许多湖泊的围网养殖已远远超出湖泊本身所能容纳的能力，湖泊水生态系统被破坏，人工大量投放饵料又加速了湖泊的富营养化过程。如洪湖，在80年代水质还保持在Ⅱ~Ⅲ类水平，湖泊沉水植物繁茂，湖水清澈见底。2000年湖泊围网养殖面积约占湖泊面积的30%，之后发展到超过50%，不但对围网区的生态结构造成破坏，而且对非围网区无节制地捞草，使得全湖的水生植被遭受破坏，湖泊水质已呈现恶化趋势，湖泊营养水平不断升高，处于富营养化的边缘，蓝藻“水华”开始出现。当年“洪湖水”优美歌曲所描绘的美景已成过去。东太湖的围网养殖也存在同样的问题。此外，江苏的滆湖、阳澄湖的围网养殖遍布全湖，湖泊水质恶化、生态系统严重受损。而位于苏北里下河地区面积达28平方公里的大纵湖则因围养而消失。

四、流域水土流失加剧、湖泊淤塞严重

我国东部平原和云贵高原等地区的淡水湖泊都普遍存在着泥沙淤积的问题，其中以长江中游地区湖泊的泥沙淤积问题最为突出。如对洞庭湖多年平均入出湖沙量平衡资料计算，湖盆年淤积量0.9521亿立方米，年淤积速率达3.7厘米每年。仅以1951~1987年的时段计算，37年来湖盆累计平均淤高已达1.37米，相应损失湖泊容积47.1亿立方米。目前洞庭湖湖盆因泥沙淤积已高出江汉平原地面约5.0~7.0米。据鄱阳湖泥沙观测资料显示，湖盆年淤积量929.64万立方米，全湖平均泥沙淤积速率为3.28毫米每年，1956~1994年湖盆累计平均淤高0.128米，相应损失湖泊容积3.63亿立方米。

五、湖泊水生态系统退化、生物多样性受损

20世纪60年代以前，长江中下游地区多数湖泊的湖湾区和沿岸的浅水湖区，都生长有数量较多的沉水植物、浮水植物和挺水植物，形成结构较稳定的水生植被群落，湖体内其他水生动物、底栖生物的种类繁多，生物资源十分丰富。近20年来，湖区工业发展和城镇人口数量增加，大量耗氧物质、营养物质和有毒物质排入湖体，使水体富营养化，导致湖体内溶解氧不断下降，透明度降低，原有的水生植被群落因缺氧和得不到光照而成片死亡，水体中其他水生动物、底栖生物的种类也随之减少，取而代之的是浮游植物(藻类)，形成以藻类为主体的富营养型的生态体系。如滇池水质在20世纪50年代处于贫营养状态，到80年代为富营养化状态，大型水生植物种数由50年代的44种降至20种，浮游植物属数由87属降至45属，土著鱼种数由15种降至4种。

六、湖泊环境问题产生的原因

(一)全球气候变暖

根据国际IPCC报告，过去100年来全球平均气温升高0.6±0.2摄氏度。我国近100年来年均气温升高约为0.5~0.8摄氏度，一方面导致蒸发量增加，特别是在我国西部干旱区和青藏高原地区太阳辐射强，蒸发更

加强烈；另一方面导致气候的不稳定性增加，气候灾害频繁，降水的区域分布极不平衡，造成区域的资源型缺水。这也是我国北方和西部干旱区湖泊萎缩、咸化的重要原因之一。

(二)过量排放污染物使湖泊环境恶化

据有关资料报道，全国80%左右的污水未经处理直接排入水域，造成全国1/3以上的河段污染。据2000年5846个河流水质监测站的监测数据，对全国28万公里河长水质进行评价：Ⅰ类水河长占6.9%；Ⅱ类水河长占37.5%；Ⅲ类水河长占21.7%；Ⅳ类水河长占11.7%；Ⅴ类水河长占6.3%；超Ⅴ类水河长占15.9%。据新华社报道，2005年1月对我国七大水系的175条河流、345个断面的监测显示：Ⅰ类水，占9.0%；Ⅱ类水，占17.7%；Ⅲ类水，占20.0%；Ⅳ类水，占16.2%；Ⅴ类水，占8.7%；劣Ⅴ类水，占28.4%。这些污染物的排放许多是直接进入湖泊，使湖泊水环境不断恶化。

(三)围垦及围堤养殖使湖泊面积锐减，调蓄功能降低

据不完全统计，20世纪50年代以来，长江中下游地区有1/3以上的湖泊面积被围垦，围垦总面积超过13000平方公里，因此消亡的湖泊达1000余个。湖泊因围垦而造成的大规模损失，削弱了其调蓄和净化功能。湖泊调蓄容积的减少，直接导致江河来洪无地可蓄或难蓄纳，蓄泄功能严重失调。另外人类建闸筑堤割断江湖联系，也使湖滨湿地遭到破坏，湖泊自净能力降低。

(四)人类不合理利用水资源

在西部干旱区，发源于山区的河流流经山前绿洲，被人类截流灌溉农田、发展工业和提供城市与农村生活用水，而排入下游湖泊的水量逐渐变少，使得尾闾湖泊丧失维持湖泊水量平衡的基本水源量而导致湖泊干涸，结果是地下水位下降、绿洲消亡、土地沙化、沙尘暴肆虐，人类面临生存环境的极端恶化。如塔里木河中游地区对水资源的过渡截流利用，使塔里木河和孔雀河下游断流后，地下水位从1959~1979年间下降了4~6米，胡杨林地的流沙增加了48.4%，胡杨林因无水浇灌而成片死亡，塔里木河下游的绿色走廊也面临着消失的威胁，罗布泊和台特马湖中原生长茂盛的芦苇也因湖泊的消亡而枯死。在东部地区，人类对湖泊资源的不合理利用也成为导致湖泊水环境问题的重要因素。如围垦、围网和围堤养殖、筑堤修坝建闸而破坏湖滨湿地以及割断湖泊与大江大河的水力联系等等。

（五）对湖泊缺乏统一的管理

湖泊的保护和管理涉及到诸多部门，在资源利用、保护和管理方面的职能，均关联于湖泊系统。如农业、林业、环保、国土、水利、交通、城建等部门，使对湖泊的利用、保护和管理出现了多头管理的现象，相互交叉，矛盾重重。形成谁都想管，但谁都管不了的局面。同时，我国湖泊众多且分布广泛，许多湖泊特别是大中型湖泊地跨行政区划，目前的管理体制难以形成统一管理。可以说，湖泊当前出现的生态环境问题，实际上就是管理问题，是人们对湖泊价值缺乏科学认识，忽视不同类型湖泊的资源环境特点，长期疏于有效管理、管理方式不当或管理不善所造成的。

第四节　维持湖泊健康生命，实现水资源可持续发展

湖泊是重要的自然资源，是人类赖以生存的发展基础之一。湖泊水资源是全球水资源的重要组成部分，地球上湖泊(包括淡水湖、咸水湖和盐湖)总面积约为2058700平方公里，总水量约176400立方公里，其中淡水储量约占52%，约为全球淡水储量的0.26%。湖泊淡水储量的地区分布很不均匀，贝加尔湖、坦噶尼喀湖和苏必利尔湖等40个世界大湖储存的淡水量占全球湖泊淡水总量的4/5。中国的鄱阳湖、洞庭湖、太湖、巢湖和洪泽湖的淡水总量约为553亿立方米。湖泊利于舟楫，是水路交通的重要组成部分。湖泊盛产鱼、虾、蟹、贝，生产莲、藕、菱、芡和芦苇等，是水产和轻工业原料的重要来源。湖泊同河流一样，都是人类赖以生存、生活和生产的重要资源。因此，保护湖泊，维持湖泊的健康生命是人类义不容辞的责任和义务，是人类与湖泊和谐相处的必然要求，也是实现可持续发展的战略选择。

维持湖泊健康生命，必须坚持科学发展。科学发展观，第一要义是发展，核心是以人为本，基本要求是全面协调可持续，根本方法是统筹

兼顾。以人为本最基本的要求就是关爱生命。维持湖泊健康生命,就是要以维护人民群众的健康为根本出发点,协调经济发展、社会进步、环境保护的关系,把经济社会纳入全面协调可持续的发展轨道。就是要给湖泊以必要的时间和空间, 发挥水生态系统的自我修复、自我更新功能,使生态生产力得以恢复、发展,使生态系统由严重"失衡"走向"平衡",进入良性循环,实现人与自然和谐发展。

维持湖泊健康生命,是综合治理水环境的过程,也是经济社会健康发展的过程。要健全湖泊生态环境保护体系,加强水资源保护,根据湖泊综合保护目标,严格水功能区和排污口管理,实行排污控制。开展生态修复、底泥生态疏浚、水土保持等工程建设,加强水污染整治,改善湖泊水质和生态环境,维护湖泊水体的环境功能、生态功能和综合效益。要经过一段时间的努力,让湖泊的水环境质量得到明显改善,湖泊的生态系统进入良性循环,为全面协调可持续发展奠定坚实的基础。

一、做好湖泊保护和利用的综合规划

规划是做好一切工作的基础和依据。虽然目前我国湖泊大都制定规划,但主要只是治理规划,还缺少治理、保护、开发相互协调的规划。要对湖泊的保护、治理和开发逐一制定和完善综合规划,做出治理、保护与经济社会发展相协调的整体规划。规划要立足当前、着眼长远,妥善处理好保护与开发、经济效益与社会效益、经济效益与生态效益、眼前利益与长远利益的关系;要在规划中全面贯彻可持续发展和"以人为本"的发展观;进一步明确治理保护的思路、目标和措施,以指导和帮助各级政府做好湖泊保护与治理工作。

二、加强湖泊资源的统一协调管理

加强湖泊资源的统一协调管理,形成"一龙管湖,多龙治湖"的良好格局,是解决湖泊资源问题的当务之急。加强流域与区域、区域与区域的合作,建立有效的协商沟通机制,探索建立湖泊资源保护和水污染防治联动机制;进一步界定事权,研究建立流域管理与行政区域管理相结合、分工明确、职责清晰、权威高效、运行协调的湖泊资源管理机制和运行机制。建议在省、市一级,建立一个以水行政主管部门为主导的湖泊保护、协调和监督机制,设立专门管理机构,承担湖泊保护的具体管理工作,保障湖泊保护规划真正实行,保证资源可持续开发利用。

三、调整湖泊周边产业布局,建立湖泊生态保护区

湖泊周边建筑布局和产业结构状况与湖泊空间分布不合理,一些污染重、能耗高的企业的存在,以及建筑密集、人口密度过高等因素,会使湖边绿地被侵占、被蚕食、被遮挡,湖泊生态环境被破坏,剩下孤零零的湖面,很难得到有效保护。因此,必须建立湖泊生态保护区,其区域面积不仅包括湖面面积,更应含有一定的湖边林地、草地。同时,大力调整湖边产业结构和规划布局也势在必行。

四、全面防治污染

维持湖泊健康生命是一个复杂的系统工程,必须统筹兼顾,综合治理。一要加大重点工业污染源治理力度。对超标排污企业依法实行停产整治;对不能稳定达标排放的企业实行限期治理,逾期未完成治理任务的,责令其停产整治;对虽能达标排放、但未按期完成减排任务的企业,要实行清洁生产审核,进行技术改造。二要加快推进城镇污水处理设施建设。污水处理设施建设要坚持"管网优先",新建城区采用分流制管网,老城区大力推进雨污合流管网系统改造。三要加强对非点源尤其是农业面源的污染控制。要合理确定当地的水环境容量,依此核定农药、化肥的使用配额,指导农民科学施肥,同时对生产有机肥的产业实施政策倾斜。四要抓紧建立和完善科学的污染减排指标、监测和考核体系。重点企业和城市污水处理厂应尽快安装自动监控设备,及时准确地监控污染排放状况。五要合理开发利用水资源。统筹流域水资源开发利用和保护,处理好生活、生产和生态用水的关系;兼顾地表水和地下水的保护,制止地下水无序开发,防止污染物渗入地下;加强水源涵养区的生态保护和建设,保证稳定的上游来水。

五、强化综合手段

一要加强对污染防治情况的考核评估，将污染治理情况纳入各地经济社会发展综合评价体系，作为领导干部综合考核评价的重要内容。二要加大环保投入，各级政府要把环保投入作为本级财政支出的重点，建立和完善多元化环境保护资金投入机制，疏通企业治污资金渠道，鼓励社会资金投入，保证环保投入增长幅度高于经济增长速度。三要完善经济政策，尽快按"保本微利"水平提高城市污水、垃圾处理收费标准，积极推进污染治理市场化，对重污染行业实行差别电价、阶梯水价政策，积极开展生态补偿和排污权交易试点。四要加强科技攻关，围绕湖泊保护，启动一批项目，全面提高保护湖泊的科技支撑能力。五要加大执法力度，针对监管不力和"违法成本低、守法成本高"等突出问题，尽快修订有关环保法律法规，把国务院授予环保部门的限期治理权和停产整治权上升为法律规定，明确环境执法队伍的执法主体地位，加大处罚力度。

六、建立湖泊保护的公众参与机制

改变"公众提出意见—管理部门处理意见"的消极被动方式，将公众力量纳入到湖泊保护的规划编制、实施以及监督等工作中。在管理体制上可以明确湖泊的产权界定、维护、保障与限制，鼓励非政府组织、私人团体和公民开展湖泊保护行为，规范各利益相关者的行为。进一步增强广大干部群众的湖泊资源保护意识，提高全民节水意识和生活用水效率，切实保护好湿地资源。

要加强宣传教育，不断增强各级干部和广大群众的保护湖泊的意识和法制观念。使人们充分认识保护湖泊就是保护人类的生存环境，就是保护人类自己。充分利用报纸、广播、电视、网络等现代化传媒手段开展广泛深入的宣传，提高全社会对保护湖泊的思想认识，使爱护湖泊和保护湖泊成为人们的自觉行动。要把湖泊保护教育纳入国民教育体系，使中、小学生从小就受到爱护湖泊、保护湖泊的教育。

充分发挥舆论引导和监督作用，公开曝光环境违法行为，扩大公众环境知情权。建立环境信息共享与公开制度,实现水源地、污染源、流域水文和人群健康资料等有关信息的共享。对水污染重点行业(如造纸、酿造等)实行排放绩效公开,利用公众对污染排放企业进行监督,对污染企业形成强大的监督压力。各级政府应通过设置热线电话、公众信箱、开展社会调查或环境信访等途径获得各类公众反馈信息,及时解决群众反映强烈的环境问题。在推进江河湖泊休养生息的过程中,努力使保护环境成为广大群众的自觉行为。

维持湖泊健康是一个漫长的过程,但只要采取积极的对策,齐心协力,共同努力,湖泊的状况就一定会好转。日本的琵琶湖的变化就是很好例证。日本的琵琶湖是滋贺县1400万人的水源地,也是京都府、大阪府和兵库省水源的重要供给地。1930年,琵琶湖还清澈见底,能直接饮用。从1950年开始,随着战后经济快速增长,排放到湖体的污染物大量增加,水质不断恶化。1971年到1972年,污染达到了最严重的程度,湖内的水明显变臭。痛定思痛,从20世纪70年代初开始,琵琶湖实行了严于日本全国的污染物排放标准和环境影响评价标准,与健康有关的指标提高了10倍左右。环境准入"门槛"的提高,极大地推动了当地产业结构的优化升级,从发展的源头上削减了污染。经过努力,入湖污染物大幅下降,给湖泊环境质量的改善和生态系统的修复提供了"喘息"的机会。实践证明,琵琶湖的休养生息,既改善了琵琶湖的环境质量,又提升了周边地区的发展水平。

近年来,我们国家重点治理的太湖、滇池、巢湖流域工业点源污染得到基本控制,主要湖区城市污水处理率有所提高,面源污染控制、小流域综合治理、畜禽养殖污染治理、底泥疏浚、调水及生态恢复等工程措施已陆续显效。只要我们坚定信心,采取综合措施,循序渐进的努力做下去,湖泊的生命一定会更健康。

第九章

维持河流健康生命
——以黄河为例

黄河是哺育中华民族成长的伟大摇篮，也是一条世界上最为复杂难治的河流，黄河的问题几乎涵盖了世界河流的所有难题，又有着不同于其他江河的显著特点。

治理黄河历来是治国安邦的大事。从远古时期传说中的大禹开始，历朝历代为了根除黄河水害，进行了不断的实践探索，积累了较为丰富的治河经验。

春秋时期，齐国管仲提出筑堤防洪、除害兴利之法。西汉时期，贾让提出了治河三策，即：上策为人工改道，以治河经费用于移民，避免与水争地；中策是在黄河狭窄段分水灌溉；下策则是在原来狭窄弯曲的河道上，加固原有不合理的堤防。明代后期，潘季驯提出“束水攻沙”方案，其治河思想的核心是“以堤束水，以水攻沙”，对后世治河影响深远。清康熙年间，靳辅、陈潢在治河方面，虽仍强调筑堤的作用，但又力主治河方法多样化，因地制宜，后来甚至提出，阻止泥沙下行是治河之本，萌发了后代保持水土的思想。其治河后期，黄淮故道已次第修复，漕运大通，以前决口泛滥的灾害大为减轻，出现了清初以来少见的平稳局面。民国时期的近代著名水利科学家李仪祉先生，提出治黄上、中、下游并重，防洪、航运、灌溉、水电等各项工作都应统筹兼顾的治河方针，使治黄方略大大向前推进了一步，在治黄史上起了继往开来的重要作用。

漫长的历史长河，黄河的治理随着历代王朝的兴衰呈波浪式演进，其中，农田灌溉和漕运有所建树，治河方略与主张此消彼长，各领风骚，但因生产力发展水平和社会制度的限制，加之王朝更迭、战争连绵，不可能全河统筹规划，综合治理，也不能从根本上改变黄河下游河道"善淤、善决、善徙"的特点，"三年两决口"的现象依然如旧，广大人民所热切期盼的"黄河宁，天下平"的美好愿望，一直难以实现。

1946年，在中国共产党的领导下，开始了人民治理黄河的新篇章。半个多世纪以来，尤其是新中国成立后，国家对黄河的治理开发投入了大量的人力、物力和财力，黄河治理开发取得了令人瞩目的巨大成就，极大地促进了流域及相关地区经济社会的发展，为国民经济和社会发展做出了重大贡献。修建了三门峡、小浪底、陆浑、故县等干支流水库，先后4次加高培厚了黄河下游1400公里大堤，进而又进行了大规模的河道整治，开辟了蓄滞洪区，初步形成"上拦下排、两岸分滞"的下游防洪工程体系，依靠这一工程体系和防洪非工程措施，加上沿河军民与黄河职工的严密防守，确保了黄河岁岁安澜，扭转了历史上频繁决口改道的险恶局面。水资源开发利用为社会发展、经济建设做出了重大贡献，流域及下游引黄灌溉面积从1200万亩增长到1.1亿多亩，同时为沿河50多座大中城市和一大批工矿企业提供了生活与工业用水，并通过实施引黄济津、引黄济青等跨流域调水，缓解了天津、河北、青岛等地区的用水危机。黄河干流上建成了18座水电站，水力发电装机总容量达1000多万千瓦，成为国家重要的水电能源基地。黄土高原地区水土流失初步治理面积18万平方公里，有效减少了入黄泥沙，改善了当地的生态环境和生产生活条件。在长期的实践中，一代代科学家和黄河科技工作者不断探索新的治河道路，在实践中深化对黄河客观规律的认识，先后提出"宽河固堤"、"蓄水拦沙"、"除害兴利"、"上拦下排"、"调水调沙"等一系列治河方略，引导了各个时期黄河事业的发展和跨越。

但是,现实仍然告诫我们,黄河至今没有改变其复杂难治世界之最的特性,虽然我们对黄河进行了大规模的治理,但黄河的洪水威胁依然是我国的心腹之患,泥沙的淤积和河床的抬高始终是黄河问题的症结所在。近年来,随着沿黄人口的增长和经济的快速发展,由于没有协调好人与自然的关系,黄河水资源供需矛盾日益尖锐,断流成为黄河身染沉疴的集中表现。同时,水环境恶化问题也非常突出,对国家经济社会可持续发展构成了严重威胁。黄河还面临着突出的生存危机,还在等着人们去治理、去保护。

第一节 维持黄河健康生命的治河体系

面对黄河治理的严峻形势,黄河水利委员会深切认识到,经济社会系统的发展必须把河流的承载能力放在首位,以水资源供需平衡为基本条件,把水资源可持续利用和流域生态建设提升到压倒一切的高度,为盲目扩张的人类活动限定一个不可逾越的"保护区",建立人与自然和谐相处的可以量化的指标体系。为此,流域机构应成为河流健康生命的代言人和捍卫者。

基于这种认识,黄委党组以科学的发展观和水利部治水新思路为指导,经过对国内外大江大河特别是黄河治理开发历程及其突出问题的反思,认真研究思考了黄河的过去、现在和将来,研究了黄河特殊的水沙条件、流域及相关地区经济社会的发展对黄河的要求,于2004年1月,创造性地提出了"维持黄河健康生命"的治河新理念及其"1493"的体系构架,同时,研究提出了维持黄河健康生命过程的阶段划分。

一、"1493"治河体系

"1493"治河体系即:"维持黄河健康生命"为黄河治理开发与管理的终极目标,"堤防不决口,河道不断流,污染不超标,河床不抬高"为体现其终极目标的四个主要标志,该标志应通过九条治理途径得以实现,"三条黄河"建设是确保各条治理途径科学有效的基本手段。

（一）“维持黄河健康生命”是黄河治理开发与管理的终极目标

要使黄河为全流域及其下游沿黄地区庞大的生态系统和经济社会系统提供持续支撑，必须首先使黄河自身具有一个健康的生命。其生命力主要体现在，包括水资源总量、洪水造床能力，水流挟沙能力，水量自净能力、河道生态维护能力等方面。“维持黄河健康生命”，就要维持黄河的生命功能，这将成为黄河治理开发与管理各项工作长期奋斗的最高目标。

（二）“四个不”是“维持黄河健康生命”的主要标志

“维持黄河健康生命”，意味着必须彻底遏制当前整体河情不断恶化的趋势，使之恢复到一条河流应有的健康标准。衡量“黄河健康生命”的主要标志就是水利部党组对黄河治理开发与管理提出的“四个不”的目标，即：堤防不决口，河道不断流，污染不超标，河床不抬高。

“堤防不决口”，要求黄河的防洪安全要有足够的保障，这个保障应建立在两个基础之上，一是靠水库和堤防等控制性工程对洪水的约束；二是靠河流自身排泄洪水的功能，即河床不因人类活动影响发生萎缩，具有容纳和安全排泄现有设防标准以下量级洪水的能力。

“河道不断流”，不是指在黄河里简单地维持过流就行，而是要在水资源管理上做到三个保障：即保障沿黄居民饮水安全，保障河流生态用水的需要，保障一定经济社会持续发展的水资源供给能力。基于此，黄河应该有一个任何时候都必须确保的基本流量，这一流量既能保证沿黄城乡居民的饮水安全，又能保持河道冲淤平衡，还能维持流域内生态系统平衡。

“污染不超标”，是指黄河的水质必须持续满足生活用水和工农业生产用水的基本功能要求。以此标准来反推，对全河污染物排放总量和省（区）污染排放量必须确定严格的控制标准，并有切实的落实措施。

“河床不抬高”，就是要通过综合措施解决泥沙问题，在上中游拦减入黄泥沙，在中下游通过人工调控水沙关系，实现河床不淤积，最大限度地保持和延长现行河道的生命力。

只有达到“四个不”的要求，黄河才算是一条初步接近健康指标的河流，人与河流和谐共处才能变成现实。

（三）关于“维持黄河健康生命”的九条治理途径

针对黄河水少沙多、水沙不平衡的实际，要使黄河达到“四个不”的正常指标，实现“维持黄河健康生命”的终极目标，需要采取九条关键的治理途径和措施，即：减少入黄泥沙；流域及相关地区水资源利用的有效管理；外流域调水增加黄河水资源量；建设黄河水沙调控体系；制定并建立黄河下游河道科学合理的治理方略；塑造使河道主槽不萎缩的径流过程；采取满足水质功能要求的水资源保护措施；治理黄河河口，以尽量减少其对下游河道的反馈影响；满足黄河三角洲生态系统良性维持要求的径流过程塑造。

九条途径和关键措施的核心在于解决黄河“水少”、“沙多”和“水沙不平衡”问题，以及如何保持以黄河为中心的河流生态系统良性发展问题。与其相对应，解决的途径应该是“增水、减沙，调控水沙”及“维持河流水生态系统的良性发展”。其中，“增水”的主要途径是“黄河水资源利用的有效管理”和“外流域调水”；“减沙”的主要途径是“减少、处理和利用黄河泥沙”，尤其是要控制对黄河下游河道淤积危害最为严重的粗泥沙；“调控水沙”的主要途径包括“黄河水沙调控体系建设”、“黄河下游河道科学治理”；“维持河流水生态系统良性发展”的主要途径包括“加强水资源保护”和“河流生态系统的良性维持”。

它们既相互独立，又相互联系，互为依托，“增水”的措施建设，将降低黄河的含沙量，有利于解决黄河的沙多和水沙关系不协调问题；“减沙”的措施建设，将有效减少输沙用水量，促进水少和水沙关系不协调问题的解决；通过“调控水沙”解决黄河的水沙不协调问题，则同时有利于解决水少、沙多和河流生态问题；维持以黄河为中心河流生态系统良性发展，则有利于增水、减沙与协调水沙关系。经逐步实施并充分发挥作用后，可以基本实现“堤防不决口，河道不断流，污染不超标，河床不抬高”（即“四个不”）的治理目标，长期维持黄河的健康生命。

（四）“三条黄河”科技手段

为维持黄河健康生命，确保黄河治理开发和管理各种方案决策的科学性，必须树立现代水利理念，借助现代科技手段，这种有效的手段就是“三条黄河”科技治河体系，即原型黄河、数字黄河和模型黄河。只有借助“三条黄河”的科技治河手段,才能确保各条治理途径技术先进、经济合理、安全可靠。

二、维持黄河健康生命过程的阶段划分

“维持黄河健康生命”是黄河治理开发和管理的终极目标,实现这个终极目标将是一个长期而艰巨的历史任务。在其实现过程中,根据黄河水沙的变化条件,可将其分为近期、中期、远期三个阶段,分别达到遏制黄河“病态”发展,恢复河道基本功能,维持黄河健康生命形态的阶段目标。

(一)近期

近期是指黄河本体的水资源量没有外来水源的补充。在这段时间内,通过强化黄土高原治理,减少入黄泥沙,并有效减少对下游河道淤积危害大的粗泥沙。但经济社会的快速发展带来的用水增加不可避免,黄河来水量将进一步减少,黄河水少沙多、水沙关系不协调的形势继续朝着恶化的方向发展。在这种困难的条件下,要努力遏制对维持黄河健康生命形态的各种不利因素继续加剧的趋势,加强对黄河水资源的有效管理和节水型社会建设,降低用水需求,确保黄河不断流;建立联合治污机制,遏制水质恶化趋势;通过现有骨干水库工程的联合运用,强化河防工程建设和滩区综合治理,确保上中下游干流重点防洪河段的防洪安全。

(二)中期

中期是指南水北调西线一期工程生效之后,三期工程生效之前,增加入黄水量80亿~90亿立方米,在这段时间内,黄土高原水土流失治理有效减少入黄泥沙总量,通过新增和现有骨干水库联合运用,进一步提高对黄河水沙的调控能力,黄河水沙关系明显改善,逐步恢复河道基本功能,河流生态系统向良性发展。

(三)远期

远期是指南水北调西线工程全部生效之后,外流域向黄河调水量达到170亿立方米以上,黄土高原水土流失区适宜治理的地区基本得到治理,平均每年减少入黄泥沙达到8亿吨,黄河水沙关系进一步改善,通

过完善的水沙调控体系，有效调控黄河水沙，河流生态系统良性循环，维持黄河健康生命形态，基本实现人与黄河的和谐相处。

第二节 维持黄河健康生命的基本途径

“维持黄河健康生命”是黄河治理开发和管理的终极目标，实现这个终极目标将是一个长期而艰巨的历史任务。维持黄河健康生命，必须保持河川径流量不低于维持黄河干支流生命的低限流量，主要冲积性河道保持畅通的水沙通道，河流水生态系统良性维持，水资源能够支撑经济社会的可持续发展，这就要采取增水、减沙、调控水沙、恢复河流生态环境等各种措施，遏制黄河“病态”发展，逐步恢复河道基本功能、“维持黄河健康生命”形态。

一、多途径增加黄河可供水量

维持黄河健康生命必须黄河达到健康状态所需要的水量，即环境需水与人类需水的耦合量。黄河多年平均天然径流量仅580亿立方米，可开采的地下水资源量约110亿立方米。按2050水平年，人类需耗用地表水量约435亿立方米，与环境需水耦合，则黄河健康生命需水量约为655亿立方米（利津），其中人类用水占66%。但目前黄河径流量只有535亿立方米，相差约120亿立方米。缓解黄河水资源供需矛盾，首先要加强水资源的有效管理，建立节水型社会，在此基础上，逐步实施跨流域调水，增加黄河水资源量，从根本上解决黄河资源性缺水问题，为流域及相关地区经济社会的可持续发展及维持黄河健康生命提供可靠的水资源支撑和保障，实现以黄河水资源的可持续利用支撑流域及相关地区经济社会的可持续发展。

（一）水资源的有效管理

通过采取行政、经济、工程、科技、法律等多种手段，全面构建黄河水资源统一管理与调度的综合保障体系。加强计划用水和定额管理，制订黄河水资源合理配置方案，建立引水、耗水、省际断面三套配水指标；完善取水许可制度，实施国家统一分配水量，流量、水量断面控制，省

(区)负责用水配水,对于支流重要水利枢纽工程实行统一调度。逐步建立合理的水价形成机制,充分利用水价、水权转换等经济手段,调节黄河水资源的供求关系。加强河源区的水源和生态保护,逐步恢复水源涵养功能。进一步完善和加强法律手段,以保障水资源统一管理与调度的实施。在明晰初始水权的基础上,建立水资源宏观分配和微观定额管理体系,促进水资源的合理开发和高效利用。实行地表水和地下水联合运用,统筹考虑城乡生活、生产和生态环境等各方面对水量和水质的要求,加强黄河水资源的科学配置和调度,确保黄河不断流和供水安全。

(二)节水型社会建设

积极开展节水型社会建设,节约用水,是提高黄河水资源的利用效率和效益,是缓解黄河供需矛盾,实现经济社会可持续发展的有效途径。黄河灌区节水潜力较大,目前黄河流域和流域外引黄灌区达到节水标准的灌溉面积只有2395万亩,仅占总灌溉面积的20%;近期安排新增节水面积4847万亩,使节水面积达到7242万亩,占黄河灌区面积的64.3%。灌溉水利用系数由目前的0.4左右提高到0.5以上,可节约水量达34.7亿立方米;如能提高到0.6以上,可节约水量还将进一步增加。因此要大力开展灌区的节水配套改造,发展节水农业;有条件的灌区实施井渠双灌,以灌代排;充分利用雨水资源,实行耕作制度变革,提高旱作农业生产水平。同时,还可以通过水在工农业之间的转换,提高水的利用价值;通过节水设施改造、提高水价和其他节水政策,最大限度地挖掘节水潜力;调整经济结构特别是农业种植结构,实现农业用水的高利用价值;加大以节水为重点的结构调整和技术改造力度,严格限制高耗水重污染项目,鼓励发展用水效率高的高新技术产业,搞好城市工业和生活节水。

(三)外流域调水

跨流域调水是解决黄河资源性缺水的关键措施。目前比较明确的跨流域调水入黄方案,一是利用南水北调西线工程增加黄河水量;二是利用已经开工的南水北调东线和中线工程相继向黄河补水;三是引江济渭入黄等其他调水入黄方案。南水北调西线工程是解决黄河资源性缺水的根本途径,规划从长江上游的大渡河、雅砻江、金沙江源头调水进入黄河河源区，多年平均可调水量170亿立方米，其中相对容易实施的一期、二期工程共计可调水量80亿~90亿立方米。鉴于利津以下河段生态环境流量严重短缺的局面，近期应研究实施利用南水北调东线富余供水能力向黄河相机补水，同时也要研究实施从外流域调水替代黄河下游目前的农灌任务。

（四）涵养黄河水源

黄河河源区湖泊和沼泽湿地众多，面积12.2万平方公里，占流域面积的16%；年均天然径流量205亿立方米，占黄河天然径流量的38%。但近20多年来，黄河源区草场和湿地已严重退化、径流量大幅度减少。为保护源区湿地、涵养水源，必须科学调控不同季节牲畜放养数量和放养方式，严格控制在湿地内开挖排水设施和修建建筑物。探索利用生物或其他措施减少鼠害；严格控制源区的开矿和采药活动等。此外，全流域要在保障防洪安全的前提下，适当延长地下水漏斗严重地区洪水滞留时间，以充分利用洪水及时补充地下水。

二、减少、处理和利用黄河泥沙

泥沙是黄河难治的症结所在。经过长时期的治黄实践探索，减少、处理和利用黄河泥沙必须采用“拦、排、放、调、挖”等综合治理措施，千方百计“减少入黄泥沙”，尽快构筑控制黄河粗泥沙的“三道防线”。一是在对黄土高原地区坚持不懈地进行水土流失治理的同时，本着“先粗后细”的原则，进行水土流失综合治理，尽量减少进入黄河的粗泥沙；二是主要依靠小北干流广阔的滩区放淤，通过“淤粗排细”，进一步拦截进入黄河的部分粗泥沙，减少进入小浪底水库和黄河下游的粗泥沙。当小浪底水库在汛期排泄高含沙小洪水时，还可利用小浪底以下黄河滩区引洪防淤，减少下游河道主槽的淤积；三是利用黄河上中游干流骨干工程的死库容拦沙，通过实行“拦粗泄细”，减少进入中下游淤积性河道的粗泥沙。

（一）黄土高原水土保持

黄土高原的水土流失防治，要继续按照“防治结合，保护优先，强化治理”的方略，既要不断加大投入力度，采取人工综合治理和生态修复等必要措施，坚持不懈地治理水土流失，又要搞好预防监督工作，防止开发建设过程中造成新的水土流失。近期应将黄河中游多沙粗沙区作为黄土高原水土流失治理的重点，特别要把其中对黄河下游河床淤积影响重大的粗泥沙集中来源区作为突破口，优先考虑，集中安排，以重点支流拦沙工程及其淤地坝工程建设为主，尽快构建减少入黄粗泥沙的第一道防线。

（二）小北干流放淤

积极实施以小北干流滩区为主的黄河滩区放淤，处理和利用已经进入黄河河道（包括水库库区）中的泥沙，以减少进入小浪底水库和黄河下游的粗泥沙，构筑控制黄河粗泥沙的第二道防线。小北干流放淤利用弯道水力学、缓流分选泥沙等原理，通过布设必要的引洪放淤工程，依靠水流自然力量，尽量控制泥沙的颗粒级配，达到"淤粗排细"目的。分为无坝放淤试验、无坝放淤和有坝放淤三个阶段实施。小北干流两岸滩区总计可放淤泥沙约100亿吨，其中粗泥沙淤积量占40%左右。其次，还可利用黄河干流其他冲积性河段的广阔滩区进行放淤。

（三）骨干工程拦沙

利用黄河骨干水库拦沙主要是指利用黄河干流河口镇以下的大型水库的死库容拦沙，减少进入下游冲积性河道的粗泥沙，构筑控制黄河粗泥沙的第三道防线。主要包括碛口水库、古贤水库和小浪底水库，除此之外，利用渭河支流泾河的东庄水库也可拦减部分泾河来沙。黄河干流骨干工程和支流骨干工程全部建成后，总体可拦减泥沙500多亿吨，在一定时期内显著减少进入下游河道及上中游冲积性河段的泥沙。2020年以前主要依靠小浪底水库拦沙100亿吨。之后在干流相继建设古贤、大柳树、碛口水利枢纽，在渭河支流建成东庄水库，运用40~60年，共可拦沙240亿吨左右。

上述三道防线，相互作用，构成多举措控制黄河粗泥沙的立体防御系统。通过构建这一系统，使黄河泥沙治理的措施收到事半功倍的效果。

三、水沙调控

水沙关系不协调是黄河冲积性河道不断淤积萎缩的症结所在。塑造并维持一定规模的安全的水沙通道，就必须解决黄河水沙关系不协调问题，除了增水、减沙外，还要建设完善的水沙调控体系，通过干支流骨干水库对水沙进行联合调度，塑造协调的水沙关系，恢复和维持冲积性河道主河槽的排洪输沙功能。

（一）推进流域水沙一体化管理

维持黄河健康生命的实践既涉及流域的自然属性，又与相关区域的人类活动密切相关。一方面，流域是完整的自然地理单元，是经济、社会和环境的复合体，其内部各种要素相互关联，河流水系中周而复始的水循环把流域内的土地利用、资源利用、经济活动和生态系统等多种活动联系在一起。为满足人们在某一地区的某一方面需求所采取的活动，以及为“维持黄河健康生命”所采取的单方面措施，都可能会对关系黄河健康生命的其他方面产生不利或有利影响。另一方面，维持黄河健康生命，实现人类、黄河和其他生物群共享黄河水资源，实际上是流域利益相关者的利益再调整过程，核心是在不过多损害黄河自身利益的前提下，通过改进黄河流域水、土地和相关资源的管理和开发方式，使经济、社会和生态的综合效益最大化。综合效益最大化的过程，往往是以牺牲某些利益相关者的局部利益为代价。因此，实践“维持黄河健康生命”治河新理念，必须通过黄河流域水沙一体化管理，使流域内人类活动与黄河生命保护和谐起来。

（二）恢复和维持干支流冲积性河道中水河槽的主要途径

黄河冲积性河段主要指黄河下游、上游宁蒙、中游小北干流以及支流渭河下游等4个河段。黄河冲积性河道主槽是河道排洪输沙的主体，其排洪能力一般占全断面的60%~80%，河道输沙则几乎全部依靠主河槽。因此，维持适宜的主槽断面形态对保障河道排洪输沙功能至关重要。长期的治黄实践和研究结果表明，恢复和维持干支流各冲积性河段主槽具有一定过流能力的中水河槽，必须充分利用洪水的造床动力。根据黄河不同量级洪水发生的可能性，恢复和维持干支流冲积性河道中水河槽的主要途径有三条：对于大洪水和特大洪水，要按照科学合理的洪水处理方案，通过干支流水库的联合调度和蓄滞洪区的适时启用，在确保大堤不决口的前提下，充分发挥冲积性河道具有的大水多排沙和淤滩刷槽的作用，达到扩大主槽断面，降低滩面横比降的目的。对于中常洪水，要本着合理承担适度风险的原则，通过黄河水沙调控体系的联合调水调沙，塑造协调的水沙关系，让洪水塑造河槽，挟沙入海，恢复河槽的过流能力；当河道内没有洪水且条件具备时，要通过水库群联合调度等措施塑造人工洪水及其过程，达到冲刷主河槽、阻止主槽萎缩及多冲沙入海的目的。除了控制、利用、塑造洪水外，还可通过人工淤滩（或放淤）、河槽疏浚等辅助性措施恢复并维持中水河槽。

2002~2006年连续五次的黄河调水调沙试验结果表明，调水调沙是恢复和维持黄河冲积性河道中水河槽的关键措施。目前，黄河干流已建成龙羊峡、刘家峡、三门峡和小浪底等四座骨干工程，四座水库总库容517亿立方米，其中有效库容286亿立方米。这四座工程建成以来，在黄河防洪（包括防凌）减淤、调水调沙和水量调度等方面发挥了巨大作用，有力地支持了沿黄地区经济社会的持续发展。但在调控黄河水沙方面还有很大的局限性。因此，要维持黄河冲积性河段具有较稳定的中水河槽，就必须尽快建设完善的黄河水沙调控体系，实施外流域调水，进行全流域骨干水库群联合调水调沙，塑造协调的水沙关系。

根据黄河不同河段的水沙特点，从流域全局出发，按照新的治河理念，并根据不同河段协调水沙关系和治理开发的要求，最终形成以干流龙羊峡、刘家峡、黑山峡、碛口、古贤、三门峡、小浪底七大控制性工程为主体，与支流陆浑、故县、河口村、东庄水库构成完善的黄河水沙调控体系，提高管理和控制黄河不同河段洪水泥沙的能力，变不利水沙过程为有利水沙过程，使之适应河道的输沙特性，提高输沙效率，减少河道淤积，节约输沙水量。

（三）近期水沙调控

在南水北调工程和古贤水利枢纽、黑山峡水利枢纽建成以前，近期主要是利用现状工程万家寨、三门峡、小浪底、陆浑、故县等干支流水库联合运用调水调沙，改变不利水沙过程为协调的水沙过程，提高河道输沙能力，修复河道形态，使下游河道主槽过流能力扩大到4000~5000立方米每秒的中水河槽。

与此同时，对于宁蒙和小北干流河段，通过实施节水措施，相对增加河道输沙水量，进一步优化龙羊峡、刘家峡水库的运用，改善水沙关系，遏制各河段河槽萎缩的趋势；对于渭河下游，近期也必须狠抓节水，相对增加河道输沙水量，再辅以河道整治措施，规顺河势，集中水流，提高输沙能力，力争控制渭河下游河槽不再继续萎缩。

(四)中期水沙调控

2020年黄河干流的古贤、大柳树水利枢纽以及支流的河口村、东庄水利枢纽建成后，届时南水北调西线工程入黄水量达到80亿~90亿立方米。利用大柳树水库对黄河水量和南水北调西线工程配置的河道内用水进行调节，在汛期集中大流量下泄，塑造有利于宁蒙河段输沙的水沙关系，使该河段的主槽过流能力恢复到3000立方米每秒以上；通过古贤水库和三门峡、小浪底等水库联合调控运用，对黄河上游河道下泄的水沙过程及中游来水来沙进行调节，塑造有利于河道输沙的水沙关系，变不利水沙条件为有利水沙条件，减轻小北干流及下游河道的淤积，降低潼关高程，恢复并维持河道主槽过流能力；同时，利用渭河支流泾河东庄水库拦沙和调水调沙，配合外流域调水，协调进入渭河下游河道的水沙条件，减缓渭河下游河道淤积，使其主槽过流能力恢复到3000立方米每秒以上。

(五)远期水沙调控

远期干流碛口水利枢纽建成后，形成完善的黄河水沙调控体系，干流七大骨干工程和支流水库联合运用，对黄河的洪水、径流、泥沙和南水北调西线入黄水量进行有效调控。随着外流域调水工程逐步生效，远期入黄水量达到170亿立方米以上，通过合理的水资源配置进一步增加黄河输沙用水，充分发挥黄河水沙调控体系的作用，协调黄河水沙关系，使河道主槽基本上冲淤平衡，长期保持各河段一定过流能力的中水河槽，维持黄河健康生命。

四、下游河道科学治理

由于长时期的淤积，黄河下游成为著名的“地上悬河”。1946年以前漫长的历史时期，下游决口改道频繁，洪水灾害严重。下游河道内广阔的滩地为洪水通道，目前居住人口181万多人。加强下游河道治理，对保障下游防洪安全，实现滩区人水和谐具有重要意义。

（一）下游河道治理方略

基于对今后长时期进入黄河下游水沙条件的认识和以往治黄实践以及大量的研究成果，在“上拦下排、两岸分滞”的防洪工程体系基本形成的前提下，按照科学发展观的要求，新时期黄河下游河道科学合理的治理方略为：“稳定主槽、调水调沙，宽河固堤、政策补偿。”其内涵为：通过进一步完善和建设河道整治工程，适应黄河下游河道游荡多变的特点，稳定中水流路，并主要采取调水调沙措施，使中水河槽长期保持一定的过洪和排沙能力，控制中常洪水漫滩。

（二）下游河道治理措施

(1)建设标准化堤防工程。陶城铺以上河段继续采取宽河固堤方案，按照现有堤防工程布局继续加固堤防，建成标准化堤防。标准化堤防工程是实现宽河固堤、确保花园口站发生22000立方米每秒洪水时“堤防不决口”的重要屏障，通过逐步完善下游标准化堤防，使下游堤防成为“防洪保障线、抢险交通线、生态景观线”。

(2)河道整治等工程建设。在黄河泥沙来源区未得到有效控制前，应充分利用小浪底水库运用初期这一有利时机，在黄河下游游荡性河道(铁谢至高村河段，长约299公里)合理布置控导工程，进一步缩小主流游荡摆动范围，近期基本控制游荡性河段的河势，确保下游防洪安全，并为逐步营造高效输沙通道创造条件。中小洪水时主要通过塑造的中水河槽排洪输沙；大洪水时依靠广阔的滩地，滞洪沉沙，淤滩刷槽，增强主槽过洪能力。

(3)加强滩区综合治理，建立政策补偿机制。黄河下游河道内广阔的滩地，既是黄河行洪、滞洪、沉沙的场所，又是181万群众生存发展的场所。按照因地制宜的原则，黄河下游滩区安全建设工程措施可采用三种方式，即外迁，临时撤离，就地移民、集中建镇等。黄河下游滩区是特殊的蓄滞洪区，当滩区遭受洪水灾害后，积极争取国家给予一定的补偿。针对东坝头至陶城铺河段突出的“二级悬河”问题，配合调水调沙，采取疏浚主槽、淤背、淤堵串沟、淤填堤河、引洪淤滩等可行措施，加快治理步伐，遏制河道萎缩，减轻二级悬河对下游防洪和治理带来的不利影响。通过滩区安全建设，使滩区群众在中常洪水时能够安居乐业；当发生漫滩的大洪水时，滩区群众的生命财产安全可以得到保障，通过建立滩区补偿政策，帮助群众恢复生产。

五、治理河口，减缓河口淤积延伸速率

黄河河口属弱潮堆积性河口。随着河口淤积延伸，使黄河下游的侵蚀基面相对抬升，从而对河口以上河道产生溯源淤积，对防洪产生不利影响。为了尽量减少河口淤积延伸对下游河道的不利反馈影响，需要加强河口治理，减缓河口淤积延伸速率。

（一）科学安排入海流路

为了充分利用清水沟流路的海域容沙能力，减缓河口延伸速度，保证黄河下游的防洪防凌安全，有利于黄河三角洲和胜利油田的开发建设，应使河口淤积保持较宽的扇面。根据清水沟河道冲淤变化预测，有计划地安排改走北汊入海。根据目前的分析，清水沟流路行河年限毕竟是有限的。同时考虑到可能出现的特殊情况，需对河口入海备用流路做好安排。应按照已经出台的《黄河河口管理办法》，加强对备用流路的管护，为远期入海流路使用创造条件。

（二）加强尾闾河道治理

为了维持现行清水沟流路一定的排洪输沙能力，减轻对下游河道的溯源淤积影响，并保障河口地区的防洪安全，须加强尾闾河道的堤防工程和河道整治工程建设，相对稳定入海流路，确保河口堤防在10000立方米每秒以内洪水时不决口。此外，在河口河段有计划地进行挖河疏浚，减轻主河槽淤积，并使其在一定水沙条件下发生溯源冲刷，不仅有利于现行河口流路的通畅和稳定，而且对河口以上局部河道将起到一定的减淤作用，同时将挖出的泥沙用于加强堤防工程建设，达到“挖”和“放”有机结合的目的。

（三）延缓河口淤积延伸速率

实施拦门沙治理工程，充分利用海洋动力，加大向外海的输沙量；

在河口两岸低洼地区引洪放淤，改良土地；结合油田开采，利用泥沙集中造陆等措施，扩大泥沙的处理范围和堆积空间，尽量减少泥沙在尾闾河道和浅海的淤积，减缓河口淤积延伸速率。

六、保护水资源，维持河流生态系统健康

黄河水生态系统能否良性发展是“维持黄河健康生命”的关键因素之一。近10多年来黄河水质日趋恶化，河流生态系统不断退化，如果任其发展，将使黄河的水环境承载能力逐步减小，饮水安全、生态安全失去保障。因此，需要进一步加强黄河水资源保护，维护河流生态系统健康。

（一）水资源保护

目前黄河水质污染问题十分严重，已影响到沿黄城乡的饮用水和河道生态安全。污染不超标是维持黄河健康生命的重要标志之一。实现黄河“污染不超标”，关键是要通过减少污染物的排放和增加黄河水量的途径降低污径比。在强化政府监督管理基础上，充分重视发挥地方政府、环保和水利三方面的作用，贯彻水利环保统一规划、团结治污和分工协作的方针，建立和完善联合治污机制。以保护水资源为根本，在确保流域污染源稳定达标基础上，通过必要的法律、行政、经济、技术、舆论手段和工程措施，实行污染物排放和入河的总量控制；通过南水北调工程和水量统一调度，增加和调节黄河水量，提高和优化河流的水资源与水环境承载能力。

同时，调整流域内人们的用水方式、唤起人们的环境保护意识和流域上下游相互配合意识，探索建立水污染信息披露和信息共享机制、水污染事故应急处理机制等，调整产业结构、改变生产方式、加强污染治理、发展绿色产业。

（二）维持黄河生态环境良性循环

黄河河流生态系统包括陆地河岸生态系统、水生生态系统、相关湿地及沼泽生态系统在内的一系列子系统，是一个复合生态系统。该系统主要包括源区生态系统、干流生态系统、河口生态系统三部分，贯穿了黄河流域不同自然地带及其相应的生态特点。河源区地广人稀，在总体

上和大范围内应以保护为先，以自然恢复和调整人类经济行为为主，以人工建设和生态建设为辅，采取管理、生态、工程等措施恢复高寒草地生态系统，逐步实现源区生态系统的良性循环。干流要采取保护和开发相结合的措施，在满足人类正常需求的前提下，通过工程、管理、生态措施保证干流生态环境需水量，恢复水生生态系统，修复湿地生态系统，实现干流生态系统的良性维持。对河口生态系统采取的主要措施：一是加强黄河水资源的有效管理和优化调度，确保河口不断流，保证黄河三角洲生态良性维持所必要的基本水量；二是正确处理好河口治理与三角洲经济、社会发展的关系，在河口治理方案上，划分不同的生态功能区，因地制宜，分区治理，优化河口治理的总体布局；三是加强河口治理的法规建设，为实现黄河三角洲生态系统良性维持提供法律保障。

七、科技治黄

"三条黄河"建设，是"维持黄河健康生命"的基本科技措施。要使"维持黄河健康生命"的治黄终极目标顺利实现，就必须树立现代水利理念，借助现代科技手段，这种有效的手段就是"三条黄河"决策支持系统，即"原型黄河"、"数字黄河"和"模型黄河"。"原型黄河"，就是自然界中的黄河，是我们研究和治理、开发与管理的对象。"数字黄河"，是"原型黄河"的虚拟对照体，主要是借助现代化手段及传统手段采集基础数据，对全流域及其相关地区的自然、经济、社会等要素构建一体化的数字集成平台和虚拟环境，以功能强大的系统软件和数学模型对黄河治理开发与管理的各种方案进行模拟、分析和研究，并在可视化条件下提供决策支持，增强决策的科学性和预见性。"模型黄河"，是"原型黄河"的物理对照体，主要是利用物理模拟技术，将"原型黄河"的各种技术要素按一定比例进行缩小，按其研究对象分类组成既相对独立又相互联系的实体模型体系，以期通过该手段对"原型黄河"所反映的自然现象进行反演、模拟和试验，并能对综合因素进行单因子"剥离"，从而揭示"原型黄河"所蕴含的内在规律。

"原型黄河"建设，应包括对自然界中的黄河所进行的治理开发建设、管理和开展的各种研究工作，如水土流失治理、标准化堤防、河道整治、河口治理、骨干水利枢纽、滩区放淤、水资源管理等工程建设和管理，以及对原型黄河所开展的各种原型观测和监测工作。

“数字黄河”工程覆盖了黄河流域及其相关地区，涉及到黄委各项业务，涉及到信息采集、传输、存储、信息标准与管理、应用系统等的建设，其关键在于实现黄河流域各种数据的整合、各种分析方法的融合以及为领导决策提供支持信息等。

“模型黄河”工程是治黄决策服务的一项复杂的科技平台，其建设和运行将以政策法规、组织领导及技术支持等作为保障条件，以基础设施和试验应用体系和应用服务平台构成“模型黄河”工程总体框架。包括黄土高原模型、水库模型、河道模型、河口模型、水工模型等。

“三条黄河”之间相互关联，互为作用，共同构成一个科学“决策场”。“原型黄河”是“数字黄河”和“模型黄河”建设的基础，也是“数字黄河”和“模型黄河”研究的对象。“数字黄河”建设的主要目标是充分利用“数字黄河”反应迅速、成本低廉的优势，对黄河治理开发与管理方案超前进行计算机模拟，提出若干可能方案或方案趋势与方向；“模型黄河”建设的主要目标是利用“模型黄河”所具有的与实际流场物理相似的功能，对“数字黄河”提出的可能方案进行模拟试验，从中选取或完善可行的“原型黄河”治理开发与管理方案。

八、保障措施

黄河治理开发与管理属于跨地区、跨部门的综合性巨系统工程，具有特殊的重要性、复杂性和艰巨性。为了统筹协调有关地区和部门各方面关系，保障黄河治理开发与管理各项工作的顺利进行，促进黄河水资源的可持续利用、流域生态环境建设及相关地区经济社会的可持续发展，实现维持黄河健康生命的终极目标，在大力开展九条治理途径的各项配套措施、进行“三条黄河”建设的同时，还必须加强黄河治理开发与管理的保障措施体系建设，包括流域管理、工程管理、投入保障机制的研究与建立以及政策法规体系的建设等。

(一)流域管理

在《中华人民共和国水法》确立的国家水资源管理体制架构下，为加强黄河流域管理，调整黄河流域管理活动，规范黄河流域管理行为，有效协调各部门、各省（区）间的关系，促进黄河流域管理和沿黄各省（区）区域管理的协调发展与有机结合，保障黄河治理开发依法有序地进行，必须建立健全流域管理与行政区域管理相结合、行政区域管理服从流域统一管理的新型管理体制，流域机构与行政区域政府主管部门各司其职、各负其责，明确规定黄河流域机构、沿黄省（区）有关行政主管部门（特别是水行政主管部门、环保行政主管部门、发展与改革主管部门等）在黄河取用水权属管理、用水总量控制、水量调度、节水管理、水资源费征收管理、排污总量控制、排污监督管理、水土保持生态建设与保护等各种水事活动中的事权、责任与义务，形成关系协调、程序规范、措施有力、运行顺畅的流域管理与区域管理相结合的工作机制，努力为维持黄河健康生命提供制度保障。

（二）工程管理

以水管体制改革统揽全局，完善运行机制，创新工程管理，确保工程安全，全面提高工程管理现代化水平，充分发挥工程的综合效益。包括全面完成水管体制改革，建立完善符合市场经济要求的运行机制；以防洪安全为中心，强化日常管理，保持工程完整，改善工程面貌，提高工程抗洪强度，确保工程安全运用；增加科技含量，完善“数字建管”工程建设，加强工程管理人员培训，提高管理人员素质，全面提高工程管理现代化水平；积极开展示范工程建设，促进工程管理的全面进步；完善工程管理考评体系，开展国家级水管单位创建；积极开展土地确权划界工作，为规范工程管理提供保障；坚持依法管理，科学管理，使工程管理法制化、规范化管理进一步提高。

（三）保障机制

维持黄河健康生命，要经过长期的努力才能实现。为了减少和处理黄河泥沙、提高水资源的利用效率、跨流域调水、建设完善的水沙调控体系、维持河道基本的排洪输沙功能、保障沿黄两岸上亿人口的生命财产安全、保持河流生态系统的良性发展，需要长期而稳定地投入大量的资金，建立稳定的投入保障机制。包括进一步明确界定政府行为和市场行为，完善以公共财政为主的治黄投资体制，拓宽治黄投融资渠道，合理确定投资规模，优化投资结构，加强治黄资金管理等。

（四）政策法规

政策法规体系是维持黄河健康生命的法制保障。为保障黄河治理开发事业健康发展，实现维持黄河健康生命的宏伟目标，必须加强黄河政策法规建设，构建完善的黄河水法规体系。

建立健全黄河流域政策法规体系的基本思路是：构建以《黄河法》为核心，以行政法规、地方性法规为主干，以部门规章、地方性规章、规范性文件为补充的黄河水法规体系。内容涵盖黄河流域水规划管理、取水许可管理、建设项目水资源论证、水权管理、水资源费及水费征收管理、水文管理、入河排污口管理、入河排污总量控制、水功能区管理、黄河滩区及蓄滞洪区安全制度建设、黄河防汛责任制、黄河河道及水利工程管理、河道管理范围内建设项目管理、河道采砂管理、水土保持生态工程建设管理、淤地坝建设管理、水利枢纽工程建设管理和黄河水利经济产业管理等治黄各个方面业务和层面的法律、法规、规章和规范性文件，其中也包括涉及到黄河治理、开发、保护和管理内容的地方性法规、规章和规范性文件。

第三节 维持黄河健康生命的行动及效果

一、调水调沙实践与效果

黄河“水少沙多，水沙不平衡”的特性决定了黄河治理开发与管理的难度和方向，1946年，人民治理黄河以来，黄河下游初步建立了“上拦下排，两岸分滞”防洪工程体系和非工程防洪措施，采取“拦、排、放、调、挖”的综合治理措施，初步扭转了黄河防洪险恶的局面，但是黄河的泥沙问题依然没有得到有效改观。

进入20世纪90年代以来，黄河的问题愈演愈烈。随着枯水期的来临以及多方用水需求的不断增加，河道输沙用水大幅度被挤占，河道淤积严重，“地上悬河”、“二级悬河”问题尤为突出。现状黄河下游河床普遍高出背河地面4~6米，最大达12米。局部河段河槽过流能力已经从20世纪80年代的6000立方米每秒缩减到不足2000立方米每秒。1996年8月，发生的仅有7600立方米每秒的洪水，花园口水文站水位高达94.73米，比1958年22300立方米每秒的洪水水位还高出0.91米，黄河下游滩区出现大面积漫滩。

面对严峻的形势，黄河水利委员会提出了“维持黄河健康生命”的治河新理念，其中，9项具体治河措施中的一条就是进行调水调沙。

所谓调水调沙，就是在充分考虑黄河下游河道输沙能力的前提下，利用水库调节库容，对水沙进行有效的控制和调节，适时蓄存或泄流，调整天然水沙过程，使不适应的水沙过程尽可能协调，以便于输沙，从而减轻下游河道淤积，甚至达到冲刷或者不淤的效果，实现下游河床不抬高的目标。简单地讲，就是借助自然的力量，同时依靠大型水库的人工调节，创造一种能够冲刷下游河床泥沙的“人造洪水”，输沙入海。

调水调沙是利用和塑造洪水、协调水沙关系的重要手段，小浪底水库建成后，为调水调沙的实施提供了必要的工程条件。在2002~2006年，黄河相继进行的五次大规模的调水调沙试验。在五次调水调沙试验中，干支流骨干水库发挥了关键性作用。通过联合调度运用，改善了进入黄河下游的水沙过程，达到了预期效果并取得了许多新的认识。

2002年7月5日至15日进行的黄河首次调水调沙试验，是以小浪底、三门峡两水库联合水沙调度为主，利用小浪底水库蓄水，结合三门峡以上河道中小洪水进行的。水库调度历时11天平均下泄流量为2741立方米每秒，下泄总水量26.06亿立方米，出库平均含沙量为12.2公斤每立方米，下游河道冲刷0.362亿吨，输送入海泥沙0.664亿吨。首次试验的成功使黄河人看清了母亲河的严峻形势，找到了减淤途径，进一步坚定了调水调沙的信心。

2003年9月6日至18日进行的调水调沙试验，是基于空间尺度的水沙时空对接。通过三门峡、小浪底、陆浑和故县四库水沙联合调度，利用小浪底水库下泄的含沙量较高的水流对小花间的清水进行补沙，实现了小浪底水库下泄的“浑水”与小花间清水在花园口站的准确“对接”。试验期间，小浪底水库泄水18.25亿立方米，排沙0.74亿吨，花园口站平均流量2390立方米每秒，平均含沙量31公斤每立方米，下游河道冲刷

0.456亿吨,输送入海泥沙1.207亿吨。

2004年6月19日至7月13日进行的黄河第三次调水调沙试验，主要依靠水库汛限水位以上的蓄水,充分而巧妙地利用自然力量,通过精确调度万家寨、三门峡、小浪底等水库,在小浪底库区人工塑造异重流,辅以人工扰动措施,调整其淤积形态,同时加大小浪底水库排沙量;为了充分利用下游河道水流挟沙能力,在黄河下游“二级悬河”及主槽淤积最为严重的河段实施河床泥沙扰动,提高输沙效率。整个试验过程中,万家寨、三门峡及小浪底水库分别补水2.5亿立方米、4.8亿立方米和39亿立方米,进入下游河道总水量(以花园口断面计)47.6亿立方米,下游河道冲刷0.665亿吨,输送入海泥沙0.697亿吨。本次试验还首次成功塑造了人工异重流。此次试验丰富和发展了调水调沙的运用模式;对人工塑造异重流进行了有益的探索和实践，标志着我国水利科学家基本掌握了水库异重流规律并开始运用到治黄实践中；对小浪底水库的减淤运用取得了新的认识,在小浪底水库拦沙初期乃至中期,相当一部分长期有效库容可以重复利用,做到“侵而不占”,从而增强了小浪底水库运用的灵活性,有效延长了水库使用寿命。

经过连续三次调水调沙试验，取得了河道减淤与水库少淤的双重效果。黄河下游河道主槽的最小过洪能力由1800立方米每秒左右恢复到3000立方米每秒左右,河床的不利形态得到初步改善;黄河下游主槽实现全线冲刷,累计冲刷1.48亿吨,有2.568亿吨泥沙输送入海。小浪底水库的淤积部位得到合理调整。

2005年汛初,调水调沙试验正式转入生产运用,基本基于第三次调水调沙试验模式,又进行了以小浪底水库为主,万家寨、三门峡、小浪底水库联合调度的调水调沙生产运行，本次调水调沙使下游河道主槽平滩流量增加了80~300立方米每秒,下游河道仍全线冲刷,输送0.45亿吨泥沙入海。

2006年,黄河调水调沙是第二次生产运用,在万家寨水库可调水量极少、塑造异重流动力条件弱的情况下,进行了以三门峡、小浪底水库联合调度为主，小流量高含沙水流在小浪底水库形成异重流排沙出库的调度方式,再次成功塑造了小浪底水库异重流并排沙出库,出库沙量为3年来最大。此次调水调沙使小浪底水库841万吨泥沙被成功排出库外，6010万吨泥沙被排入海，下游过流能力达到3500立方米每秒，进一步遏制了“二级悬河”恶化的不利形势，保障了黄河滩区人民在小洪水发生时能够安居乐业。

以小浪底水库调控为主进行的五次调水调沙运用，探索了四种不同的调水调沙模式，检验了调水调沙指标体系的合理性，积累了水库群水沙联调和人工塑造异重流减缓水库淤积、形成下游河槽全线冲刷的宝贵经验，尝试了基于人工扰动改善库区及河道断面形态的扰沙技术，取得了大量的研究成果，为恢复下游河道主槽的排洪输沙功能探索出了一条有效的途径。

水文数据显示，连续五年的黄河调水调沙，共有3.6亿吨泥沙被送入大海，下游河道全线冲刷，河底高程平均下降1米左右，主河槽最小过流能力由1800立方米每秒提高到3500立方米每秒。

五次调水调沙实践说明，调水调沙不仅是解决黄河泥沙问题的重要手段之一，而且是塑造、恢复和维持黄河下游河道中水河槽的关键措施。

二、黄河水量统一调度

近年来，伴随着流域经济社会的快速发展，黄河耗水量猛增，水资源问题十分紧张，频频出现断流危机。1972年4月23日，黄河首次自然断流，持续了5天，自济南泺口以下至黄河入海处，断流河长310公里。但这次断流并没有引起人们过多的注意和重视。

进入20世纪90年代以后，黄河下游开始了年年断流的岁月，而且断流时间一次比一次早，持续时日一次比一次长，断流河段也一次比一次向上延伸。有些年份，本当防御大洪水的汛期也会发生河道断流。

据统计，1972~1999年的28年间，黄河22年出现断流，累计断流1079天（包括全日性断流934天、间歇性断流145天）。最为严重的1997年，黄河断流226天，自入海口至河南开封704公里的河道全部断流，占了整个下游河道786公里的90%。大河上下失滔滔，徒留一条枯干的沙床横陈在人们眼前。

断流不仅给流域经济带来了严重损失，造成河口地区生态环境恶化，加剧了水污染，激化了原已紧缺的水资源供需矛盾，还使得大量泥沙淤积在下游河床，河道形态恶化，河流功能下降。据有关资料统计，20世纪90年代，下游河槽淤积比例高达90%，平均每年有1.2亿吨泥沙淤积到河槽里，河南河段的河槽淤积速率是20世纪50年代的1.9倍。

解决黄河断流问题，进行水量统一调度已经迫在眉睫。1998年12月14日，经国务院批准，国家计委、水利部联合颁布实施了《黄河可供水量年度分配及干流水量调度方案》和《黄河水量调度管理办法》，正式授权黄河水利委员会对黄河水资源实现统一管理并对黄河水量实施统一调度。

1999年2月5日，黄委筹备成立了黄河水量调度管理局，2月28日，黄河历史上第一份水量调度实施意见发往沿黄有关省（区）。3月1日，黄河第一张水量调度指令传达三门峡水利枢纽。10天之后，3月11日10时，黄河河口利津水文站恢复过流，结束了1999年2月6日以来持续34天的断流局面。

"精心预测，精心调度，精心监督，精心协调"，黄河首次水量统一调度不仅取得了成功，还兼顾了水利枢纽发电，沿黄省（区）城乡生活和工农业合理用水也得到有效保证。在流域严重干旱的情况下，甘、宁、蒙、豫、鲁5省（区）灌溉农田比多年同期平均多出了400多万亩。

1999~2000年调度期内，面对春灌期间全流域持续高温、干旱少雨，全河供水空前紧张的严峻形势，黄河水利委员会首次尝试刘家峡、万家寨、三门峡、小浪底水库等水利枢纽联合接力调水。这一年也首次将确保水质安全纳入水量调度中去。调水期间，对省界断面、重要取水口、水库泄流情况进行24小时监控。这一年，黄河实现了1991年以来的首次全年不断流。

2000~2001年调度期内，黄河干流主要来水区来水比多年同期均值偏少36.7%，中游潼关水文站非汛期来水量比历史资料记载最小年份还少16亿立方米。黄委以提高水资源的利用效率为核心，以经济和技术手段为突破口，加大水调工作基础和现代应用技术研究，黄河下游订单调水管理办法出台，黄河水量调度系统建设应急方案制定出台。黄河水量调度由局部河段扩展为刘家峡以下全河段。为了支持黄河下游豫、鲁两省在严重干旱情况下的用水，小浪底水库再次停止发电。在这个来水比1997年同期还要偏枯的年份，黄河为引黄济津筹集水源21.7亿立方米，解除了天津市用水的燃眉之急。

2002年，黄河撞上了特枯水年份，干流主要来水区实际来水比多年均值偏枯53%，黄河下游沿黄地（区）继春旱之后又发生严重的夏秋连旱。山东省农作物受旱面积一度高达7000多万亩，其中绝产面积760万亩，521万人、106万头大牲畜饮水困难，天津也出现用水告急。本次把水量调度和防断流工作放在等同于黄河防汛的地位，借鉴防汛模式，黄河水量调度实行例会制度，“数字水调”系统建设加快推进，水文低水测验技术应用研究启动。大旱之年，在黄河来水特枯、上中游5大水库蓄水很少的情况下，为山东调剂了8亿立方米水量，有力支援了农业抗旱秋种，有效缓解了沿黄城乡生活用水紧张局面，维护了沿黄地区的社会稳定。同时，也圆满完成第七次引黄济津和引黄济青应急调水。

在旱情十分严重的形势下，我国新《水法》颁布后的全国第一个旱情紧急水量调度方案——《2003年旱情紧急情况下黄河水量调度预案》应运而生。本年度不仅及时处理了黄河泺口、石嘴山、潼关、头道拐等断面8次水量调度突发事件，还制定印发《2003年旱情紧急情况下黄河干流龙门以下河段入河污染物总量限排意见》、《黄河重大水污染事件报告办法》、《黄河重大水污染事件应急调查处理规定》，建立起重大水污染事件快速反应机制，在兰州、潼关和小浪底库区等5次水污染突发事件处理中收到了立竿见影的效果。

2004年7月~2005年6月，黄河流域依旧来水偏枯。灌溉关键期，宁蒙灌区遭遇了50年不遇的特大干旱，全流域气温异常偏高。同时，沿黄省（区）又增加了100多万亩的水稻、玉米种植面积。应急建设的“数字黄河”水量调度系统已开始真正展现它的应有威力。自动化的水雨情监测，科学高效的水量调度方案编制系统，枯水调度模型跟踪分析水量演进过程，下游引黄涵闸实现远程监视、监控，引水计划、调度指令也全部在网上传递处理，快捷、准确、高效的数字化水调系统，平添了防范黄河断流的尖端利器，信息化让黄河水调更加从容。

在2005~2006年调度期，黄河可供水量首次达到调度以来正常来水水平，花园口水文站天然径流量560亿立方米，黄河可供水量370亿立方米，为实施统一调度以来最大。在水情较好的条件下，科学运筹，精细调度，优化配置，在完成调度工作的同时，有计划地增大入海水量，促进了河口三角洲地区的生态环境良性改善，并调度水量首次开展了优化并利用桃汛洪水冲刷降低潼关高程试验，成功进行了第五次黄河调水调沙，不同程度地改善了黄河干流水库和河道淤积状况。

连续7年黄河水量统一调度，黄河水利委员会采取了行政、法律、技术、经济、工程等各种措施，不仅确保了黄河连续不断流，还初步实现了有限黄河水资源的优化配置，在沿黄及引黄地区产生了一系列的社会效益、生态效益和经济效益，给我国国民经济带来了显著影响。

曾经的黄河断流让黄河河口三角洲湿地大量干旱和盐碱化，大片芦苇地退化、消失，土壤的次生盐渍化加剧，原来生长于河口的浮游生物、底栖生物也大量减少和死亡。1999年黄河水量统一调度以来，河口三角洲生态状况明显逐步好转。三角洲国家级自然保护区的鸟类数量由187种增加到283种，黄河孤北水库附近栖息数万只白鹳、草鹭、苍鹭等世界珍异鸟类，广南水库成为了各种候鸟及白天鹅南迁越冬的乐园，每年数千只白天鹅在此停泊。中科院海洋研究所专家2004年调查发现，在黄河三角洲第二大自然保护区——贝壳与湿地系统自然保护区内，发现有野生珍稀生物459种，还有其他的国家一级保护动物大鸨、白头鹤等。

黄河水量统一调度对国民经济发展产生了重要影响。从用水效率上来看，黄河流域平均GDP耗水定额从1997年的560立方米每万元降至2003年的309立方米每万元，降幅达45%。大型水库调度规则的调整，突出了有限水资源的综合效益。

2006年8月1日，由国务院颁布的《黄河水量调度条例》正式实施，这是我国第一部大江大河水量调度行政法规，黄河水量调度管理上升到国家法律层面。条例将近年来水量调度工作中一些行之有效的措施和经验制度化、法律化，为今后黄河水量调度工作赋予了“尚方宝剑”。连同黄河水量调度的监督检查、有关违规法律责任规定，《黄河水量调度条例》将有力促进黄河上下游、左右岸、地区间、部门间用水关系的和谐发展，建立起科学、合理、有效的黄河水量统一调度机制。

三、标准化堤防

从古代起，人们在与黄河洪水不屈不挠的抗争与共存中，堆土成堤，以堤束水。于是，便有了黄河的堤防建设。据史料记载，黄河堤防最早出现在春秋时期，几千年来，见证了人类防御洪水的历史足迹。

伴随着历代王朝的兴衰，几经沉浮的黄河堤防行进到20世纪之初，日渐趋向衰微。仅1913年到1938年的25年间，黄河就决口17次。1933年8月，三门峡陕县站在遭遇22000立方米每秒的洪峰流量时，下游堤防决口竟达50余处。

新中国成立后至1985年，绵延千里的黄河下游堤防先后经历了三次大规模加高培厚，完成土石方24.709亿立方米，相当于13座万里长城的土石方工程量。使原来千疮百孔的下游堤防焕然一新，大堤得到全面加固，确保了黄河伏秋大汛的岁岁安澜。

然而，黄河的复杂难治毕竟难于毕其功于一役，河道形态还在不断恶化，悬河之上又背上一条悬河——“二级悬河”，极易造成洪水形成横河、斜河、滚河等不利河势，威胁着黄河大堤。2001年，水利部部长汪恕诚针对黄河治理开发提出了“堤防不决口，河道不断流，水质不超标，河床不抬高”的四个目标。

2002年7月14日，国务院批复了《黄河近期重点治理开发规划》，对如何确保“堤防不决口”给予了有力的回答。规划要求用10年左右的时间初步建成黄河防洪减淤体系。选定放淤固堤作为黄河下游堤防加固的主要措施，对于实施放淤固堤难度大的堤段，采用截渗墙加固。对于达不到规划标准的堤防要加高帮宽，堤顶路面硬化。对达不到规划设计要求的险工进行改建加固。“标准化堤防”应运而生，成为“十五”期间黄河水利建设的重头戏。

对于堤防的设计标准，黄河水利委员会明确提出，通过建设，下游两岸大堤要实现防洪保障线、抢险交通线和生态景观线三种功能，集坚固的“水上长城”、畅通的防洪抢险通道、生态良好的“绿色长廊”于一体，形成标准化的堤防体系，确保下游防御花园口22000立方米每秒洪水大堤不决口。

2002年11月，黄河标准化堤防一期工程建设率先在山东济南历城段开工。随后，河南与山东其他河段按计划相继展开。2002年7月19日，郑州惠金段放淤固堤工程开工，这是标准化堤防建设的首个项目，同时拉开了黄河标准化堤防建设的序幕。短短的100多天，建设者们完成了500多万立方米土方、18道坝改建施工任务。2003年4月28日，惠金段标准化堤防宣告全线竣工，创下了河南黄河防洪工程建设速度之最。经过参建各方近一年的艰苦奋战，2004年底，郑州、开封、济南标准化堤防相继告竣。2005年6月29日，山东东明标准化堤防如期完工。至此，黄河标准化堤防一期工程顺利完成，黄河南岸287公里的一期标准化堤防建设全面完成。巍峨挺立的大堤，宽阔平坦的道路，万木葱茏的树林，把"防洪保障线、抢险交通线、生态景观线"三位一体的堤防图景，变成了现实。

2006年12月20日、25日，黄河第二期标准化堤防分别在山东、河南堤段相继开始。二期标准化堤防山东河段包括南岸东明下界至梁山国那里，北岸聊城至南展堤上首，堤防长度194公里。河南河段包括北岸的武陟沁河口至台前张庄，堤防长度152公里。整个二期工程总投资达40亿元。

前无古人的黄河标准化堤防，是现代水利的一个重要标志。它的成功扩展延续了几千年的古老堤防的现代内涵。尤为重要的是，它的建设增强了人们建设好黄河标准化堤防的信心和勇气。在堤防的呵护下，黄河及其两岸必将发生巨大变化，黄河洪水得到有效控制，汩汩的黄河水流按照人们的意愿流向大海，岁岁安澜成为必然。

四、水土保持

黄河流经世界上水土流失面积最广、侵蚀强度最大的黄土高原。据1990年遥感调查资料分析计算，64万平方公里的黄土高原，水土流失面积就占45.4万平方公里，占黄土高原总面积的71%。平均每年向黄河输沙量达16亿吨，其中4亿吨淤积在河床。

泥沙流失给黄河带来了多面危害:一是大量泥沙淤积下游河床,直接威胁黄河下游防洪安全。二是泥沙使众多水利设施淤积加快,影响了大型水库综合效益的发挥。三是为使下游河道不淤积抬升,必须保持足够的水量用于输沙,加剧了水资源供需矛盾。同时,伴随着黄河泥沙的产生,也给黄土高原地区带来严重的生态环境问题,植被破坏、生态功能衰退,导致当地群众生产、生活条件恶化,严重制约了当地经济社会的可持续发展。

新中国成立以来,黄土高原地区开展了大规模的水土流失治理。1950年1月22~30日,黄河水利委员会在开封召开了第一次治黄会议,水土保持作为黄委的一项重要任务被正式列入了日程。以小流域试点、治沟骨干工程、四大重点治理、沙棘资源建设、重点支流治理、示范区建设、小流域淤地坝建设、生态自然修复等项目为重点的黄土高原地区的水土保持生态建设项目在黄河上逐渐展开。

经过半个多世纪的治理,黄河水土保持工作取得了显著的成效。特别在一些重点治理区,一大批综合治理的小流域,其治理程度已达70%以上,成为当地发展农林牧副业生产基地。截至2000年底,水土流失初步综合治理面积累计达到18万平方公里,其中建成治沟骨干工程1390座,淤地坝11.2万座,塘坝、涝池、水窖等小型蓄水保土工程400多万处,兴修基本农田9700万亩,营造水土保持林草11.5万平方公里。现有治理措施平均每年可增产粮食50多亿公斤,解决了1000多万人温饱问题,在一定程度上改善了农业生产条件和生态环境,局部地区的水土流失和荒漠化得到了遏制。20世纪70年代以来,水利水保措施年均减少入黄泥沙3亿吨左右,占黄河多年平均输沙量的18.8%,减缓了下游河床的淤积抬高速度,为黄河安澜做出了贡献。

2004年,黄委党组站在现代治河的战略高度,在总结历史经验的基础上,创造性地提出了“维持黄河健康生命”的治河新理念,水土保持作为九条治理途径的首条治本措施,始终贯穿在整个体系的各个层面。在随后确定的治理黄河粗泥沙“三道防线”战略构架中,第一道防线就是黄土高原水土流失治理。

构筑控制黄河粗泥沙“第一道防线”,首先要集中国家有限的投资,按照“突出重点，兼顾一般”的原则，加大对1.88万平方公里粗泥沙集中来源区水土流失的治理力度。同时，根据国家对黄土高原治理的投资状况，结合黄土高原不同区域的产沙情况，治理区域依次扩展乃至45.40万平方公里的整个水土流失区；按照“先粗后细”的治理顺序，加大淤地坝工程建设力度，合理布设拦泥库，配合以生态修复为主的小流域综合治理措施，建立拦截粗泥沙的第一道防线，最终使黄土高原水土流失得到有效控制，整体生态环境得到根本改善，实现人与自然和谐相处，维持黄河健康生命，促进区域经济社会可持续发展。

“维持黄河健康生命”是黄河治理开发和管理的终极目标，实现这个终极目标将是一个长期而艰巨的历史任务。其治理的途径和措施是一个有机联系的系统工程，涉及水利、自然、政治、经济、社会、文化、生态、环境等诸多自然科学和社会科学学科。这些途径和措施还需要不断实践，只有人们持之以恒地坚持，才能化为有生力量，才能改变黄河的危机状况。在其实现过程中，根据黄河水沙的变化条件，通过分阶段治理，逐步达到遏制黄河“病态”发展，恢复河道基本功能，维持黄河健康生命形态的目标。

第十章

走进人与河流和谐相处的新时代

第一节　人与河流关系发展的必由之路

在历史的发展进程中，人与河流的关系是人与自然关系的一个重要组成部分,是一对客观存在。这一对客观存在的关系是不断发展变化的，不同的历史时代，人类所表现出来的人与自然关系的观念也不相同。在古代,一般反映出人对自然的敬畏和顺应;近代以来,则主要反映出人类对自然的支配和利用。面对未来,人与河流和谐相处,则是人与河流关系发展的必由之路。

一、人与河流和谐相处是人类社会发展与河流自身规律演进的必然

人类在不断发展进步的历史过程中，随着对人与自然关系规律认

识的逐步深化,越来越认识到,实现人与河流的和谐相处,是人类社会发展的必然趋势,也是河流自身客观规律的基本要求。

水资源是人类生存和生活须臾不可离开的基础性资源。人类社会存在以来，人与河流的关系大致经历了被动适应河流、利用并抗御河流、改造并使河流为自己服务等历史阶段。当人类掠夺性地开发河流,打乱河流水循环的自然节律,致使河流生态系统遭到极大破坏,并导致对人类社会的巨大反作用的时候,人类开始重新思考和调整。

这一阶段,人类的主要认识表现为:以牺牲河流生态系统换来的人类安全和幸福只能是短暂的;河流的承载能力是有限度的,河流有自己的生存发展规律,必须给河流自身留下健康发展的空间;人不仅有权享用河流水资源，而且也要保证给河流生态系统分配所需的能不危及其可持续发展的水流过程;人类必须既要改造和利用河流,又要尊重和善待河流,自觉转变成为河流的朋友和保护者。

人与河流关系认识的发展,在哲学意义上是一种否定之否定、螺旋式上升的过程。是人类反思资源过度利用、生态破坏造成恶果之后的一次思想升华，它使人类与河流的关系开始进入和谐相处的更高境界。

人类的这种认识的转变确实来之不易。长期以来,人类活动对河流的过度干预,使得河道断流、水资源紧缺、水污染加剧、生态系统恶化、生产生活环境恶化等现象越来越严重,经济发展与水资源矛盾尖锐,已经严重影响和制约了经济社会的可持续发展。实现人与河流和谐相处,是人类社会经历了剧烈而痛苦的挫折之后而逐步认识到的。这既是对人与河流关系所具有的真理性认识,又是对人与河流关系的一种规范。从总体上讲,人与河流和谐相处主要包括两个方面。一方面,人类为了本身的发展,必须开发、利用和改造河流;另一方面,开发利用要有限度,改造必须适当,必须以不损害河流的自然功能,保持河流的永续利用为前提条件。这就要求人类首先规范自身对待河流的行为。当然也应该清醒地看到,从理念的建立到终极目标的实现需要一个很长的过程,实现人与河流和谐相处任重道远。在这一过程中，需要矢志不渝的探索,扎扎实实的实践和艰苦努力的奋斗。

二、实现人与河流和谐相处是构建和谐社会的重要组成部分

马克思主义关于人与自然关系的观点主要表现为三个方面:其一,自然界是人类生存、活动和发展的前提和基础,人类作为自然界发展的最高产物,是物质进化的最高形态,人类不可能离开自然界而存在。其二,自然界制约着人类的活动。人类生存的维持和发展,归根到底都要取之于生物圈所提供的自然资源。其三,人类要尊重自然,按自然规律办事,否则就将受到惩罚。

马克思主义关于人与自然关系的观点,为人们正确认识人与河流的关系提供了重要的思想基础。

进入21世纪,中国政府在科学发展观的指导下,确定了构建社会主义和谐社会的目标。科学发展观强调可持续发展,促进人与自然和谐相处,实现经济发展与资源、人口、环境相协调,体现了一种具有时代特征的发展观、自然观,也为实现人与河流和谐相处提供了重要理论根据。

人与河流的关系,是人与自然关系中最密切的关系之一。人与河流和谐相处,是人与自然和谐相处的重要代表和标志。实现人与河流和谐相处,既是河流治理开发与管理保护的基本目标,也是构建和谐社会的重要内容。实现人与河流和谐相处,应着重把握以下几点:

(1) 坚持合理开发利用河流水资源。河流是自然生态系统的支撑性、决定性要素。水资源是基础性的自然资源和战略性的经济资源,是生态与环境的控制性要素。森林植被、动物生存、沼泽湿地、沙漠化、沙尘暴等,都与河流的状况密切相关。当前,包括水资源在内的资源相对不足已成为制约世界各国经济社会发展的突出矛盾。尤其在生态系统遭到严重破坏、生态环境十分脆弱的国家和地区,更应坚持可持续发展的思想,合理开发利用河流水资源。

(2)树立关爱、善待和保护河流的新理念。实现人与河流和谐相处,必须正确处理开发利用水资源与维护水生态平衡的关系,既要满足当代人对水的需求又要给子孙后代留下足够的生存和发展空间。要按照建立资源节约型、环境友好型社会的要求,统筹兼顾河流全流域的治

理、开发与管理，高度重视资源节约和环境保护，使得经济社会与水资源、水环境协调发展，确保河流安澜无恙，生生不息。

(3)坚持公平利用河流水资源。水资源贯穿于人类生产生活的方方面面，具有广泛而深刻的社会性。同时，河流水资源的自然分布规律和开发利用历史决定了水资源对于不同社会群体在起点上的差异，水循环系统的整体性，河流水系的连续性和流动性，行政区域对流域的分割性，导致各种水事关系错综复杂。无论是客观的自然条件，还是人为的开发状况，都要求更加注重对与河流相关的人与人、人与社会关系的调节，维护用水公平，营造稳定的用水秩序。

第二节　人与河流和谐相处的基本要求

维持河流健康生命，实现人与河流和谐相处，从哲学的高度表达了人类对河流生命运动规律的认识，表达了人类对河流健康生命的尊重以及对人与河流和谐相处的强烈诉求。这是人类从传统的水资源开发利用向资源开发与生态保护并重的战略转移，是治理河流认识的一次重要飞跃。

人与河流和谐相处的基本要求，主要体现在以下几个方面。

一、坚持水资源可持续利用，谋求长远发展

可持续发展是人类面对人口、资源和环境问题谋求人与自然协调发展的新模式，其内涵与实质是，处理好近期目标和长远目标、近期利益和长远利益的关系，谋求资源利用、环境保护与经济增长、社会发展的协调一致。水资源既是一种宝贵的经济资源，又是构成环境的基本要素，在可持续发展思想体系中占据重要位置。因此，水资源的可持续利用，是一个国家经济和社会可持续发展的重要保障。

水资源可持续利用的核心是水资源的优化配置，使水资源在整体上发挥最大的经济效益、社会效益和环境效益。为了实现这一目标，必须正确处理和协调生活用水、生产用水与生态环境用水的关系。对于水资源的开发利用，要限制在其承载力限度内，建立起用水总量控制与定

额管理相结合的水权分配机制和以排污权为基础的水环境保护机制。对于河道断流频繁、出现严重生态危机的河流，要优先安排生态环境用水。通过工程措施与市场机制相结合，促进全社会建立起节约用水的生产和消费模式，优化水资源配置，提高水资源的利用效率和效益。

二、坚持饮水安全第一原则

饮水是人类最基本的生存条件，它直接关系着人们的身体健康和生命安全。在众多的利益追求中，人类对福利的追求，应以自身安全为前提。

目前，影响世界各国饮水安全的问题主要表现为水资源紧缺和水环境污染两个方面。这已经成为一些国家和地区最迫切需要解决的问题之一。

河流一旦被污染，直接影响两岸人民群众的饮水安全，而且治理起来十分艰难。据统计，截至2006年，在中国农村饮水不安全人口达3.2亿，在46个重点城市中，近半数城市水质较差。长江三角洲、珠江三角洲等人口密集、经济发达的城镇，由于水源地污染导致饮用水安全受到威胁。

要实现人与河流和谐相处，确保人民群众饮水安全，就必须加大河流污染治理的力度，要采取经济、法律、行政、科技等多种手段，有效控制新污染源的增加，同时治理和修复被污染的水环境和生态系统，坚决遏制住河流污染加剧的势头。

三、还河流与生俱来的生命力

河流是有生命的，奔流不息的河川溪流，就像人体中的动脉与毛细血管，源源不断地输送着宝贵的淡水，滋润着流域内众多的各种生命。一旦血脉被堵塞和改变，就会发生悲剧与灾难。

长期以来，人类对河流生命系统的肆意破坏，严重干预了河流的生命过程，扼杀了河流的生命力。要实现人与河流和谐相处，保证沿河流域可持续繁荣，必须注重河流生态系统、水文、经济、文化等功能的修复，为河流让出自身演变的空间，保护和使其重现生机。

河流生态修复是指通过适度人工干预，促进河流生态系统恢复到较为自然状态的过程，在这种状态下河流生态系统具有可持续性，并可提高生态系统价值和生物多样性。

面对严重的河流水污染问题，首先要采取强有力的措施，杜绝新的污染源的产生，遏制河流水污染持续恶化的趋势。水环境承载能力集中体现在排污权的管理，要认真分析水环境承载能力，确立水体保持良好生态系统时的最大纳污能力，实行排污许可制度。要以水权理论为基础，建立宏观控制与微观定额指标，采取市场经济运作等多种措施，加大污染治理力度，提高水环境的承载能力，尽快恢复河流的正常功能。

在多泥沙河流流域，以退耕还林、封山禁牧等措施解决水土流失问题，就是借助大自然的力量实现生态修复的一种新思路。此外，一些国家和地区结合河流整治和城市建设开展的河流生态修复示范工程，既具备特定的水利功能，可以满足经济社会的需求，又兼顾了河流生态系统健康和可持续性的需求，也是一种很好的尝试。

四、努力实现人与洪水和谐相处

长期以来，洪水给人类造成了严重的损害，所以人类一直视洪水为猛兽。近年来人们逐步认识到，洪水作为河流的必要组成部分，也是一种资源。人类应该认识洪水的规律，从无序与洪水争地变为有序地与之协调共处，并充分利用洪水资源。

洪水是水流的一种形态，是一把具有双刃剑特征的自然现象。它为地球创造了丰富的生物多样性，为人类提供了赖以生存的水土资源，同时也给人类造成了巨大的灾难。专家研究认为，正确处理人与洪水的关系，关键在于顺应洪水自然规律，充分利用洪水自我调整的内在机制，因势利导。

其中，充分利用洪水资源，就是变不利为有利，解决水资源短缺的一项重要创新。所以，对待洪水也要转变认识，要从一味控制洪水向管理洪水转变；从单纯的抗拒洪水向给洪水以出路转变；从单纯的防洪减灾向防洪减灾与充分利用洪水资源并重转变。

五、科学开发河流

河流作为自然界的一部分，其自身的发展演变具有既定的客观规律，并非人类所能够规定和创造。有一句古语说得好，“大自然所懂得的就是最好的”。人类在开发利用河流实践中，只有尊重和不断认识河流的自然规律，遵循客观规律行事，因河制宜，量力而行，把河流视为人类生存的基础和伙伴，河流才能更好地为人类服务，才能维护人类自身整体和长远的利益。

进入20世纪以来，人们利用现代工程技术手段，对河流进行了大规模开发利用，兴建了包括筑坝、筑堤、自然河道渠道化、裁弯取直等大量工程设施，有资料显示，至今全世界的河流大约有60%都经过了人工改造。

一方面，这些工程为人类带来了巨大的经济效益和社会利益；另一方面，由于极大地改变了河流的地貌特征与自然演进方向，也带来了生态系统的一些负面影响。一些专家在对此进行反思后提出，应该缓解对河流生态系统的压力，对于各种胁迫因素给予补偿，恢复河流原有面貌，使河流系统恢复到较为自然的状态，提高生态系统的价值和生物多样性。

对于发展中国家而言，由于经济发展的不平衡，当前仍应发挥防洪、供水、灌溉、发电和航运等水利工程在国家经济社会发展中的重要作用。重要的问题在于，必须深入研究河流的自然规律，充分论证兴建水利水电工程对流域生态系统的影响，最大限度地避免因此带来的负面影响。要坚持保护优先、开发有序的原则，加大环境保护投入和管理力度，实现河流健康发展和水电开发的同步进行。

六、加强流域管理，当好河流代言人

流域是水资源的源泉和载体，流域生态体系的完整是河流的立身之本，一条具有健康生命的河流，必须有健康的流域生态系统作为基础和支撑。国内外的实践表明，从资源、生态、环境等方面实行流域统一管理，是保护河流生态系统，实现人与河流和谐相处的有效途径。

当前，世界上众多河流存在水资源供需失衡、防洪威胁、水体污染、生态环境等尖锐矛盾和复杂问题，上下游，左右岸，不同区域、有关方面之间的利益冲突日趋激烈，加强全流域水资源的合理开发、利用和保护，势在必行。而要加强水资源、水环境的有效管理，保证流域水资源的可持续利用，建立起权威、高效、统一的流域管理体制为一基本前提。

加强流域统一管理，要正确处理流域管理与区域管理的关系，明确划分流域管理和区域管理的事权，实行政府宏观调控、流域民主协商、市场运作和用水户参与管理的运行模式。流域机构要强化对流域水资源的宏观调控和决策能力，重点解决流域内带有全局性、战略性的重大问题，当好河流代言人。

第三节　共存共生，走向和谐

共生关系不仅遍布人类社会的经济、政治、文化、社区、家庭等领域，也广泛存在于人与大地、高山、河流、树木、动物等自然界生物链条之中，共生关系形形色色，千姿百态。没有共生，就没有人的存在与发展。人之本性力图伸展，每个人都希望占有更多资源发展自己，而资源具有稀缺性，所以人与人之间、人与自然之间就会出现冲突。同时，人与人之间，人与自然之间还存在互相依赖的一面。正是在这种既互相冲突又相互依赖的双重性中，达到共存共生，走向和谐。

一、树立人与河流和谐相处的核心价值观

在人与自然的关系上，必须树立可持续发展和文明发展的理念。即强调不能以破坏人类生存的环境和自身发展的潜力为代价，倡导人与自然和谐相处，走生产发展、生活富裕、生态良好的文明发展道路。在人与河流的关系上，必须树立尊重、善待、保护河流的理念，强调有历史责任感，负起发展的历史责任，不能砸子孙饭碗、断后辈生路，前代人的发展要为后代人能够更好的发展创造条件。

价值观是主体以自身的需要为尺度，对外在于自身的事物或现象所蕴含意义的认识和评价，它往往表现为思想、观念、理想、信念、追求

等形态。一定的价值观是处于一定经济关系之中的人们的利益和需要的反映，它决定着人们的思想取向和行为选择。不同的主体有不同的利益需求，必然会产生不同的价值观。在一个社会的多样价值体系中，总有一种处于主导、支配地位，反映现实生活和社会发展内在要求的基本价值观，这就是我们通常所说的核心价值观。社会的核心价值观影响着人们的思想观念、思维方式、行为规范，是引领人们的价值取向、社会的精神风尚和发展方向的灵魂，是关系社会稳定与国家兴旺的重要因素。

水资源是共存共生的基本纽带。人类对于河流应该具有科学的核心价值观，建构一种新的价值判断与标准，实现其积极的价值导向功能。社会的核心价值观是在处理人与社会、人与人关系的过程中产生，并使人遵循的。人与河流关系的核心价值观，必然在处理人与自然、人与河流关系的过程中产生，并发挥积极的理论指导作用和实践参与作用，规范指导人们的思想和行为。人与河流关系的核心价值观应该是人与河流和谐相处。只有在全社会树立起人与河流和谐相处的核心价值观，并且将这一理念贯穿于一切涉水事务的全过程，成为人们处理人与河流关系的基本要求，才能逐步走向人与河流和谐相处的文明时代。

人与河流和谐相处的核心价值观来源于中国传统的和谐思想，来源于对人与自然关系的科学认识。“天人合一”思想是中国传统哲学中的基本概念，也是人与河流和谐相处的哲学基础。“天人合一”认为，天是自然，人是自然的一部分。天人本来是合一的、协调的，出现不协调是由于人过度地干预了自然。人应该尊重自然，与自然和谐共处。这一古老哲理，精辟地阐述了人与自然之间所蕴含的深刻张力，为确立人与河流关系的新观念，消除人们对河流所具有的过度干预倾向，提供了深邃的哲学启示。

人与河流和谐相处的价值观来源于对人与河流关系的规律性认识。河流既有工具性价值，同时还有本体性价值。河流与人类生息相依、休戚与共，河流哺育人的生命，为社会造福，是以自身的生命健康为前提的。人类必须尊重河流的自然形态，在维持河流健康生命的前提下，开发利用水资源，与河流和谐共生，统筹发展。

人与河流和谐相处的价值观来源于人类对人与河流关系的深刻反

思。在科学技术高度发展的条件下，人类过度干预了河流的发展，不断遭到大自然的报复。这是人类在遭受报复之后，经过理性思考而形成的伦理思想的必然选择。

人与河流和谐相处的核心价值观具有先进性、协调性、普惠性的基本特征。

所谓先进性，是指它符合科学发展观，与构建和谐社会的目标指向是一致的，并且以和谐作为价值追求，努力解决人与河流关系发展过程的诸多难题，能够不断增加和谐因素，促进社会和谐发展。

所谓协调性，是使人与河流关系保持的一种状态及其运行机制。对于人与河流的和谐关系而言，建设科学合理的机制能够对人与河流关系的运行状态进行主动调节，促进各种力量良性互动，有效整合社会利益关系。

所谓普惠性，是指人与河流和谐相处为社会成员公正平等地享受河流资源提供了条件。河流资源是涉及社会成员生存、发展、健康的基础性资源，它关系到百姓的福祉，关系到社会的稳定，是社会有机循环的基本保障和必然要求。

水孕育了人类，养育了人类，人们对水与河流有着一种天然的亲近感，这是人与河流和谐相处的基础。人与河流和谐相处的核心价值观要求人类进一步强化对水的亲切感和亲近感，建立人们与河流亲近的平台，形成人与河流和谐相处的氛围。要培养对河流的敬重感，尊重河流与水的生命与规律，敬畏大自然的法则，严格遵循河流与水的规律去开发利用它们，在开发利用河流的同时，充分考虑到河流维持自身健康生命所需的水量。要爱惜水、珍惜水，节约用水。河水是宝贵的资源，我们必须像珍惜人类自己的生命一样珍惜水资源，保护水资源。要坚决遏制对河流的过度开发和盲目扩张，制止对河流与水的一切不良伤害和不道德行为，切实担负起保护河流水资源的神圣职责。

人与河流和谐相处的核心价值观还要求社会树立人类与自然共享水资源，维持河流健康生命，维持河流生态水能，当好河流的代言人等基本价值理念；增强水忧患意识、水环境意识和水法制意识。有了这些科学的价值理念，才会产生精神信仰和动力，才能坚定不移地为实现人与河流的和谐相处而奋斗。

二、正确发挥人类对河流的主观能动性

就河流与人类的基本关系来说，河流是服务于人类的，人类也总是希望利用、改造河流，让河流为人类造福。然而，河流又具有不依人的意志为转移的客观规律性，总是遵循自己存在和运动的规律而发展变化。现阶段，人类对河流规律的认识还不全面，不彻底，还不能够全部把握和利用。所以，有些让河流造福人类的想法还很难尽然遂愿。以黄河为例，它在养育、造福中华民族的同时，也时而发怒咆哮，严重危害人民群众的生命财产安全。1946年人民治理黄河以来，黄河伏秋大汛岁岁安澜，水资源开发利用成绩斐然。然而20世纪90年代，黄河又出现了愈演愈烈的频繁断流。由此可见，让河流为人类造福决不能单凭人们的主观愿望，也不能单凭人类对河流的频频干预。对河流的治理开发与管理应该是有限度的，底线就是不违背河流的生存与发展规律，不损害河流自身的健康发展。

在人与河流的关系中，人类是具有主观能动性的一方。在河流面前，人类既不能无所作为，任凭河流肆虐狂奔，也不能单凭主观愿望，违背河流存在与发展规律，进行过度干预和治理开发。在人与河流的关系方面，双方主体的健康是和谐发展的基本前提。洪水肆虐，泛滥成灾，人类掠夺性开发水资源，导致河流干涸，河水污染严重影响人类的饮水安全，凡此种种，都是人与河流和谐相处的大敌！因此，实现人与河流和谐关系，必须以维持河流健康生命为前提。为此，人类应充分发挥自身的主观能动性，在人与河流的关系中找准自己的位置，建立正确的价值取向。

首先，人类必须树立维持河流健康生命的意识，尊重河流、善待河流、保护河流，以与河流和谐相处为基本价值取向，成为河流健康生命的代言人、保护者。

其次，人类要遵循河流存在和发展的规律从事河流治理开发与管理的各项活动。人类的控制能力终究是有限的，一旦为自然力所突破，就会造成人为的特大灾害，结果是既伤害了大自然，也损害了人

类自己。因此,人类只能在不违反客观自然规律的前提下,约束自身不规范的开发和利用行为,在可能的范围内寻求必要的措施,合理改造和利用自然。

其三,河流治理开发与管理不仅是为人类服务,也要为生态环境服务。人类为了生存和发展继续向河流索取是不可避免的。人类为保护生存空间而采取各类措施来防御自然灾害,也必然是要继续进行的。重要的在于,这一切决不应是无序、毫无节制的。河流的承受力一旦被破坏,人的生存环境不但不能改善,反而会日渐恶化,以至难以为继,这是绝对不能容许的。所以,人类一定要坚持以科学发展观为指导,要以河流水资源的可持续利用支持流域及有关地区经济社会的可持续发展,要给子孙后代留下可持续利用的水资源。

总之，人类必须将自身的主观能动性与河流的客观规律性统一起来。在开发利用河流的同时,承认并关注河流生命的自身价值及其生命权利,关爱河流,呵护河流,与河流共存共生,才能实现人与河流的和谐相处,流域社会经济才能持续发展,民族文化才能永续延伸。

三、走向人与河流和谐相处的新时代

面对河源崩溃、尾闾消失、河槽淤塞、河床萎缩、河道断流、湿地退化、水质污染、洄游生物灭绝等世界范围内河流生命的空前危机,当务之急是为维护河流健康生命而奋斗，这是走向人与河流和谐相处的关键。

所幸的是,社会发展到今天,人们对人与河流关系的认识越来越接近客观事物的本质及其规律性，人们对人与河流关系的理念已经开始转变。从人定胜天、向河流无节制地索取转变为按照自然规律办事、人与河流和谐相处；从防止河流对人类的侵害转变为在防止河流对人类侵害同时,要特别注意防止人类对河流的侵害。人们已经在新的理念指导下开始了走向人与河流和谐相处的文明时代的新的行动。人们在进行河流水资源开发、利用,进行工程建设的同时,已经开始重视水资源的节约、保护和配置,重视维系良好的水环境和生态系统,重视人与河流的和谐相处。

实现人与河流和谐相处，是一个不断维持河流健康生命的过程，是一个不断减少不和谐因素，不断增加和谐因素，从而不断提高和谐程度的动态历史过程，是一个不断向着人与河流和谐相处目标前进的过程。

要广泛开展人与河流和谐相处的创建活动，逐步将这一和谐的理念和精神体现到人们的思维方式、行为方式之中。要以利益调适、心态调整为重点，以社会共建共享、群众广泛参与为途径，积极营造人与河流和谐相处的新局面。

人类社会的发展需要一条条生生不息、万古奔流的河流。展望新的历史时期，只要我们牢固树立起人与河流和谐相处的新理念，并坚持不懈地将这一理念付诸行动，通过长期的努力，人与河流的关系一定会从对抗走向亲和，河流的生命一定会从濒危走向复活。

到那时，河流生命健康、功能健全，水资源实现可持续利用，既能满足当代经济社会发展的需求，又不损害未来经济社会发展的需求；既能满足本流域经济社会发展的需求，又不损害其他流域经济社会发展的需求。

到那时，节流与开源并举，节水型、环境友好型社会建立，河流水污染得到有效防治，河流水资源实现科学调度与管理，得到合理开发、优化配置、高效利用和有效保护，发挥出最大的效益，保障经济社会的可持续发展。

到那时，人与河流和谐相处将带动和促进人与自然和谐相处，生态环境明显改善，生活环境日益美化，经济发展同人口、资源、环境的关系相协调，人们在优美的环境中工作和生活，社会走上生产发展、生活富裕和生态良好的文明发展道路。

人类与河流和谐相处的文明时代一定会到来。

参考文献

[1] 詹道江,叶守泽.工程水文学.北京:中国水利水电出版社,2000.

[2] 李国英,维持黄河健康生命.郑州:黄河水利出版社,2005.

[3] 任文伟,郑师章.人类生态学,北京:中国环境科学出版社,2004.

[4] 曹凑贵.生态学基础.北京:高等教育出版社,2006.

[5] 钱正英,陈家琦,冯杰.人与河流和谐发展.中国水利,2006(2).

[6] 王东胜. 河流的生态功能及水文变化的生物学效应. 中国论文下载中心,2006-02.

[7] 张真宇,胡述范.河流生命论:一种新的河流伦理观.黄河网,2003-04.

[8] 乔清举.河流的文化生命.人民日报,2006-06-09.

[9] 靳怀堾.中华文化与水.武汉:长江出版社,2005.

[10] 董哲仁.河流健康的内涵.中国水利,2005(5).

[11] 王恩涌.人文地理学.北京:高等教育出版社,2000.

[12] 薛选世.河流生命与流域可持续发展.水信息网,2005 - 02 - 21.

[13] 李国英.治理黄河思辨与践行.北京:中国水利水电出版社,2003.

[14] 尚宏琦,鲁小新,高航,等.国内外典型江河治理经验及水利发展理论研究.郑州:黄河水利出版社,2003.

[15] 刘晓燕. 黄河健康生命理论体系框架//第二届黄河国际论坛论文集——维持河流健康生命.郑州:黄河水利出版社,2005.

[16] 刘恒,涂敏.莱茵河流域行动计划及其对我国维护河流健康的启示//第二届黄河国际论坛论文集——维持河流健康生命.郑州:黄河水利出版社,2005.

[17] 夏青.理念和机制更重要.中国水利报,2007-03-30.

[18] 夏丽莎,夏先清,封艾宁.水也需要亲情.中国水利报,2007-03-30.

[19] 董哲仁,彭静,等. 亟待建立突发性水污染应急管理体系. 中国水利报,2005-12-05.

[20] 倪晋仁,崔树彬,李天宏,等.论河流生态环境需水.中国水利学报(9).

[21] 丰华丽,夏军,占车生. 生态环境需水研究现状和展望. 地理科学进展,2003,22(6).

[22] 侯全亮,李肖强.河流生命危机与河流伦理构建.中国水利,2005(21).

[23] 侯全亮.河流伦理学研究初步框架.黄河网,2006-12-29.

[24] 何永. 汉城清溪川复原——城市生态恢复工程的典范//城市水景观建设和水

环境治理国际研讨会，2005.5.
[25] 董哲仁.水利工程对河流生态系统的胁迫管理层补偿//中国水利学会2003年学术年会论文集.2003.
[26] 邹鸿远.浅析水资源统一管理.水利发展研究，2004(12).
[27] 郭红雨，城市滨水景观设计研究.华中建筑，1998(3).
[28] 于哲新.浅谈滨水开发的几个问题.城市规划，1998(2).
[39] 徐欣，张虎.浅谈山水城市建设中水系的治理.人民珠江，2001(1).
[30] 郝朝德.对城市水利的认识和思考.中国水利，2001(3).
[31] 卫明.横滨市水环境整治——安全、舒适、情趣.中国水利，2001(3).
[32] 朱联锡，朱晓帆.在府南河下游修建生态河堤.四川环境，1999，18(3).
[33] 杨芸.论多自然型河流整治法对河流生态环境的影响.四川环境，1999，18(1).
[34] 疏良仁，等.重塑城市演水地区景观风貌——南宁市朝阳溪沿岸环境景观设计.规划师，1999，15(3).
[35] 孙寰. 城市演水空间的再塑造——南通市濠河风景旅游名胜区详细规划.规划师，2000，16(1).
[36] 史怀泽.敬畏生命.陈泽环译.上海：上海社会科学出版社，1996.
[37] 利奥波德.沙乡的沉思.侯文蕙译.北京：经济科学出版社，1992.
[38] 辛格.动物解放.孟祥森，钱永祥译.北京：光明日报出版社，1999.
[39] 纳什.大自然的权利：环境伦理学史.杨通进译.青岛：青岛出版社，1999.
[40] 吴阿娜. 河流健康状况评价及其在河流管理中的应用. 中国学位论文网. 2006(5).
[41] 耿雷华，刘恒，钟华平.健康河流的评价指标和评价标准.水利学报，2006，37(3)：253 – 259.
[42] 吴阿娜，杨凯，车越，等.河流健康状况的表征及其评价.水科学进展，2005，4(7)：602 – 613
[43] 杨文慧，严忠民，吴建华.河流健康评价的研究进展.河海大学学报(自然科学版)，2005，33(6)：607 – 611.
[44] 赵彦伟，杨志锋.河流健康：概念、评价方法与方向.地理科学，2005，25(1)：119–124.
[45] 王薇，李传奇.维持河流健康生命研究.人民黄河，2005，27(7)：1–3.
[46] 刘恒，涂敏.对国外河流健康问题的初步认识.中国水利，2005 (4)：19–22.
[47] 董哲仁.国外河流健康评估技术.水利水电技术，2005，36(11)：15 – 19.
[48] 高永胜，王浩，王芳.河流健康生命内涵的探讨.中国水利，2006(14)：15 – 16.

[49] 林木隆,李向阳,杨明海.珠江流域河流健康评价指标体系初探.人民珠江,2006(4):1-3.
[50] 韩立新.环境价值论.昆明:云南人民出版社,2005.
[51] 张光义.与河流相和谐.黄河报,2005-04-26.
[52] 张光义.亲水敬水惜水护水.黄河报,2006-06-03.
[53] 王亚华.水权解释.上海:上海人民出版社,2005.